教育部人文社科规划基金项目（19YJA870005）研究

基于社交网络分析和语义计算的高校图书馆用户画像构建与应用研究

何 胜 著

吉林大学出版社

·长 春·

图书在版编目(CIP)数据

基于社交网络分析和语义计算的高校图书馆用户画像构建与应用研究 / 何胜著. -- 长春：吉林大学出版社，2024.11. -- ISBN 978-7-5768-4179-4

Ⅰ.G258.6；G250.76

中国国家版本馆 CIP 数据核字第 20249534Q6 号

书　　名：基于社交网络分析和语义计算的高校图书馆用户画像构建与应用研究
JIYU SHEJIAO WANGLUO FENXI HE YUYI JISUAN DE GAOXIAO TUSHUGUAN YONGHU HUAXIANG GOUJIAN YU YINGYONG YANJIU

作　　者：何　胜
策划编辑：黄国彬
责任编辑：高欣宇
责任校对：单海霞
装帧设计：姜　文
出版发行：吉林大学出版社
社　　址：长春市人民大街 4059 号
邮政编码：130021
发行电话：0431—89580036/58
网　　址：http://www.jlup.com.cn
电子邮箱：jldxcbs@sina.com
印　　刷：天津鑫恒彩印刷有限公司
开　　本：787mm×1092mm　1/16
印　　张：16.25
字　　数：250 千字
版　　次：2025 年 3 月　第 1 版
印　　次：2025 年 3 月　第 1 次
书　　号：ISBN 978-7-5768-4179-4
定　　价：98.00 元

版权所有　翻印必究

前　言

信息共享与知识创新时代，大数据基础理论与领域实践的分殊与对峙激发了众多的研究需求。在高校图书馆知识服务实践中，由于图书馆大数据纷繁复杂、服务创新呼声日益高涨且图书馆用户个性化特征分化显著，在图情领域开展用户画像的理论和实践研究，深刻把握大数据环境下高校图书馆用户群体和个体特征，从而推动用户群体行为分析、知识服务和个性化推荐等图书馆服务领域的鲜活应用具有重要意义。

用户画像(user profiling)是在金融、医疗和教育等行业兴起的一种面向个性化服务的新型数据处理方法。通过分类、归纳和挖掘包括专业背景、个性习惯和兴趣偏好等用户数据，多维度构建描述性标签，实现对用户个性特征的深刻认知和精准表达；用户画像的表现形式是结构化分类标签系统，以知识库方式存储。因其在辅助用户行为分析、提供个性化服务和助力知识问答等方面的优越表现，受到国内外学界的关注。

用户画像以标签存储、标签构建和标签分析为核心环节和主要内容，以图书馆用户行为和用户服务大数据分析为构建基石，因而以分析用户行为见长的社交网络分析方法和语义计算技术成为用户画像研究的主要方法和工具，近年来有力地推动了图情领域的研究。然而，高校图书馆用户画像构建与应用也面临如下挑战。

①标签不全。已标注的用户和资源太少(数据稀疏)，以及因个人隐私

保护而缺乏数据，导致标签不能全面描述用户特征。

②标签不准。数据噪声和标签词条粒度太细而导致标签不能准确刻画用户特征。

作为图情领域重要的研究方法，社交网络分析（social network analysis，SNA）和语义计算（semantic computing）能构建出全面而精准的用户画像。前者常用于图书馆用户个体和群体行为分析，关注用户在社交网络中的行为模式、社交关系以及互动特征，揭示用户的社交属性、影响力以及潜在的社交需求，由于其擅长洞察用户之间关系的特性，使用户画像更加全面；而后者侧重于理解和解释包括高校馆文献内容和用户生成的自然语言文本，能深入挖掘文本的语义信息，图书馆能更加准确地提取文本特征以及用户的真实意图，使画像建模更加精准。

随着图书馆文献数据和日志数据的快速增加，海量数据的实时计算、分析和可视化成为用户画像应用落地的挑战性问题。当前，在技术领域，以 Hadoop＋Spark＋GraphX 为代表的内存计算技术成为大数据开发和应用的主流技术，这些技术不仅能够提升数据处理的速度和效率，而且为构建全面、精准的用户画像提供强有力的支持。

为应对高校图书馆用户画像构建与应用的挑战，本书一方面，提出在信息资源管理理论的支撑下，将社交网络分析方法引入大数据下图书馆用户画像研究，应用大规模网络挖掘工具分析用户属性，从而破解数据稀疏和隐私保护挑战以应对标签不全问题；另一方面，采用语义计算，通过对高校图书馆大数据抽取、融合、链接和推理，剔除噪声数据并进行标签泛化，构建基于本体和语义网的结构化标签体系，以解决标签不准问题；最后在 Hadoop＋Spark＋GraphX 框架上，开发用户画像软件系统，开展应用研究和案例分析。

本书研究重点主要体现在：

①大数据环境下，融合社交网络分析和语义计算方法的高校图书馆用户画像构建模式研究。包括用户画像标签分类体系，以及与各标签知识库

相适应的标签模型的构建方法和实现途径。

②与社交网络分析和语义计算相适应的分析算法和技术。包括社交网络分析中的目标节点分析、链路跟踪和社团聚类，以及语义计算中的知识表示、抽取、融合、链接和推理技术。

本书的理论价值体现在：

①图书馆科学。提出一种以社交网络和图书馆大数据融合为数据应用基础，以社交网络和语义计算的大数据分析为核心方法辅助标注用户属性标签，以图书馆用户知识服务和精准个性化推荐为目标的高校图书馆用户画像的构建模式，推动了图书馆智能知识服务在研究模式和研究方法上的创新性研究。

②服务科学。将社会网络分析和语义计算方法的优势相结合，并应用于高校图书馆用户画像，以助力智能知识服务，这对于服务科学领域方法论研究有重要价值。

③数据科学。通过用户标签建模和用户画像构建分析，提供从大数据收集融合、数据分析挖掘到数据服务应用的一整套方法和技术思路，对于其他领域的大数据应用具有参考价值。

本书的应用价值体现在：

基于高校图书馆基础数据并融合社交网络大数据，应用分布式、开源、高效的云计算软件框架 Hadoop＋Spark＋GraphX 开发用户画像应用系统，对于高校图书馆智能知识服务、精准推荐以及提升自身服务水平具有很高的现实意义和重要的应用价值。

目 录

第1章 研究概述 ·· 1

1.1 研究依据 ··· 1

1.2 研究内容 ··· 5

1.3 研究方法 ··· 7

1.4 本书的体系架构 ··· 8

第2章 理论和方法 ·· 10

2.1 引言 ··· 10

2.2 画像建模与用户画像 ······································ 11

2.3 信息资源管理理论 ·· 14

2.4 社交网络分析方法 ·· 17

2.5 语义计算方法 ·· 27

    2.5.1 语义计算 ·· 27

    2.5.2 知识图谱 ·· 31

2.6 Spark 技术 ·· 35

2.7 理论和方法之间关系 ······································ 41

2.8 小结 ··· 47

第3章 用户画像一般构建分析 ········· 50

3.1 引言 ········· 50
3.2 用户画像构建 ········· 51
3.2.1 用户画像含义 ········· 51
3.2.2 标签体系 ········· 55
3.2.3 构建原则 ········· 64
3.2.4 应用领域 ········· 66
3.3 用户画像面临的挑战 ········· 70
3.3.1 标签不全问题及其应对 ········· 70
3.3.2 标签不准问题及其应对 ········· 73
3.4 小结 ········· 76

第4章 高校馆用户画像构建方法和应用模式 ········· 78

4.1 引言 ········· 78
4.2 高校馆用户画像构建方法 ········· 81
4.2.1 社交网络分析与用户画像 ········· 81
4.2.2 语义计算与用户画像 ········· 89
4.3 高校馆用户画像应用模式 ········· 97
4.4 小结 ········· 103

第5章 面向行为分析的高校馆用户画像应用 ········· 104

5.1 高校馆用户行为分析面临挑战 ········· 106
5.2 面向行为分析的用户画像解决方案 ········· 108
5.3 画像模型构建 ········· 110
5.4 用户借阅行为分析案例 ········· 115
5.4.1 大数据收集与分析 ········· 115

5.4.2　Gephi工具和分析方法 ………………………………… 116
　　　5.4.3　基于Gephi的用户借阅行为分析 ……………………… 132
　　　5.4.4　基于Hadoop＋Spark＋GraphX的用户借阅行为分析
　　　　　　 …………………………………………………………… 151
　5.5　小结 ……………………………………………………………… 155

第6章　面向图书推荐的高校馆用户画像应用 ……………………… 157
　6.1　高校馆图书推荐面临挑战 ……………………………………… 157
　6.2　面向图书推荐的用户画像解决方案 …………………………… 158
　6.3　画像模型构建 …………………………………………………… 162
　6.4　图书推荐案例 …………………………………………………… 165
　　　6.4.1　数据收集与清洗 ………………………………………… 166
　　　6.4.2　用户画像和图书画像 …………………………………… 170
　　　6.4.3　学科主题知识图谱构建 ………………………………… 171
　　　6.4.4　画像属性融合及特征标注 ……………………………… 184
　　　6.4.5　标签相似度计算 ………………………………………… 196
　　　6.4.6　图书推荐系统 …………………………………………… 197
　6.5　小结 ……………………………………………………………… 199

第7章　面向知识推荐的高校馆用户画像应用 ……………………… 202
　7.1　高校馆知识推荐面临挑战 ……………………………………… 202
　7.2　面向知识推荐的用户画像解决方案 …………………………… 203
　　　7.2.1　一般应对方法 …………………………………………… 203
　　　7.2.2　面向知识推荐的用户画像解决方案 …………………… 205
　7.3　画像模型构建 …………………………………………………… 206
　7.4　知识推荐案例 …………………………………………………… 211
　　　7.4.1　数据收集与清洗 ………………………………………… 213

  7.4.2 画像属性融合及特征标注 …………………………… 218
  7.4.3 基于 Spark 的标签相似度计算 ………………………… 232
  7.4.4 知识推荐系统 ……………………………………………… 235
 7.5 小结 …………………………………………………………………… 236

第 8 章 研究总结与讨论 …………………………………………………… 237
 8.1 研究总结 ……………………………………………………………… 237
 8.2 研究探讨 ……………………………………………………………… 238
 8.3 研究展望 ……………………………………………………………… 239

参考文献 ………………………………………………………………………… 242

后记 ……………………………………………………………………………… 248

第 1 章　研究概述

大数据时代，作为高校信息资源管理的重要组成部分，高校图书馆大数据应用和服务面临重大挑战，开展高校图书馆用户画像管理和服务研究具有重要意义。以下从研究依据、研究内容和研究方法三方面概述。

1.1　研究依据

近年来，伴随高校图书馆数字化进程的迅速推进，一方面，图书馆大数据种类繁多，数据量日益庞大且增长迅速，数据服务的个性化和学科化趋势导致对海量数据的实时分析和潜在价值挖掘的需求也在快速增长等等；另一方面，图书馆服务需求的个性化趋势日益显著，这给承载着知识的收集存储、分析开发与创新应用重任的高校图书馆及以文献资料分析为基础的图书馆数据服务工作带来了严峻挑战。[①] 在信息资源管理理论（information resource manage-ment，IRM）的指导下，针对高校图书馆个性化服务，开展图书馆用户画像及其应用研究具有重要价值。[②] 用户画像概念最早由 Alan Cooper[③] 提出，初期应用于交互设计或产品领域中，是

[①] 初景利. 图书馆发展变革与服务转型[M]. 北京：国家图书馆出版社，2012：3-6.
[②] 曾建勋. 精准服务需要用户画像[J]. 数字图书馆论坛，2017(12)：1-1.
[③] 库珀. 交互设计之路[M]. 北京：电子工业出版社，2006：10-11.

对特定服务群体真实特征的勾勒。① 当前用户画像一般致力于研究用户行为和需求，通过对人物基础信息、行为和兴趣等数据的搜集，对用户形象建模。② 用户画像是一种大数据驱动的用户标签化方法，能够充分挖掘高校图书馆原始数据，构建画像标签模型，并提供高效服务。

1. 高校图书馆用户画像研究现状

（1）国外学者关注用户画像构建方法并开展案例研究

①用户画像过程引入社交网络分析。社交网络分析（social network analysis，SNA）③通过网络建模和网络特征分析，研究社会成员（抽象成网络节点）的构成特征以及相互之间复杂关系（模拟成网络链接），揭示社交网络的演化规律，发现蕴含其中的高价值知识。Ayse C. 指出用户画像应依据用户社会属性、生活习惯等信息，抽取用户特征并进行属性标注，形成用户标签；④ Zeki A. 等人⑤将社交网络分析（共 1393 个节点）引入用户画像，调查用户动机并据此划分用户群；Mohammad Y. 等人综述了基于用户画像构建个性化推荐系统的过程，即数据收集、用户画像、相似度计算、社交网络近邻选择及推荐。⑥

②案例研究中采用语义计算技术。语义计算是以多源异构的海量数据为语料，应用语义网和本体技术进行知识表示，通过相关算法实现知识抽取、融合、链接和推理，构建领域知识图谱，在此基础上实现精准个性化推荐和知识服务。Andres M. 等人提出基于语义网和用户画像方法的融合

---

① 许鹏程，毕强，张晗. 数据驱动下数字图书馆用户画像模型构建[J]. 图书情报工作，2019，63(03)：30-37.
② 刘禹辰. 基于情感分析的 Android 平台用户画像方法研究[D]. 北京交通大学，2019：1-3.
③ 王晓光. 社会网络范式下的知识管理研究述评[J]. 图书情报知识，2008(4)：87-91.
④ Ayse C. User Profiling-A Short Review[J]. International Journal of Computer Applications，2014，108(3)：1-9.
⑤ Zeki A B, Onur D. The ABCD typology Profile and motivations of Turkish social network sites users[J]. Computers in Human Behavior，2017，67(10)：73-83.
⑥ Mohammad Yha-S. User profiling approaches for demographic recommender systems [J]. Knowledge- Based Systems，2016，100(3)：175-187.

第1章 研究概述

文本信息和专家知识的学习管理系统 OntoSakai；[①] Vladimir L. 等人将本体建模作为沟通用户画像与协作学习环境的桥梁并开发案例，以解决学习推荐问题；[②] Michele A. 等人开发基于用户画像和上下文数据分析的智能推荐系统 Utravel，并描述系统框架和实现过程。[③]

(2)国内学者将用户画像应用到图情领域

①用户画像构建密切结合图情领域需求。胡媛等[④]应用用户画像方法构建数字图书馆知识社区关联模型，提出综合服务能力评价指标体系。刘速[⑤]从数据来源、数据采集和模型搭建等角度阐述用户画像的构建方法：包括可视化统计描述、多维度交叉分析和用户关系图谱等；薛欢雪[⑥]从理论上描述面向图书馆学科服务的用户画像框架构建过程；王凌霄等认为用户画像是应对"社会化问答社区"诸多挑战的富有成效的建模手段，并讨论标记用户特征的方法。[⑦]

②案例研究中以个性化服务为主要落脚点。韩梅花等提出在大数据下基于用户画像的抑郁症阅读疗法模式，用于推送"阅读治疗资源"；[⑧]陈添源应用问卷调研方式（小样本）采集用户标签数据开展实证研究，探索提高图

---

① Andres M, Joaquin L, Ana C, et al. OntoSakai: On the optimization of a Learning Management System using semantics and user profiling[J]. Expert Systems with Applications, 2015, 42(4): 5995-6007.

② Vladimir, L., et al. An ontology-based approach for representing the interaction process between user profile and its context for collaborative learning environments[J]. Computers in Human Behavior, 2015, 51(10): 1387-1394.

③ Michele, A., et al. UTravel: Smart Mobility with a Novel User Profiling and Recommendation Approach[J]. Pervasive and Mobile Computing. 2017, 38(7): 474-489.

④ 胡媛, 毛宁. 基于用户画像的数字图书馆知识社区用户模型构建[J]. 图书馆理论与实践, 2017(4): 82-85.

⑤ 刘速. 浅议数字图书馆知识发现系统中的用户画像[J]. 图书馆理论与实践, 2017(6): 103-106.

⑥ 薛欢雪. 高校图书馆学科服务用户画像创建过程[J]. 图书馆学研究, 2018(13): 67-71.

⑦ 王凌霄, 沈卓, 李艳. 社会化问答社区用户画像构建[J]. 情报理论与实践, 2018, 41(1): 129-134.

⑧ 韩梅花, 赵景秀. 基于"用户画像"的阅读疗法模式研究[J]. 大学图书馆学报, 2017(6): 105-110.

书馆个性化推荐效果的途径。①

国外学界率先将社交网络分析和语义计算方法应用于画像过程，并在有限数据集上取得了较好的结果，但是未见将此类方法应用于海量数据集上开展系统分析和案例设计。在国内，学者们已经将用户画像引入图情领域，并描述了海量数据集上的用户画像框架，但是大多停留在概念讨论和框架构建阶段；已有少数实证案例也主要集中于有限数据集上的应用，缺乏以图书馆大数据为基础数据的用户画像构建和应用研究。②

2. 大数据下用户画像构建面临的挑战

领域用户画像构建的核心任务是标签构建。Haoran X. 等人认为大数据情景下，可沿用小数据集上的成功经验，即重视用户社交网络的近邻及社团成员的影响，据此构建基于标签的用户画像，以应对属性标注过程中的"数据稀疏"(data sparsity)问题；③ 陈慧香等指出作为大数据时代提供精准服务的工具，用户画像标签构建存在"隐私保护"的挑战。④

中国中文信息学会语言与知识计算专委会在 2018 年 8 月份发布的《知识图谱发展报告（2018）》中指出：以领域大数据分析和语义计算为代表的信息技术，是"推动互联网人工智能发展的核心驱动力"，而作为智能服务主要工具之一的用户画像构建面临"噪声信息"干扰和词条"粒度太细"的问题。鉴于上述分析，可将大数据下用户画像构建面临的挑战作如下归纳。

①标签不全。已标注的用户和资源太少（数据稀疏），以及因个人隐私保护而缺乏数据，导致标签不能全面描述用户特征。

②标签不准。数据噪声和标签词条粒度太细而导致标签不能准确刻画用户特征。

---

① 陈添源. 高校移动图书馆用户画像构建实证[J]. 图书情报工作，2018，62(7)：38-45.
② 程学旗，王元卓，靳小龙. 网络大数据计算技术与应用综述[J]. 科研信息化技术与应用，2013，4(6)：3-14.
③ Haoran, X., et al. Community-aware user profile enrichment in folksonomy[J]. Neural Networks, 2014, 58(5): 111-121.
④ 陈慧香，邵波. 国外图书馆领域用户画像的研究现状及启示[J]. 图书馆学研究，2017(20)：16-20.

近年来，为快速处理海量数据，开源组织 Apache 提出了名为 Hadoop＋Spark＋GraphX 内存计算框架，① 其中集成了大规模网络分析和语义计算的机器学习库（MLlib，Machine Learning Library）。该框架在金融、医疗和教育等行业大数据领域获得广泛应用，并被阿里、新浪、百度等知名企业作为支撑其云计算的运行和开发框架。

3．本研究提出的应对方案

大数据下图情领域用户画像构建与其他领域一样面临用户标签不全、不准的挑战，经深入思考，本研究提出方案：一方面，借鉴前人成果，将小数据集下取得较好效果的社交网络分析方法引入大数据下图书馆用户画像研究，应用大规模网络挖掘工具分析用户属性，从而破解数据稀疏和隐私保护挑战以应对标签不全问题；另一方面，采用语义计算，通过对高校图书馆大数据抽取、融合、链接和推理，剔除噪声数据并进行标签泛化，构建基于本体和语义网的结构化标签体系，以应对标签不准问题；最后在 Hadoop＋Spark＋GraphX 框架上，开发用户画像软件系统，开展应用研究和案例分析。

1.2　研究内容

研究对象：①高校图书馆用户画像构建模式；②相适应的大数据分析技术和应用案例。

本课题研究内容包括三大模块。

1．高校图书馆用户画像面临的挑战分析

通过对高校馆用户画像面临的挑战的梳理分析，构筑本课题的研究基础。见图 1.1。

---

① 百度文库 ［EB/OL］．［2024-10-31］．https：//wenku.baidu.com/view/05c72eb986c24028915f804d2b160b4e767f8197.html?_wkts_=1731658226552&bdQuery=知识图谱发展报告＋2018 年．

```
┌─ 高校图书馆用户画像构建面临的挑战 ─┐  ┌─ 应对策略（社交网络分析+大数据语义计算）─┐
│  ┌── 用户标签不全问题 ──────────┐ │  │  ┌── 图书馆用户社交网络分析 ────────┐  │
│  │ (1) 用户数据稀疏      │◄─┼──┤  │ (1) 社交关系循踪和标签扩展   │  │
│  │ (2) 用户个人隐私保护   │◄─┼──┤  │ (2) 社交数据挖掘与标签补全   │  │
│  └──────────────────────────┘ │  │  └──────────────────────────────┘  │
│  ┌── 用户标签不准问题 ──────────┐ │  │  ┌── 图书馆多源异构大数据语义计算 ──┐  │
│  │ (1) 噪声标签干扰      │◄─┼──┤  │ (1) 本体语义标签匹配         │  │
│  │ (2) 粒度过细标签影响   │◄─┼──┤  │ (2) 本体语义标签泛化         │  │
│  └──────────────────────────┘ │  │  └──────────────────────────────┘  │
└────────────────────────────────┘  └────────────────────────────────────┘

┌─ 高校图书馆用户画像应用面临的挑战 ─┐  ┌─ 应对策略（选择主流的大数据分析平台）─┐
│  高性能计算平台支撑          │◄─┤  Hadoop+Spark+GraphX开源云计算框架   │
│  高效数据分析和挖掘工具       │◄─┤  Spark机器学习算法库                │
│                              │  │  （MLlib：面向社交网络分析和语义计算） │
└────────────────────────────────┘  └────────────────────────────────────┘
```

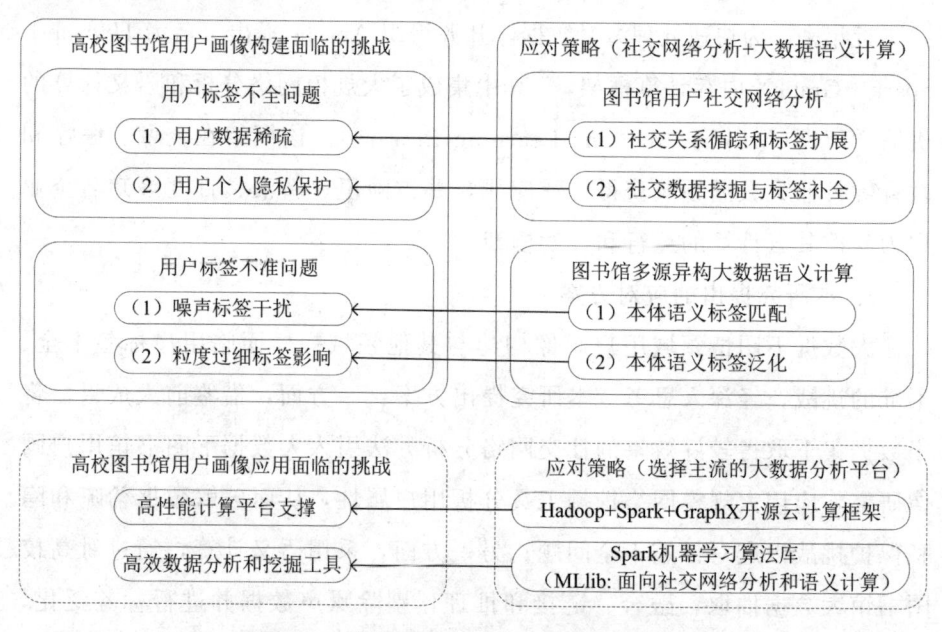

图 1.1 课题研究面临的挑战和应对策略

（1）高校馆用户画像构建面临的挑战及应对策略

① 标签不全问题对策。基于用户社交网络基础数据，构建网络模型。a. 对大规模网络链接循踪，搜寻并统计网络个体的所有邻接成员，在相邻成员之间实施标签扩展以克服"数据稀疏"问题；b. 通过社交网络挖掘算法计算网络成员间的相似度，对因"隐私保护"而缺乏数据的网络成员，抽取其他高相似成员的标签进行标签共享和补全。社交网络挖掘算法能够在不违背数据伦理和侵犯用户隐私权的条件下，有效标注用户画像所需要的个体特征信息，从而破解用户画像中的"隐私保护"问题。

② 标签不准问题对策。a. 通过知识融合、推理等语义计算方法，构建统一和结构化领域本体，对文本数据进行本体语义匹配，实现噪声标签的校对和修正；b. 应用基于本体和语义的标签泛化方法，概括、覆盖细粒度标签，应对标签粒度太细的挑战。

（2）高校馆用户画像应用面临的挑战及应对策略

① 高性能计算要求。以开源且适用于大规模网络分析的云计算框架

Hadoop+Spark+GraphX 作为应用研究的支撑框架。

② 高效数据分析和挖掘工具。应用 Spark 框架中的 MLlib 库分析社交网络和进行语义计算。

2. 高校图书馆用户画像构建模式研究

通过构建模式的研究，提出具体模型构建方法。[①] 该模式共包括两大部分。

(1) 网络大数据收集与融合

致力于收集图书馆相关文献、用户行为以及互联网社交网络数据，进行清洗、融合并存储。

(2) 图书馆用户画像引擎

包括标签分类体系和标签知识库。结合领域知识，应用语义计算和知识图谱工具对画像标签分类，形成统一知识库。

3. 用户画像系统应用研究

结合用户行为分析、图书推荐及知识推荐等高校图书馆典型应用，开发应用案例以及可运行系统。

1.3 研究方法

1. 文献研究方法

对国内外期刊、图书、文献数据库检索，对相关理论、应用案例及应用对策的历史成果及最新进展梳理总结与比较分析，为课题提供研究基础。

2. 数据工程方法

应用数据工程领域的数据存储、数据建模、大规模网络分析和语义计算等理论和方法分析基础数据和构建用户画像标签模型。

3. 软件模拟方法

借助 Spark 中的 MLlib 机器学习库，采用其中的社交网络分析和语义

[①] 何胜，柳益君，黄永锋，等. 基于网络大数据的高校图书馆科研用户画像模式构建研究. 图书馆研究与工作，2022(11)：76-82.

计算方法和工具，开发应用系统进行模拟分析。

1.4 本书的体系架构

本书体系架构如图1.2所示。

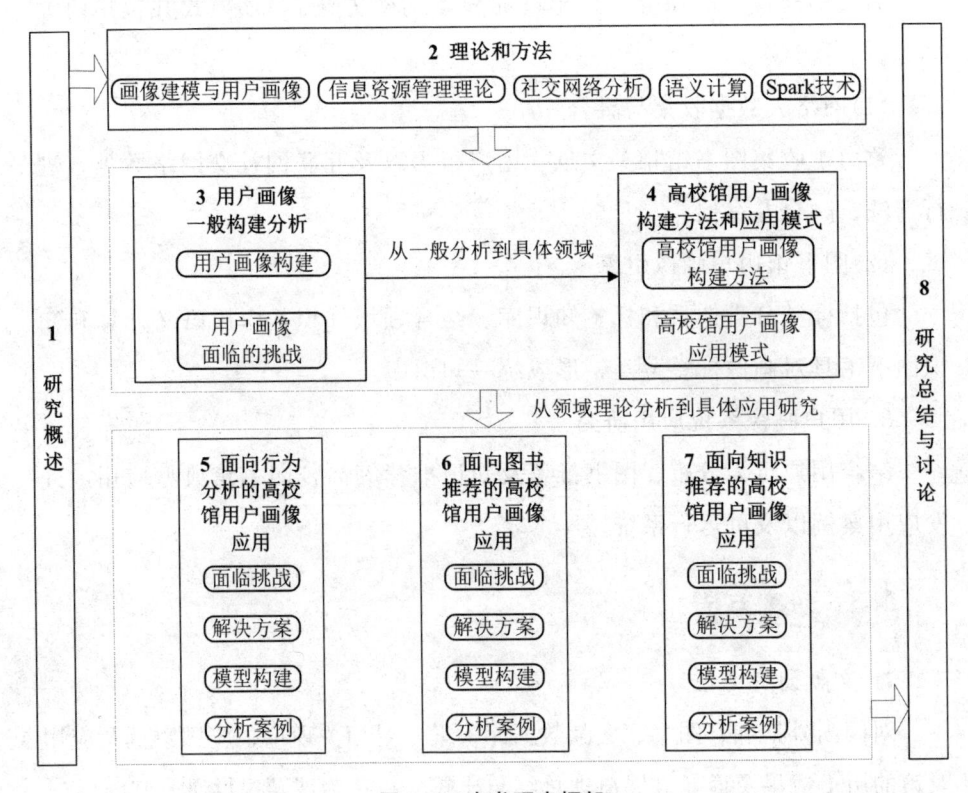

图1.2 本书研究框架

第1章为研究概述，是全书的概览，阐述研究依据，并据此确定以高校图书馆用户画像构建和应用为研究内容，分析并提供相适应的研究方法。

第2章着重讨论支撑本研究的理论和具体方法。结合高校馆用户画像构建和应用这一目标，提出以信息资源管理理论为基础，以社交网络分析和语义计算为核心方法，以图书馆大数据为基础数据的理论和实践框架，

第1章 研究概述

并通过分析理论与方法之间的关系讨论本研究的理论脉络和逻辑框架,阐述其科学性与合理性。

第3章分析讨论一般情形性用户画像构建。通过用户画像概述和分析其面临的挑战,着重阐述用户画像一般构建方法及规律,以及分析其面临的标签不全或标签不准的问题,及其应对方案。

第4章聚焦图情领域的高校馆用户画像构建,是用户画像一般理论方法在图情领域的具体应用,与第3章一脉相承,遵循从一般分析到具体领域的逻辑分析思路。本章着重分析了社交网络和语义计算方法如何应对高校馆用户画像标签不全或标签不准问题。

第5~7章为高校馆用户画像的应用研究,在前几章理论分析和论证的基础上,结合用户行为分析、图书推荐和知识推荐三个高校图书馆重要应用目标,遵照社交网络分析解决标签不全问题,语义分析解决标签不准问题,分别从面临挑战、解决方案、画像建模以及分析案例四个层面深入开展高校馆用户画像的实践研究。

第8章为研究结论与总结。全面讨论并总结理论框架和实践结果,并展望未来。

第 2 章 理论和方法

2.1 引言

信息资源管理理论是支撑高校馆用户画像构建与应用的主要理论基础。该理论涵盖了对信息资源的组织、分类、存储、检索和应用等方面,为用户画像构建过程中用户数据收集、清洗、挖掘和存储提供理论指导,[①]是理解和组织图书馆大数据的核心理念和方法论。

社交网络分析和语义计算方法是高校馆用户画像构建与应用的主要方法。以信息资源管理为理论基石,针对高校馆用户画像面临的挑战,引入社交网络分析和语义计算方法试图破解标签不全和标签不准问题,因而需深入阐述这两种方法的内涵和作用。

高校图书馆大数据是用户画像构建与应用的数据基础。如何利用大数据技术和人工智能方法从纷繁复杂的数据中提取所需的特征并开展应用,是本研究的落脚点。

以下先阐述本研究的理论支撑以及所采用的方法、技术,然后分析并厘清理论、方法和技术之间的关系:

---

① 马费成. 信息资源管理[M]. 北京:高等教育出版社,2006:29-30.

2.2 画像建模与用户画像

画像建模与用户画像是不同的概念，画像建模包含用户画像。学界至今未能系统讨论画像建模与用户画像的区别和联系。本研究认为，画像建模包括对用户、产品、知识等不同对象建模，即万事万物皆可画像，而用户画像(或称用户画像建模)专门针对用户(人群)画像，是画像建模的一个子类别。本研究的画像建模涉及用户画像、图书画像和知识画像。

1. 画像建模

画像建模针对包括物品或人群等多种对象，通过一系列的数据收集、处理、分析和建模过程，构建用户或产品的特征模型。这个过程包括数据清洗、整合、标签化以及运用统计分析、机器学习等技术建模。画像建模的核心在于从复杂数据中提取出有价值的信息，形成对产品、知识(也包括用户)等全面、深入的理解。例如：

产品画像：明确产品定位、功能特点、市场需求等，为优化产品、制定市场策略提供支持。

知识画像：构建知识图谱，实现知识组织、关联和推理，为智能问答、知识检索和推荐等典型应用提供依据。

区别用户画像，产品画像与知识画像具有下列重要特点：

(1)结构性

强调物品分类和特征属性，构建明晰的物品特征体系架构。

(2)关联性

分析物品之间关联，如相似物品或具有某种共同特征的物品之间的关系等。

(3)价值导向

评估物品的市场价值、潜在用户定位等。

(4)优化推荐

在个性化推荐系统的有效支撑下，致力于提高内容或商品的匹配效率和用户满意度。

2. 用户画像

用户画像收集和分析与人群（个体或群体）相关的大数据，包括用户基本信息、行为特征、个体习惯、兴趣偏好等，着重对用户群体的深入分析和理解，以及对目标用户从不同维度刻画和描述，从而构建出用户立体视图。[1] 在图情领域，早在 1985 年英国 Blaise-line 公司对国家图书馆书目数据使用状况满意度的问卷调查中，研究人员使用用户画像完成用户的数据分类、筛选整理与服务流程的构建。[2] 用户画像的应用范畴包括：

①精准营销：根据用户画像制定个性化的营销策略，提升营销效果。

②服务优化：基于用户画像提供个性化服务体验，提高满意度。

③产品优化：通过用户画像定位用户需求和使用习惯，为产品优化指明方向。

④风险管理：识别潜在高风险群体，制定相应的风险管理策略。

用户画像的特点：

①个性化：强调个体用户独特性，追求用户需求精准匹配度。

②动态性：[3] 当用户行为和偏好发生变化，用户画像能定期或实时更新。

③多维度：涵盖用户基本属性、行为习惯、情感态度等多个不同维度。

④应用广：包含个性化推荐、用户分群、精准营销、服务优化等广泛场景。

---

[1] 袁军. 大数据环境下用户画像在高校图书馆的应用研究[J]. 图书馆研究与工作, 2019(6): 22-26.

[2] 尹婷婷, 郭永建. 数据驱动背景下智慧图书馆用户画像模型构建与研究[J]. 图书馆理论与实践, 2023(04): 81-86.

[3] 董欣欣. 基于供需交易主体画像的养老服务推荐系统设计与实现[D]. 哈尔滨工业大学, 2018: 10-11.

3. 画像建模和用户画像关系

（1）包含关系

用户画像作为画像建模的特定类别，关注对用户个体或群体的建模和分析；画像建模内涵更为广泛，可针对包括用户群体在内的多种其他对象建模。

（2）目标互补

在应用目标上，画像建模和用户画像互为补充。画像建模追求对各类建模对象的全面理解和利用，用户画像则专注对用户个体（或群体）理解并开展应用。

（3）技术共享

画像建模和用户画像存在许多技术共通点。譬如，二者均涉及数据收集、清洗、分析和存储环节；均须运用统计分析、机器学习、数据挖掘等技术方法；均注重从数据中挖掘高价值信息或模式。但是显而易见，由于建模对象和应用目标的区别，二者在具体技术实现过程和应用场景上呈现差异。

4. 用户画像分类

实践中，常将用户画像分为个体画像和群体画像，二者分别针对不同层面的用户，服务于迥异的业务场景和目的，两种画像方法内涵及特点：

（1）个体画像（又称个人画像）

指基于单个用户的所有可获取数据（如购买记录、浏览行为、社交互动等），构建详尽且个性化用户特征框架，旨在深入理解每个用户的独特需求、个人偏好和行为模式，为个体提供定制化内容或推荐产品，提升个体用户体验。

个体画像特点表现在：

① 独特：聚焦单个用户的独特性，提供一对一的定制化服务。

② 全面：囊括用户多维度信息，从基本属性到深层次的兴趣、行为习惯等。

③ 动态更新：伴随用户行为数据集聚和时间流逝，个体画像须持续更新，保持时效性。

④ 应用广泛：适用于个性化推荐、用户留存策略、精准营销等领域。

（2）群体画像

指将具有相似特征或行为模式的多个用户聚合形成用户群体，并总结群体共同特征构建的群体模型。群体画像关注群体共性而淡化个体差异，通过统计分析等手段识别群体行为趋势和偏好。

群体画像特点表现在：

① 整体性：侧重用户群体共同特征，漠视个体间差异。

② 趋势性：关注某一类用户行为趋势、消费习惯及社会属性特征。

③ 宏观性：帮助组织（企业或政府等）从宏观层面审视目标，定位目标用户群，制定群体策略。

④ 高效率：群体画像在数据处理和分析上更为高效，成本效益更高。

（3）二者应用对比

① 个体画像适用于需要高度个性化服务的场景，如个性化推荐系统、一对一营销策略等。

② 群体画像优势在于快速把握目标市场的总体特征，因而在市场调研以及产品设计初期的用户需求分析、大规模广告投放等情境下发挥重要作用。

2.3　信息资源管理理论

信息资源管理理论涉及对信息生命周期各阶段的管理，包括信息的获取、组织、存储、检索、分发、利用和维护等过程。在数字化和网络化的背景下，信息资源管理旨在优化信息流程、提升信息质量，并确保信息的安全性和有效性。

信息资源在概念上分广义和狭义。[①] 前者既包含信息本身，也包含人

---

① 刘智勇. 高校信息资源管理研究[D]. 华中科技大学，2009：12-13.

第2章 理论和方法

员、设备、技术和资金等资源,是信息活动诸要素的总结。后者则认为信息资源指文献或数据资源,以及文本、印刷品、影音作品、计算机网络信息、数据库等各种媒介的集合。[①] 大数据时代,以海量的互联网数据和信息为代表的数据资源日益成为信息资源的主体部分。

信息资源的重要特征包括需求性、稀缺性、共享性、传承性和再生性等属性。[②] 其中共享性指同一资源可以被多人同时占有和利用;传承性指信息资源可无消耗地保存、积累和不断传递;再生性指信息资源在被使用过程中,可以被创新,信息资源的这些优秀特征使其能够在无限复制和传播过程中产生价值,成为现代社会取之不尽的财富。

信息资源管理概念产生于20世纪70年代末,美国学者霍顿(F. W. Horton)和马钱德(D. A. Marchand)为开创和发展信息资源管理理论作出巨大贡献,该理论旨在通过开发、建设和优化信息资源,从而达到高效使用信息的目的。在现代社会,信息资源管理可以理解为:为满足社会或组织的信息需求、提高组织的应变能力和管理效能,通过先进信息技术手段对信息、人员、设备、资金等进行系统开发、科学配置和有效利用的一系列活动和过程。

在互联网时代,信息资源管理的对象包括互联网和物联网大数据,云计算资源及软硬件系统,相关规章制度和法律,以及信息资源的管理者和技术人员等;信息资源管理的内容囊括对资源开发标准以及对开发规范的制订实施管理,对信息系统开发、运行、维护和评价管理,人力资源开发和安全管理等。[③]

信息资源管理过程包括信息资源需求分析,资源建设(信息采集、加工、存储),开发利用和反馈四个阶段。在大数据时代,上述过程可以具体化为大数据应用需求分析、大数据采集、清洗和存储,大数据抽取、融

---

① 孙建军. 信息资源管理概论[M]. 南京:东南大学出版社,2003:1-3.
② 马费成. 信息资源管理[M]. 北京:高等教育出版社,2006:29-30.
③ 肖明. 信息资源管理[M]. 北京:电子工业出版社,2002:26-29.

合、建模、大数据运行体系架构的构建等具体应用以及结果反馈和评估。

一般认为，教学、科研与社会服务是高等学校三个主要职能，从信息资源的功能角度看，高等学校的信息资源有教学科研、图书馆、人事和后勤等信息资源，其中高校图书馆信息资源主要包括纸质或电子书籍、各类借阅日志数据库以及购买的各类文献数据库（如知网、万方等）、图书馆专业图书管理人员等。高校图书馆资源管理过程包括图书馆大数据的收集与融合、大数据的分析与处理、大数据应用等。

高校图书馆用户画像建立在高校馆大数据各类资源深度融合的基础上，通过用户特征和资源特征的抽取，开展包括个性化推荐、知识服务等高价值的服务，对于提高高校图书馆智能服务水平具有重要研究价值，信息资源管理理论对于高校图书馆用户画像的指导意义主要体现在以下方面。

1. 数据资源整合与管理

信息资源管理理论注重对信息内容及相关资源开展全面管理。在高校图书馆用户画像构建过程中，首先要整合来自不同维度数据资源，如用户基本信息、借阅数据、馆藏图书数据、读者入馆数据等，对这些数据整合、分析、融合与管理是构建用户画像模型的基础，同时需要保证数据完整性、准确性和一致性。

2. 用户信息动态描述与分析

用户画像强调对用户真实数据进行动态描述与分析，信息资源管理理论为其提供方法论支持。通过持续收集和分析用户基本属性、个性心理和互动行为特征，动态地描述用户偏好和行为习惯，致力于精准用户画像模型构建。建立在用户信息动态描述与分析基础之上的动态管理，有助于图书馆决策部门及时了解用户需求变化，优化服务策略。

3. 信息资源有效利用与优化配置

确保信息资源有效利用和优化配置是信息资源管理理论的核心目标之一。在高校图书馆用户画像应用实践中，该目标体现为通过用户画像构建与分析，图书馆决策部门可准确识别不同用户群体需求，以提供个性化、精准化服务。例如可根据教师用户借阅习惯和专业需求，调整馆藏结构，优化图书等资源配置，提升资源利用率。

4. 服务体系改进与服务质量提升

信息资源管理理论还注重通过管理活动提高组织生产率和效率。在高校图书馆用户画像应用实践中，须以用户画像为依据，改进图书馆服务体系，优化服务策略。例如通过用户画像分析发现教师在某些特定时间段内的借阅需求较高，可以调整开放时间，增加服务窗口，提高服务效率；再如针对新入职教师等特定用户群体，可以开展专门培训和宣传活动，帮助新群体快速熟悉图书馆资源和服务。

5. 决策支持与智能化管理

信息资源管理智能化发展趋势引领用户画像方法和技术前行。在高校图书馆用户画像领域，利用大数据、人工智能等新兴技术对用户数据开展深度挖掘和分析，为图书馆管理决策提供有力支持。例如通过时间序列预测等算法预测未来借阅量，结合协同过滤推荐算法构建图书推荐系统，实现图书馆个性化服务和智能化管理。

2.4 社交网络分析方法

1. 社交网络分析方法内涵

一般而言，网络可理解为现实系统的模型：将现实系统的元素(elements)抽象为节点(nodes 或 vertex)，将节点之间的关系抽象为连接(links)或边(edges)。图(graph)是网络模型的数学表达形式。在不同的应用领域，节点和边表示的含义不同，因而形成不同的网络模型、包括社交网络、生物网络、电信网络或者某种概念网络、知识网络等，[①] 本书着重研究社交网络。

作为一类针对社会个体成员及其关系建模的网络模型，社交网络

---

① 何胜. 高校图书馆大数据应用模式与实证研究[M]. 兰州：兰州大学出版社. 2019：10-11.

(social network)将社会个体成员抽象为节点,将成员之间的关系抽象成边。对应不同的研究目标,个体成员可以泛化为人、物或某个实体。

社交网络分析方法(social network analysis,SNA)是在社交网络模型基础上,融合包含数学、信息学、社会学、管理学等多学科的理论和方法,以洞察并理解各类关系或联系的形成过程、行为特征的规律为目标,最终形成稳定与可计算的系统分析方法。[①] 与本书密切相关的算法包括图聚类算法和个性化推荐方法。

由于现实系统纷繁复杂,导致社交网络规模庞大、动态性强、蕴含丰富,近年来以社交网站、微博、微信(公众号)等平台为对象的社交网络分析和研究异常活跃,其分析方法应用以及工具和平台的开发备受关注。

2. 社交网络分析算法

社交网络分析算法一般可理解为应用计算机语言开发的致力于洞察社交网络蕴含规律的逻辑指令或系列方法的集合。

社交网络分析中常用算法致力于帮助研究者从不同角度分析社交网络的特性和动态变化规律。

(1)中心性度分析(centrality measures)

度中心性(degree centrality):衡量某节点与其他节点直接相连的边数,反映节点的直接影响力大小;度中心性越高,节点在该网络中的影响力越大。

接近中心性(closeness centrality):度量某节点到该网络中其他所有节点的平均距离,反映该节点在网络中的全局影响力。接近中心性越小,节点在社交网络中的影响力越大。

介数中心性(betweenness centrality):度量某节点在所有(经由该节点的)最短路径中出现频率,反映该节点在社交网络中的桥梁作用。介数中心性越高,节点在社交网络中的重要性越高。

[①] 刘璇. 图书馆领域社交网络应用研究述评与展望[J]. 中国图书馆学报,2016,42(6):102-116.

(2)组件分析(component analysis)

包括强连通分量和弱连通分量两种。

强连通分量(strongly connected components):指社交网络中一组节点集合,其中任意两个(一对)节点都可经由一系列边相互到达(或连通),注意强连通考虑边方向,其经由路径为有向路径。

弱连通分量(weakly connected components):不考虑边方向,社交网络中一组节点集合中,其中任意两个节点都可通过一系列边相互到达。

(3)聚类分析(clustering analysis)

该算法常用于个性化推荐,通过发现相似行为群体,从而在群体内实现推荐。聚类分析致力于识别网络中的子网络或社区,即网络内部节点联系密切而与其他部分相对疏远的节点集合。聚类分析方法有基于度的聚类、基于随机游走的聚类和基于模块化系数的聚类等。

(4)信息传播分析(information diffusion analysis)

研究以信息、病毒等为代表的物质在社交网络中的传播过程和规律。其分类有最短路径信息传播、随机信息传播和逐步信息传播等。

(5)链路预测算法(link prediction algorithms)

本算法预测社交网络中任意两个节点将来可能存在的关系。一般应用于社交网络推荐系统、好友推荐等情景。

(6)社区发现算法(community detection algorithms)

也称为社团检测算法,将社交网络中的节点划分为具有相似属性的子网络(或社区)。相关算法有 Louvain 算法、GN 算法、层次聚类(hierarchical clustering)等,致力于识别社交网络中的紧密群体,理解群体内部和群体之间的互动模式。社区发现算法涉及以下两个常用概念。

模块最大化(modularity maximization):寻找内部紧密连接而与其他部分相对隔离或疏远的子群。

随机游走(random walks):模拟节点之间随机移动,以确定哪些节点更倾向于聚集在一起,形成节点集团。

（7）网络安全性分析算法（network security analysis algorithms）

评测社交网络防范攻击和恶意行为的能力，一般应用于社交网络的安全防护和漏洞修补等情景。

（8）动态网络分析算法（dynamic network analysis algorithms）

致力于发现社交网络随时间变化的规律和趋势，一般应用于社交网络的演化分析和趋势预测等情景。

（9）网络可视化

力导向布局算法（force-directed layouts）：假想两个节点之间存在排斥力和吸引力，构建物理模型，并设置目标优化函数，应用迭代方法布局节点，使得相邻节点靠得更近，界面更加美观。

上述算法帮助研究者从不同的角度分析、理解和解释社交网络中的结构特征：中心度致力于找到社交网络中的关键人物；社团检测有助于发现具有共同兴趣或背景的群体；而信息传播用来预测信息或产品的传播模式。

3. 社会网络分析方法在各领域的应用

应用社交网络分析算法能够发现社区分析功能和结构、计算关键节点的影响力、定位核心节点、开展兴趣推荐等应用研究。

（1）社区（集团）发现

网络社区发现是社交网络分析方法中最重要的算法。在社交网络中，一般将联系密切的节点集团称为社区，这些社区中的个体节点一般具有某种相似性，整体上呈现某些特别的功能（如蛋白质交互网络中某些节点集团常呈现蛋白质功能）。

社交网络的社区发现算法包括非重叠社区发现和重叠社区发现两类。非重叠社区意指不存在任何节点同属于两个或以上社区，即单个节点仅属于一个社区。常用算法包括层次聚类、基于模块度（modularity）的优化算法、标签传播、图分割算法等；重叠社区则相反，单个节点可以分属不同社区，常用算法包括簇过滤、边划分和局部扩展算法等。

第 2 章 理论和方法

（2）个性化推荐

用户在互联网各类平台上交互过程中的行为（点击、浏览和关注等），以及发表对于新闻、影视或音乐的评论，显示用户对于特定新闻、影视或音乐的偏好，这些行为构成社交网络的基础交互数据，基于此可利用社交网络上的用户数据，推断用户年龄分布、地域分布，分析用户个体情绪，结合个性化偏好对不同用户开展个性化推荐。

个性化推荐主要包括：①基于内容的推荐：确立资源（如各类数据库）中的内容（如数据库记录）的相似性计算规则；依据用户偏好，从资源中找出与用户偏好相似性较高的资源向用户推荐。②基于协同过滤的推荐：分析用户兴趣或偏好，在用户群中找到与指定用户有相近兴趣的其他用户，将该用户感兴趣的内容向指定用户推荐（譬如甲和乙是好友，有共同兴趣或爱好，协同过滤理论认为，作为乙的好友，乙喜欢的物品甲可能也喜欢，因而将该物品向甲推荐）。③混合推荐：将基于内容和协同过滤推荐方法相融合，从而提高个性化推荐的准确率。[1] 在上述三类主流的推荐算法中，可以根据社会网络分析相关算法（如图数据挖掘算法），挖掘用户兴趣和被推荐资源的相似度，再依据图或节点的链接特征和属性实现个性化推荐。[2]

（3）链路预测

通过分析社交网络中用户间的相互关系和互动模式，以及网络结构、节点属性和用户行为等多种信息，预测未来可能形成的连接方法。链路预测主要基于以下三类信息。

网络结构特征：包括节点度、聚类系数、中心性等指标，以及节点间距离、共同邻居数等结构相似性特征。

节点属性特征：如用户年龄、性别、地理位置、兴趣偏好等，这些属性信息对于预测用户间的潜在联系具有重要作用。

---

[1] 黄震华，张佳雯，张波，等. 语义推荐算法研究综述[J]. 电子学报，2016，44（9）：2262-2275.
[2] 蓝冬梅. 大数据量图书下多数据集的二部图多样化推荐[J]. 情报理论与实践 2016，39（2）：69-72.

用户行为特征：用户在社交网络中的互动模式，如点赞、评论、转发等行为，可以反映用户间的关系和兴趣相似性。

链路预测算法有基于相似性的方法、基于概率模型的方法、基于机器学习的方法等。

基于相似性的方法：计算节点间的相似性来预测链路。常见的相似性指标包括共同邻居数、Jaccard系数、Adamic-Adar指数等。该类方法的优点是计算复杂度低，缺点是预测结果易受网络结构影响。

基于概率模型的方法：建立一组可调节参数的模型，通过优化策略寻找最优参数值，使模型能够预测两个未连边节点产生连边的条件概率，如贝叶斯网络模型和马尔科夫网络关系模型是常见的概率模型。

基于机器学习的方法：将链路预测问题视为一个分类或回归问题，利用机器学习算法（如逻辑回归、支持向量机、随机森林等）开展预测。该类方法综合考虑多种特征信息，提高预测准确性和鲁棒性。

链路预测的领域应用价值体现在：

社交网络：预测用户间的社交关系，提升推荐系统的准确性和个性化程度。

生物信息学：预测蛋白质间的相互作用，助力药物研发和疾病诊断。

推荐系统：通过预测用户感兴趣的内容或商品，提升用户体验和满意度。

数据挖掘：发现潜在的网络结构和模式，为数据分析提供有力支撑。

（4）热点分析

社交网络平台拥有庞大的用户群体，社交网络具有交互性、参与性、公开性、跨时空和低成本的特征，社交网络信息内容的自创性、新颖性、信息传播迅捷性，知识碎片化的特点非常契合年轻群体的好奇求新的理念，以及兴趣漂移流转迅捷的特征，从而导致社交网络信息传播时效性和用户的活跃度高涨，较易形成热点知识或事件。热点来源于现实社会中的某种问题或现象，其发生具有某种偶然性。当某个社会事件在网络上被曝光，一旦引发用户较多的关注，会被用户快速传播而成为热点事件。由于

第 2 章 理论和方法

社交网络平台是信息传播的重要渠道，对用户的情绪和价值观有潜在影响。年轻用户群体参与话题互动（如评论、点赞、转发等）来表达自身的价值观念及诉求，进而加速信息的传播。应用社交网络分析方法研究热点事件的传播机理及传播影响因素极具价值。

(5) 情感分析

社交网络情感分析依据用户在社交网络中的行为（如评论、点赞等），结合逻辑学、语言学、心理学理论，采用自然语言处理等方法，分析用户对实体（如事件、产品、服务和个人等）表达的观点、情绪和态度。

常见的应用是分析在线评论中消费者对产品及服务的反馈。在金融市场上，社交网络情感分析利用从多个在线平台收集的企业评论数据，统计分析总体情感分值，并将其应用到交易系统中。

4. 社交网络分析方法在用户画像领域的应用

(1) 应对标签补全挑战

如 1.1 节所述，高校馆用户画像面临"标签不全"问题，由于社交网络的社会化特征能有效展现研究对象（如机构）的内部知识分布、交流的网络结构特点，并通过大量的算法定量分析来探究网络节点链接扩展和信息共享，从而补全标签，因而使得社交网络分析方法成为研究用户画像的重要方法。

社交网络分析着重研究社会结构及其组成元素之间的相互作用，助力理解个人或组织之间的连接、交互和关系网络，在高校图书馆用户画像领域得到广泛应用。限于本书研究内容，以下着重讨论社交网络分析方法在补全标签过程中的应用。

① 社交网络结构分析。

网络拓扑结构：通过分析图书馆用户之间的互动关系，识别出社交网络中的节点（即用户）和边（即互动关系），进而构建社交网络图谱。

中心度分析：评估哪些用户在网络中处于核心位置，这些用户可能是意见领袖或活跃成员，对于信息扩散具有重要作用。

社群发现：使用算法自动识别网络中的社群或子群组，有助于图书馆了解不同用户群体的需求和兴趣。

② 用户行为分析。

行为轨迹分析：跟踪用户在图书馆网站或社交媒体平台上的行为轨迹，比如借阅记录、搜索历史、参与讨论等。

兴趣偏好分析：通过分析用户在社交网络上的分享、评论和点赞等行为，推断出他们的兴趣偏好。

信息传播分析：研究信息在社交网络中的传播路径和效率，帮助图书馆优化信息推送策略。

③ 用户画像构建。

个性化服务：基于社交网络分析的结果，图书馆可以补全用户标签，构建全面而精准的用户画像，提供个性化的信息服务和支持。

精准营销：通过了解用户之间的关系和影响力，图书馆决策部门可有效推广活动和服务。

社区建设：识别关键用户和潜在的意见领袖，促进社区内的交流与合作，增强图书馆与用户之间的互动。

④ 数据驱动的决策支持。

需求预测：利用社交网络数据分析来预测用户的需求和趋势，从而提前准备资源和服务。

资源配置：根据用户画像和行为模式优化图书馆资源分配，提高资源利用率。

改进服务：通过分析用户反馈和行为数据，图书馆可以不断改进服务质量和用户体验。

⑤ 安全与合规。

隐私保护：确保在收集和分析用户数据过程中遵守法律法规，保护用户隐私。

安全监测：监测社交网络中的异常行为，防止网络攻击和滥用。

(2) 深度关联用户画像构建过程

从用户画像构建框架的三个层面（数据收集、标签库构建及应用三个方面）的角度看，社交网络分析起到关键作用。

第2章 理论和方法

① 用户数据的全面获取与分析。

多维度数据采集：

通过社交网络分析，从多个维度收集用户数据，包括用户在图书馆网站或社交媒体上的浏览行为、借阅记录、查询记录、互动反馈等。这些数据为用户画像的构建提供了丰富的素材。

深度数据分析：

利用社交网络分析方法，可对收集到的用户数据进行深度挖掘和分析，揭示用户的兴趣偏好、阅读习惯、学习需求等行为特征。譬如通过分析用户的借阅历史和查询记录，了解用户的学科偏好和阅读深度；通过分析用户在社交媒体上的互动行为，分析用户的社交关系和影响力。

② 用户社交关系的挖掘与利用。

社交关系网络构建：

通过构建高校图书馆用户社交关系网络，揭示用户之间的朋友关系、学习伙伴关系等。这有助于图书馆理解用户之间的相互影响和互动模式，为后续个性化服务提供依据。

社交影响力分析：

在社交关系网络中，某些用户可能具有较高的影响力，其行为和偏好可能对其他用户产生重要影响。通过社交网络分析方法，可识别出这些关键影响力用户，并制定特定的服务策略和推广活动，提高图书馆的整体服务效果。

③ 个性化服务的实现与优化。

个性化推荐系统：

基于社交网络分析方法构建的用户画像，开发个性化推荐系统，根据用户的兴趣偏好和行为特征，推荐合适的图书、资源和服务，提升用户的满意度和忠诚度，促进图书馆资源的有效利用。

服务策略优化：

通过分析用户画像中的行为模式和需求变化，高校图书馆可以及时调整和优化服务策略，以满足用户不断变化的需求。例如，根据用户的借阅历史和查询记录，调整馆藏结构和采购计划；根据用户的反馈意见，改进服务流程和提升服务质量。

5. 社交网络分析方法的数据来源

社交网络分析方法的数据来源广泛且多样,主要有:

(1) 社交媒体平台

主流社交媒体:包括国外的 Facebook、Twitter、Instagram、LinkedIn 以及国内的微信、微博、博客、知乎、抖音等,提供丰富用户生成内容(如文本、图片、视频、评论、点赞等)以及用户之间交互数据。

专业或垂直领域的社交媒体:如科研领域的 ResearchGate、行业交流论坛等,这些平台的数据更专注于特定领域,对于分析该领域社交网络结构具有重要意义。

(2) 公开数据集

学术机构和研究实验室:如斯坦福大学网络分析实验室(SNAP)等,这些机构会公布在研究过程中收集和处理的数据集,供学术界和工业界使用。这些数据集通常经过严格的清洗和预处理,具有较高的质量。

政府和非营利组织:一些政府机构和非营利组织也会发布与社交网络分析相关的数据集,这些数据集可能涉及社会、经济、政治等多个领域。

(3) 网络爬虫

网络爬虫是一种计算机编程自动化工具,用于从互联网上抓取数据。通过编写特定爬虫程序,收集各种社交媒体平台、论坛、博客等网站上的公开信息,作为社交网络分析的数据来源。值得注意的是,使用网络爬虫时应遵守相关法律法规和网站使用条款,避免侵犯用户隐私和数据安全。

(4) 用户生成的数据

用户生成的数据也是社交网络分析的重要来源之一。譬如用户可通过问卷调查、在线投票、评论反馈等方式提供关于自己社交网络和行为的数据。这些数据虽然不如社交媒体平台上的数据丰富和全面,但对于特定问题的研究仍然具有重要价值。

(5) 第三方服务提供商

第三方服务提供商收集和分析社交媒体数据,并提供给需要这些数据的企业或研究机构，这些服务提供商通常具有强大的数据处理和分析能力，能够提供高质量的数据产品和服务，但是一般需要付费。

本研究的社交网络数据包括从图书借阅记录数据库，利用社交网络分析方法从中分析用户行为；利用爬虫从互联网平台（如知乎等）爬取的数据。其他的图书馆社交网络平台如豆瓣、高校图书馆微博公众号等由于数据量少，未列为本研究的数据来源。

2.5 语义计算方法

2.5.1 语义计算

1. 语义计算方法内涵

Web 2.0 之后，语义计算（semantic computing）是伴随语义网（semantic web）概念和技术的发展而兴起的研究领域。主要聚焦于如何赋予机器理解信息的能力，特别是互联网的非结构或半结构化数据的含义和上下文关联方面。语义计算采用添加语义标签、构建本体（ontology）、实施推理等手段，使得计算机可智能化地处理和集成异构信息资源。

语义计算旨在理解和分析（互联网）文本数据中的语义信息，采用自然语言处理、知识表示和推理等技术，通过对文本进行词法分析、句法分析、语义角色标注，抽取出文本中的实体、关系、事件等语义元素，实现文本的理解、问答、推荐等功能，在智能搜索、智能推荐和智能客服等领域有深入而广泛应用。

语义网络和本体作为知识表示的重要方法，共同构建语义计算的基石。

1968 年 J. R Quilian 率先提出语义网络的概念，1972 年 Simon 将语义网络模型应用于自然语言理解系统。一般而言，语义网络用有向图表示，实体、概念用图节点表示，概念间的语义联系用边或连接表示。[1]

情报领域的本体主要用于对信息作形式化描述的概念模型。描述特定

---

[1] 何胜. 高校图书馆大数据应用模式与实证研究[M]. 兰州：兰州大学出版社. 2019：13-14.

专业领域(也称垂直领域)的概念以及概念之间的关系,这些概念和关系具有公认的、清晰和唯一的定义,方便人机之间或机器之间交流。领域本体(domain ontology)描述特定专业领域,定义领域概念和概念之间关系,描述领域的基本原理、主要实体和活动,构建领域内部知识共享和知识重用的基础。[1]

在图情领域,为了构建统一规范、可理解的知识网络模型,本体一般和语义网络相结合。如对于特定学科领域,依据该学科的本体体系中的概念模型,按照语义网络构建规范将目标知识体系中的相关概念和关系表示,构成该学科的知识语义网络。在高校图书馆用户画像领域,可基于学科本体构建语义网络并应用社交网络方法分析,开展学科领域知识发现和知识创新服务。

2. 语义计算算法

语义计算功能是理解和处理文本数据,包括对文本分析、提取信息、构建知识图谱以及支持智能检索等任务。[2] 常见语义计算算法如下:

(1)词嵌入(word embeddings)

文本向量转化(Word2Vec):基于文本上下文学习词语的向量表示。

全局词向量表示(global vectors for word representation):利用全局统计信息训练文本,通过机器学习方法从大量的文本数据中学习单词的向量表示。

(2)深度学习方法

卷积神经网络(CNN):典型的深度学习模型,模拟生物视觉系统中的神经元工作过程,自动地从输入数据中提取有用的局部特征。

循环神经网络(RNN):具有记忆功能的神经网络,适用于处理序列数据。

长短时记忆网络(LSTM):特殊的循环神经网络(RNN)模型,解决了

---

[1] 邱均平,楼雯,余凡,等. 基于资源本体的馆藏资源语义化研究[J]. 图书馆论坛,2013,33(6):1-7.

[2] 黄震华,张佳雯,张波,等. 语义推荐算法研究综述[J]. 电子学报,2016,44(9):2262-2275.

传统 RNN 模型在处理长序列数据时存在的长期依赖问题。LSTM 引入门控机制和内部状态变量,有效捕捉序列数据中的长期依赖关系。

Transformer 模型:谷歌公司提出的基于自注意力机制(self-attention mechanism)的神经网络模型,自注意力机制允许模型在处理序列数据时能同时关注到序列中的每个元素,从而捕捉元素之间的依赖关系。

(3)主题模型(topic models)

潜在狄利克雷分配(latent dirichlet allocation,LDA):生成式概率模型,用于识别文档中的主题。

非负矩阵分解(non-negative matrix factorization,NMF):线性代数技术,从高维数据中提取有意义的低维向量表示。

(4)知识图谱构建与推理

实体链接(entity linking):主要目的是将文本中的实体提及(entity mention)与知识库或知识图谱中的对应实体进行关联,以增加信息的准确性和可理解性,并为后续自然语言理解和知识推理提供基础。

关系抽取(relation extraction):致力于从文本中自动识别和提取实体之间的关系,即抽取出(主体,关系,客体)三元组。

本体推理(ontology reasoning):利用本体中概念和关系,通过逻辑推理来发现或推断出新的信息或知识。

(5)语义相似度计算

余弦相似度(cosine similarity):衡量两个向量之间相似度的指标,计算两个向量夹角的余弦值,以评估二者之间的相似程度。余弦相似度的值域为$[-1,1]$,值越接近 1 表明两个向量越相似,越接近 -1 表明两个向量越不相似,值为 0 表明两个向量正交(即它们之间没有线性关系)。

Jaccard 相似系数(jaccard similarity coefficient):也称为 Jaccard 指数,比较两个集合相似度的指标,其定义为两个集合交集的大小与它们并集大小的比值。Jaccard 相似系数值域为$[0,1]$,值越接近 1 说明两个集合越相似,值为 0 说明两个集合没有交集。

3. 用户画像领域的语义计算方法

在高校图书馆用户画像领域，标签不准问题影响了用户画像的准确性和有效性。以下分析并阐述基于语义计算方法解决用户画像标签不准问题。

（1）标签不准问题的根源

噪音标签：在数据收集过程中的误差，以及用户标注过程中存在主观性，导致部分标签不准确或存在误导。

标签粒度太细：过于细粒度的画像标签可能导致标签间的界限模糊，难以准确反映用户真实特征。

数据稀疏性：用户行为数据量过小或分布不均匀，难以形成全面且准确的用户画像。

（2）语义计算方法在解决标签不准问题中的应用

语义计算主要利用自然语言处理（NLP）和语义网技术，对文本数据进行深层次的语义分析，提取出有价值的语义信息。在用户画像领域，语义计算可通过对用户的标注行为、搜索和浏览记录等文本数据分析，挖掘用户潜在需求和偏好，从而生成精确标签。

① 标签语义相关度计算。计算标签之间的语义相关度，可识别出噪音标签和冗余标签，然后进行过滤和合并。如利用共现网络模型，计算出标签间的共现次数和相关度，从而识别出高度相关的标签对，将其合并为一个更为通用而概括的标签。不仅减少标签数量，还提升了标签的准确性和代表性。

②基于知识图谱的标签扩展。利用知识图谱中的实体关联和语义关系，可对用户标签进行扩展和修正。构建用户－资源－标签的三元关系网络，结合知识图谱中的实体相似度和关联密切性，能洞察用户隐藏兴趣点和需求，并生成新的更贴切的标签，从而有效应对标签不全和数据稀疏的问题。

③ 标签联想与智能推荐。应用语义计算方法的标签联想功能，为用户提供智能推荐服务。分析用户历史行为数据和现实需求，应用语义相关度

计算函数生成标签联想列表并输出到用户界面，引导用户更准确地标注资源和使用标签。不仅降低标签拼写错误和标注不当的概率，还能提高标签的标注能力和检索效率。

2.5.2 知识图谱

在图书情报领域，知识图谱被广泛应用于信息组织、检索、推荐与决策过程。

1. 知识图谱定义

知识图谱（knowledge graph）致力于描述实体之间关系的图数据结构。通常由节点和边组成，其中节点代表实体（如人、地点、事件等），而边表示这些实体之间的关系。知识图谱中每个实体都包含丰富的属性信息，以描述该实体特征。

知识图谱技术涉及：

数据模型：知识图谱采用图格式存储数据，每个实体都是图中的一个节点，而实体之间的关系则用边来表示。

丰富的语义：除了基本的数据关系外，知识图谱还包含丰富的语义信息，能够表达实体的类型、属性以及它们之间的复杂关系。

标准与规范：知识图谱通常遵循一定的标准和规范，如资源描述框架（resource description framework，RDF），以确保数据一致性和可互操作性。

知识图谱应用包括：

信息检索：通过知识图谱，用户可直观地查找相关信息，提高检索效率。

个性化推荐：基于用户的历史行为和偏好，结合知识图谱中的信息，实现更为精准的个性化内容推荐。

决策支持：知识图谱提供深入的分析视角，帮助用户或机构做出更加合理的决策。

2. 构建方法与过程

知识图谱的构建方法和过程如下：

(1)数据收集

多源数据整合：从各种来源收集数据，包括结构化数据(如数据库)、半结构化数据(如 XML 文件)和非结构化数据(如文本、图像)。

API 接口：利用公开的数据 API 接口获取实时或定期更新的数据。

爬虫技术：使用网络爬虫从网站上抓取信息，尤其是非结构化数据。

(2)数据预处理

数据清洗：去除数据重复项、纠正数据错误、填充数据缺失值等。

格式转换：将不同格式数据转换成统一格式，如 RDF。

标准化：采用统一术语和实体的表示方式，确保一致性。

(3)实体识别与链接

命名实体识别(named entity recognition，NER)：识别文本中的实体名称，如人名、地名、机构名等。

实体链接(entity linking，EL)：将识别出的实体链接到权威知识库中的相关条目，如 DBpedia、Wikipedia、百度百科等平台等。

(4)关系抽取

关系抽取(relation extraction，RE)：从文本数据中提取实体之间的联系，例如"作者－作品""公司－产品"等。

模式学习：自动学习实体间的关系模式，指导关系抽取算法。

语义角色标注(semantic role labeling，SRL)：识别句子中谓词(一般为动词)与其他成分(论元)之间的语义关系，并为这些论元分配相应的语义角色标签。

(5)本体构建

典型的本体设计工具是 protégé：

本体设计：定义领域内的概念、属性及它们之间的关系。

本体映射：将实体和关系映射到本体中定义的概念和属性上。

逻辑规则：定义逻辑规则以支持推理和查询。

(6)数据融合与集成

实体合并：合并来自不同来源但含义相同实体的数据。

冲突解决：处理不同数据源之间的不一致或矛盾信息。

数据集成：将处理后的数据整合到统一的知识图谱中。

（7）知识图谱存储与查询

图数据库：使用图数据库（如 Neo4j）存储知识图谱数据。

查询语言：开发查询接口，知识图谱支持 SPARQL 等标准查询语言。

可视化工具：提供图形用户界面形象展示知识图谱结构，方便用户直观理解和应用。

（8）知识图谱推理

逻辑推理：应用逻辑规则推理，逻辑规则包括传递性、反身性等。

机器学习：使用机器学习方法预测未知的关系或实体属性。

链接预测：预测实体间隐藏或潜在的未知链接。

（9）知识图谱评估与维护

质量评估：通过精确度和召回率等指标评估知识图谱的构建质量。

持续更新：根据实时获取的数据和反馈持续更新和维护知识图谱。

版本控制：实施版本控制系统以跟踪更改历史。

以上所列举的是知识图谱开发的完整过程，具有理论意义，实践中，由于应用场景的限制或目标不同，知识图谱的构建一般不需要覆盖每一个过程，可以只包括某几项必要的构建步骤。

3. 在高校馆用户画像领域的应用

针对高校图书馆用户画像中存在的标签不准问题，知识图谱将发挥重要作用。标签不准一般指用户画像中的某些属性或特征没有正确地反映用户的真实情况，以下讨论利用知识图谱来解决这个问题的具体步骤：

（1）收集多源数据

为了提高标签的准确性，需要从多个渠道收集数据：

借阅记录：用户留存在图书馆系统中的书籍借阅历史。

在线资源访问：用户访问图书馆网站、电子资源的行为记录。

社交媒体数据：用户在社交媒体上的公开资料，如研究兴趣、发表的文章等。

问卷调查：定期开展的用户满意度调查及反馈。

(2) 数据预处理

数据清洗：去除噪声数据，修正错误信息。

数据融合：将不同来源的数据整合，消除冗余和矛盾的信息。

(3) 实体识别与链接

用户实体：识别出图书馆的用户，并为其创建唯一的标识符。

资源实体：识别图书馆资源，包括书籍、期刊文章、数据库等。

链接实体：建立用户与资源之间的关联，例如借阅、阅读、收藏等行为。

(4) 多维度特征抽取

行为特征：如借阅频率、访问次数、停留时间等。

兴趣特征：根据借阅和访问的资源类型推断用户的兴趣点。

社会特征：用户社会联系，如同学、导师等。

背景特征：用户教育背景、专业领域等。

(5) 构建知识图谱

构建本体：定义实体、属性和关系的语义模型。

关系推理：基于已有的数据，通过逻辑推理增强实体间的关系。

标签更新：根据新加入的数据和关系推理的结果，不断更新用户标签。

(6) 纠正标签不准确的问题

一致性检查：通过知识图谱中的关联关系，检查用户标签之间的一致性。

异常检测：利用统计方法或机器学习算法识别异常的用户行为，发现标签中的潜在问题。

专家审核：邀请图书馆员或领域专家对可疑的标签进行人工审核和修正。

第 2 章　理论和方法

用户反馈：鼓励用户提供反馈信息，用于校正标签的准确性。

(7)结果应用

个性化推荐：根据更新后的标签，向用户推荐更多计算机科学领域的资源。

精准服务：提供更符合用户实际需求的服务，如定制化的信息服务。

资源优化：根据用户的实际兴趣调整图书馆资源的采购计划。

2.6　Spark 技术

大数据可以理解为大规模数据集合，应用传统数据处理方法难以对其获取、存储、管理和分析。其特点通常表现为三个 V：volume（大量）、velocity（高速）和 variety（多样性），有专家认为还包括 veracity（真实性）和 value（价值）。大数据不仅仅是数据量的巨大，更重要的是它所蕴含的信息价值以及对这些数据进行有效处理所带来的业务洞察力、决策优化和社会经济价值。[①] 大数据技术的重要意义体现在：

收集：能够收集和整合各种类型、来源和格式的数据。

管理：在分布式环境中有效地存储和维护数据的一致性和可用性。

处理：运用高级算法和工具对数据进行清洗、转换、集成、挖掘和分析。

分析：通过对大数据进行深度分析，提取出有价值的信息，支持实时决策和预测。

Apache Spark(https：//spark.apache.org/)是针对大数据处理设计的开源并行计算框架，在大数据领域扮演着重要的角色。Spark 优势在于数据处理速度快，尤其是对于迭代型和交互式查询的任务，相比 Hadoop MapReduce 框架显著提高了效率。[②] Spark 官网如图 2.1 所示。提供软件下载、算法库解析、文档链接、案例分析及软件社区服务等功能。

[①] 维克托·迈尔-舍恩伯格.大数据时代[M].杭州：浙江人民出版社，2013：233-247.
[②] 何胜.内存计算框架下的图书馆文献服务及案例研究[J].图书馆论坛，2017(12)，87-94.

图 2.1　Spark 官网

Spark 技术为大数据处理提供强支撑，更好应对大数据处理带来的挑战并挖掘其中的价值，表现在：

处理大规模的数据集：Spark 技术可处理大规模的数据集，通过 Spark 的内存计算机制，高效地处理这些数据，提取出有价值的信息。

快速处理：Spark 技术具有快速处理数据的能力，通过并行计算的机制，快速完成数据处理任务，为决策提供及时的支持。

价值挖掘：通过调用 Spark 平台集成的类库，开展数据分析，从大量低价值数据中挖掘高价值的信息，为企业决策提供支持。[1]

---

[1] 何胜，熊太纯，周兵，等. 高校图书馆大数据服务现实困境与应用模式分析[J]. 图书情报工作，2015，59(22)：50-54.

第 2 章 理论和方法

1. Spark 软件栈

Spark 框架的软件栈如图 2.2 所示。

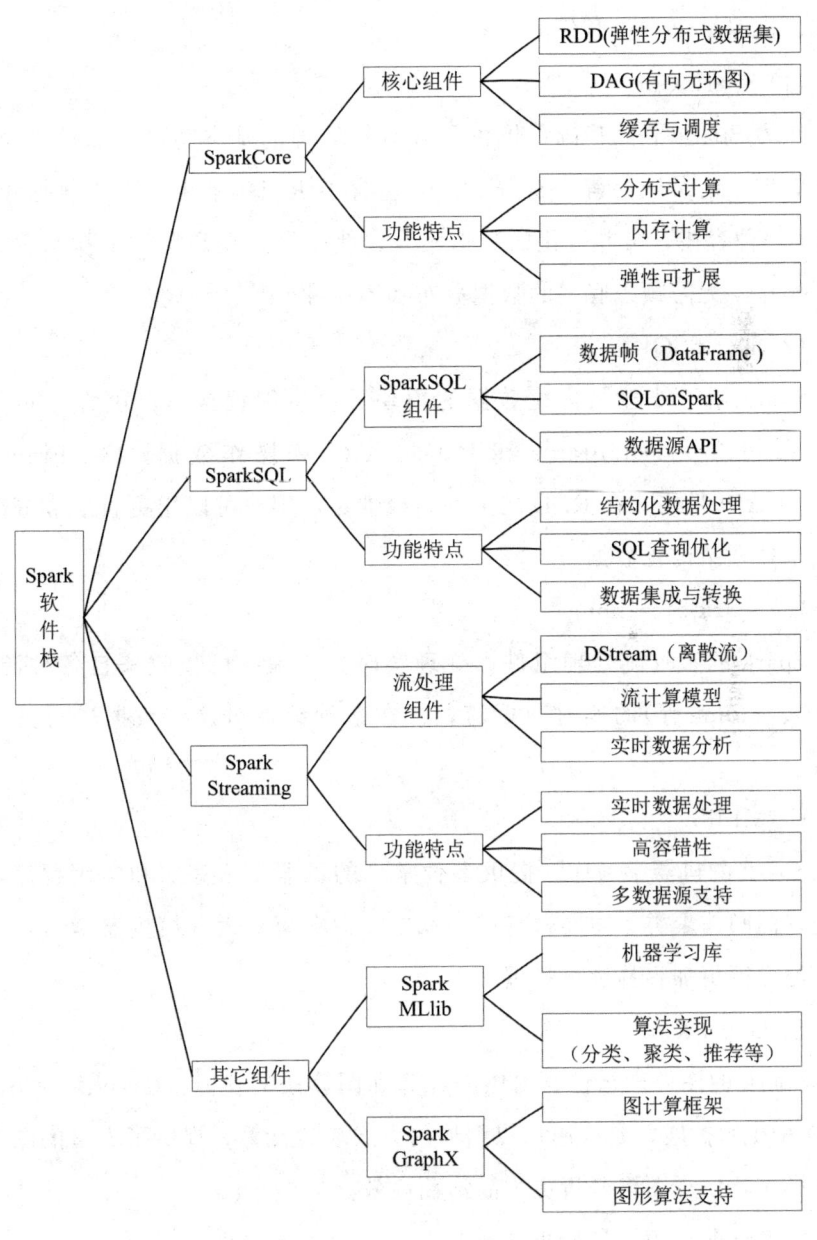

```
Spark软件栈
├── SparkCore
│   ├── 核心组件
│   │   ├── RDD(弹性分布式数据集)
│   │   ├── DAG(有向无环图)
│   │   └── 缓存与调度
│   └── 功能特点
│       ├── 分布式计算
│       ├── 内存计算
│       └── 弹性可扩展
├── SparkSQL
│   ├── SparkSQL组件
│   │   ├── 数据帧（DataFrame）
│   │   ├── SQLonSpark
│   │   └── 数据源API
│   └── 功能特点
│       ├── 结构化数据处理
│       ├── SQL查询优化
│       └── 数据集成与转换
├── Spark Streaming
│   ├── 流处理组件
│   │   ├── DStream（离散流）
│   │   ├── 流计算模型
│   │   └── 实时数据分析
│   └── 功能特点
│       ├── 实时数据处理
│       ├── 高容错性
│       └── 多数据源支持
└── 其它组件
    ├── Spark MLlib
    │   ├── 机器学习库
    │   └── 算法实现（分类、聚类、推荐等）
    └── Spark GraphX
        ├── 图计算框架
        └── 图形算法支持
```

图 2.2 Spark 软件栈

Spark 软件栈主要包括以下几个组件，使得 Spark 能够处理各种类型的数据（结构化数据、实时数据流、图形数据等），并提供各种功能（数据处理、机器学习、图形分析等）：

（1）Spark Core

作为 Spark 平台基础，提供了大数据处理的基本功能，如任务调度、内存管理、错误恢复等。Spark Core 包含了 RDD（弹性分布式数据集）的 API，一种容错、可并行化的数据集合，使得用户在高层次上执行复杂的聚合操作，无需顾虑底层的数据分布和容错性。

（2）Spark SQL

Spark 用于处理结构化数据的模块。提供编程接口，供程序员使用 SQL 语句以及 DataFrame 和 Dataset API 来操作数据。DataFrame 和 Dataset API 是构建在 RDD 之上的高级抽象，用户可以用更直观和高效的方式来处理结构化数据。

（3）Spark Streaming

Spark 的实时流处理组件，处理实时数据流。可接收来自各种源（如 Kafka、Flume 等）的实时数据流，并在毫秒级别对这些数据进行处理和分析。

（4）MLlib

Spark 的机器学习库，提供多种常见的机器学习算法和实用程序，如分类、回归、聚类、协同过滤等。MLlib 旨在简化大规模机器学习，让机器学习变得更加容易和可扩展。

（5）GraphX

Spark 的图处理组件，提供图计算和图算法的功能。GraphX 是 Spark RDD API 的扩展，允许用户以图形的方式表达计算，提供了丰富的图形算法和操作，使得图形分析更为简洁而高效。

2. Spark 应用场景分析

作为分布式批处理框架，Spark 提供了丰富的功能和应用场景，包括

第 2 章 理论和方法

以下几个方面：

（1）数据处理与转换

Spark 可用于处理和转换大量数据，如清洗、过滤、聚合和转换等操作，这些数据可以用于进一步地分析、建模或可视化。另外还可以支持多种数据源（如数据库、文件系统、API 等）的数据抽取、转换和处理，将结果加载到数据仓库、数据库等目标系统，构建 ETL（抽取、转换、加载）管道。

（2）实时数据流处理

Spark Streaming 模块支持实时数据流的处理和分析。应用 Spark Streaming 来处理如 Kafka、Flume 等数据源产生的实时数据流，进行及时处理和分析，然后将结果存储到数据库中，实时处理的应用场景包括实时监控和推荐等。

（3）机器学习

MLlib 机器学习库可在海量数据基础上开展复杂的挖掘分析，支持各种数据挖掘和机器学习算法，包括分类、回归、聚类、协同过滤等，可应用于数据分析、预测、推荐等多种场景。

（4）图计算

Spark 的图计算库 GraphX 提供了图数据的处理和分析功能，如社交网络、物联网设备连接等，可应用于社交网络分析、推荐系统和网络流量分析等场景。

（5）日志分析

Spark 可用于分析大量的日志数据，例如服务器日志、应用日志等，提供实时、高效的日志分析和挖掘能力。

（6）查询分析

Spark 支持 SQL 查询分析，提供 DataFrame 等功能，并支持多种外部数据源和存储系统的接入，方便用户进行数据查询、分析、可视化等操作。

3. Spark 在高校馆用户画像构建中的应用

用户画像基于大量的数据收集和分析，包括用户的基本信息、行为特征、消费习惯、兴趣偏好等，Spark 技术在高校馆用户画像的构建和应用中发挥显著作用。

(1)高效数据处理能力

Spark 以其强大的数据处理能力著称，能够处理大规模数据集。在高校馆用户画像构建过程中，需要收集和分析海量的用户数据，包括借阅记录、访问行为、搜索关键词等。Spark 能够快速处理这些数据，确保用户画像构建的时效性和准确性。

(2)支持复杂算法

Spark 支持多种复杂的数据挖掘和分析算法，如机器学习、关联规则挖掘等。这些算法对于用户画像的构建至关重要，能够帮助高校馆深入挖掘用户行为背后的模式和规律，从而更精确地刻画用户特征。

(3)弹性扩展性

随着高校馆用户量的增加，数据处理需求也会相应增长。Spark 具有良好的弹性扩展性，能够根据处理任务的需求动态调整计算资源，确保用户画像构建的稳定性和高效性。

(4)实时处理能力

Spark 的流处理能力使得其能够实时处理用户行为数据，这对于构建动态更新的用户画像尤为重要。高校馆可以基于实时用户画像提供更加个性化的服务，如实时推荐、行为预测等。

(5)Spark 技术应用目标

① 个性化服务：基于 Spark 构建的用户画像，高校馆可以为用户提供个性化的服务。譬如根据用户的借阅历史和兴趣偏好推荐相关书籍或资源；根据用户的访问行为优化图书馆布局和服务流程等。

② 精准营销：对于图书馆的一些增值服务或活动，如讲座、展览等，Spark 技术可以帮助高校馆进行精准营销。通过分析用户画像，识别潜在

的目标用户群体,并通过短信、邮件等方式进行有针对性的宣传和推广。

③ 资源优化:用户画像还可以帮助高校馆优化资源配置。通过分析用户的借阅偏好和需求趋势,图书馆可以合理采购和分配图书资源,提高资源的利用率和满足度。

④ 决策支持:用户画像为高校馆提供了丰富的数据支持,有助于管理层制定更加科学、合理的决策。如基于用户画像分析的结果,可调整图书馆的服务策略、改进业务流程等。

2.7 理论和方法之间关系

以高校图书馆用户画像构建与应用为研究目标,以信息资源管理理论为支撑,以社交网络分析和语义计算为主要方法,以图书馆大数据为基础数据,从而构建高校图书馆用户画像与应用中的基本理论和方法框架。本节着重分析基本理论(信息资源管理理论)和基本方法(社交网络分析和语义计算方法)及其相互关系。

1. 信息资源理论与社交网络分析法和语义计算之间关系

以高校馆用户画像的构建与应用为目标,信息资源管理理论为社交网络分析和语义计算方法提供了重要的理论支撑。以下从几个方面详细阐述这一支撑作用:

(1)信息资源管理的基础作用

信息资源管理作为管理学科的重要分支,致力于探索信息资源的开发利用与管理规律。其基本理论框架包括信息资源的价值实现、组织规划、协调控制、监督评估等方面,这些理论为理解和分析社交网络中的信息流动、价值挖掘提供了理论支持。

(2)对社交网络分析的支撑

① 对社交关系网络的形成和演变的支撑。信息资源管理理论中的信息流动、组织结构和价值实现概念,有助于理解这些关系网络的形成和演变,为关系网络的构建提供理论支撑。

信息流动：强调信息在不同节点(个体或组织)间的传递和利用,这与社交网络分析方法中信息如何在网络中传播和影响个体行为的分析相呼应。

组织结构：关注信息资源的组织和管理结构,这有助于理解社交网络分析中网络拓扑结构、组件分析等问题。

价值实现：致力于通过有效管理实现信息资源的价值最大化,这同样适用于社交网络分析对网络中关键节点和信息的价值评估。

②对用户画像中用户关系网络构建的支撑。社交网络分析关注个体之间的社会关系及其结构,致力于理解人类社交关系的形成、行为特点以及信息传播规律。在高校馆用户画像中,可以通过社交网络分析方法构建用户之间的关系网络,如借阅关系、咨询关系等。

③中心性和影响力分析。社交网络分析中的中心性指标(如度中心性、接近中心性、中介中心性)用于评估个体在网络中的重要性和影响力。信息资源管理理论中的价值实现和决策支持概念,可以帮助分析这些中心性指标的实际意义,如哪些用户是意见领袖,哪些用户的行为对其他用户有较大影响等。

④社区发现与群体分析。社交网络分析中的社区发现算法用于识别网络中的紧密群体。信息资源管理理论中的群体行为和组织理论,可以为社区发现提供背景知识,有助于理解不同群体之间的行为差异和互动模式。

(3)对语义计算方法的支撑

语义计算致力于通过计算机理解和处理自然语言中的语义信息,实现信息的智能处理和分析。信息资源管理理论为语义计算方法提供了以下理论支撑：

①信息采集与加工：信息资源管理理论中的信息采集、加工、存储、检索等方法论,为语义计算提供了数据预处理的理论依据。

②信息组织与管理：信息资源管理理论强调对信息资源的有效组织和管理,这有助于语义计算中构建合理的语义网络和知识库。

第2章　理论和方法

③信息价值实现：通过信息资源管理理论中的价值实现理论，语义计算可以更准确地评估和利用信息资源的潜在价值，提升信息处理的智能化水平。

特别地，信息资源管理对用户画像领域中语义计算的支撑体现在：

① 用户信息语义化。语义计算方法通过理解和处理自然语言中的语义信息，实现信息的智能处理和分析。在高校馆用户画像构建中，可以利用语义计算方法将用户的非结构化信息（如用户评论、反馈等）转化为结构化的语义信息，如用户的兴趣偏好、需求特征等。信息资源管理理论中的信息组织和管理方法，为语义信息的结构化处理提供了理论支撑。

② 语义网络构建。基于语义计算方法，可以构建图书馆用户兴趣、需求等维度的语义网络，进一步揭示用户之间的潜在联系和共同特征。信息资源管理理论中的知识表示和推理方法，为语义网络的构建和推理提供了理论基础。

(4) 综合应用与决策支持

① 信息资源管理在社交网络分析与语义计算中的应用。

中心性度分析：在社交网络分析中，利用度中心性、接近中心性、中介中心性等指标评估节点的重要性，这些指标的计算方法部分借鉴了信息资源管理中信息价值评估的思路。

信息传播分析：信息资源管理理论中的信息传播理论为社交网络分析中的信息传播分析提供了理论基础，如最短路径信息传播、随机信息传播等模型。

语义网络构建：在语义计算中，利用信息资源管理理论中的信息组织和管理理论，可以构建更加合理、有效的语义网络，提升自然语言处理的效果。

② 对用户画像的支撑。

个性化推荐与服务：

结合社交网络分析和语义计算的结果，可以为高校馆用户提供个性化的图书推荐、学习资源导航等服务。信息资源管理理论中的用户满意度和需求满足概念，有助于评估这些个性化服务的实际效果，并不断优化服务策略。

资源配置与决策支持：

通过分析用户画像中的关键信息和群体特征，可为高校馆的资源配置提供决策支持，如调整馆藏结构、优化服务布局等。信息资源管理理论中的资源配置和决策分析方法，为这些决策过程提供了理论支撑和工具支持。

2. 社交网络分析与语义计算的一般关系

社交网络分析与语义计算是两种在信息技术和数据分析领域广泛使用的不同研究方法，各自有着独特的应用领域和理论基础，相互间存在着一定的联系。社交网络分析着重于网络结构和关系的研究，而语义计算则聚焦于理解和解释数据的内在意义，但在现代大数据分析和人工智能应用中，往往结合使用，共同服务于更精准的用户行为预测、社群分析和信息推荐等任务。

(1) 二者联系

二者均可用于处理和分析大量的数据，并从中提取出有用的信息。如在社交网络分析中，可以通过分析用户的社交行为和文本内容，了解用户的兴趣、情感和社交关系；而在语义计算中，可以通过对文本数据的处理和分析，理解用户的意图和需求。两种方法在某些具体场景中可以相互补充，共同提高数据分析的准确性和效率。

① 在某些复杂应用场景中，社交网络分析可能结合语义计算来丰富和深化对社交关系的理解。譬如通过语义分析获取文本内容的深层含义，可以补充社交网络中用户之间的显式关系，探索隐含的情感倾向、意见领袖影响力以及信息传播模式等。

② 在社交网络环境中，语义计算可以帮助分析用户产生的文本内容，理解其中的语义关系和情感色彩，这对于提升社交网络分析的质量和深度

具有重要意义。

③ 社交媒体数据常常是非结构化的，语义计算可通过自然语言处理技术解析文本，揭示用户之间的隐含话题关联、观念共识或冲突，这些信息可以辅助社交网络分析中的群体划分和信息传播研究。

(2)二者区别

二者研究对象和应用领域不同。社交网络分析主要关注社会网络中个体之间的关系和网络结构，而语义计算则更关注文本数据中的语义信息。此外，社交网络分析通常基于图论和网络科学等理论和方法，而语义计算则基于自然语言处理、知识表示和推理等技术。因此，这两种方法在处理和分析数据时有着不同的侧重点和方法论。

① 社交网络分析主要是研究人际关系、组织结构以及信息传播路径等问题，关注的是实体（如个人、组织等）之间的连接模式、网络结构特性（如中心性、群组划分、网络密度等）、动态变化和影响力分析等。

② 社交网络分析的核心在于构建和分析网络图，通过量化指标来描绘和理解网络内的力量分配、角色定位以及信息流动规律。

③ 语义计算更侧重于理解和解释数据背后的意义，特别是对文本数据进行深度解读，它涵盖了自然语言处理、本体、知识图谱构建等领域，目的是从语义层次上抽取、关联和推理信息。

④ 语义计算的核心目标是解决数据异构性问题，将非结构化数据转化为有意义的知识结构，以便机器和人能够更加智能地理解和操作数据。

3. 高校馆用户画像情境下的关系

在高校馆用户画像的构建与应用过程中，社交网络分析和语义计算方法各自扮演着重要角色，它们之间既存在紧密的联系，又各有其独特之处。

(1)二者联系

① 数据基础的重叠。社交网络分析和语义计算方法都依赖于用户生成的数据。在高校馆环境中，这些数据可能包括用户的借阅记录、咨询互

动、社交媒体评论等。这些数据为两者提供了共同的分析基础。

② 目标的一致性。两者都旨在深入理解用户需求和行为特征，以支持高校馆的个性化服务和决策制定。社交网络分析侧重于揭示用户之间的关系网络和群体特征，而语义计算则侧重于理解和解释用户的文本数据中的深层含义。

③ 相互补充的分析维度。社交网络分析通过用户之间的关系网络提供宏观视角，揭示用户群体的结构和动态；而语义计算则通过深入解析用户文本数据提供微观视角，了解用户的兴趣、情感和需求。两者相结合，可以为用户提供更全面、多维度的画像。

(2) 二者区别

① 分析方法的差异。

社交网络分析：主要关注用户之间的关系网络，通过中心性度分析、组件分析、聚类分析等方法，揭示网络中的重要节点、群体结构和信息传播路径。它侧重于分析用户之间的交互模式和社交行为。

语义计算：侧重于对用户生成的文本数据进行深度处理和分析，通过情感分析、话题建模、实体识别等技术，提取用户兴趣、情感倾向和需求特征。它侧重于理解用户内在的心理状态和需求。

② 数据类型的不同。

社交网络分析主要处理的是结构化或半结构化的关系数据，如用户之间的交互记录、好友关系等。

语义计算则更侧重于处理非结构化的文本数据，如用户的评论、反馈、社交媒体帖子等。

③ 应用场景的侧重。

社交网络分析：在高校馆用户画像构建中，社交网络分析更适用于识别用户群体、分析用户之间的互动模式和影响力，以及预测用户行为趋势等场景。

语义计算：则更适用于深入理解用户的兴趣偏好、情感倾向和需求特征,为个性化推荐、情感分析等应用场景提供支持。

(3)二者融合

在实际的高校馆用户画像构建与应用过程中,可以将社交网络分析和语义计算方法相结合,以充分利用两者的优势。例如,第一步通过社交网络分析揭示用户之间的关系网络和群体特征,识别出关键用户群体和意见领袖;接下来利用语义计算方法深入分析这些用户的文本数据,提取他们的兴趣偏好、情感倾向和需求特征,最后结合两者的分析结果,构建出全面、多维度的用户画像,为高校馆提供个性化的服务推荐、资源配置和决策支持。

2.8 小结

以高校图书馆用户画像构建与应用为研究目标,以信息资源管理理论为支撑,以社交网络分析和语义计算为主要方法,以图书馆大数据为基础数据,本章着重分析了基本理论(信息资源管理理论)和基本方法(社交网络分析和语义计算方法)及其相互关系,从而构建高校图书馆用户画像与应用中的基本理论和方法框架。

(1)关于用户画像和画像建模

用户画像主要用于提升用户体验,通过深入理解用户来驱动个性化服务和营销策略。而画像建模的其他应用(图书画像、知识画像)则更多地服务于图书管理、内容分发、库存优化等方面,确保向用户推荐最合适的物品或内容。

用户画像与画像建模中的其他画像(图书画像、知识画像、物品画像),相互并不割裂,而是有机整体,例如在电商、流媒体平台、新闻资讯等应用中,通过人物画像找到用户的偏好,再利用物品画像筛选出最适合该用户的商品或内容,从而提升用户满意度和业务效果。企业可根据具体业务需求和资源情况灵活选择或结合使用这两种画像方法,以达到最佳的用户理解和市场响应效果。

(2)关于理论和方法之间的关系

以画像建模为核心，社交网络分析是一种用于研究个体间以及个体与组织之间的社会关系网络的技术，能够揭示用户之间的互动模式，帮助理解用户群体的行为特征和社会结构，为画像提供更加丰富的社交维度；语义计算方法则使研究者能够更深入地理解和解析用户生成的内容，提取出更有价值的信息，这有助于深化研究者对于图书馆内各种资源的理解和关联性挖掘。

信息资源管理理论为高校馆用户画像的构建与应用提供了坚实的理论支撑。通过融合社交网络分析和语义计算方法，可以更加全面、深入地理解用户需求和行为特征，为高校馆提供更加个性化、智能化的服务。同时，信息资源管理理论中的相关概念和方法也为整个过程的顺利实施提供了有力保障。

信息资源管理理论为高校图书馆用户画像在理论上提供全面指导。通过整合管理数据资源、动态描述与分析用户信息、优化资源配置、改进服务体系以及实现智能化管理等方面的指导，高校图书馆将更加精准地把握用户需求，提高服务质量和资源利用率。

社交网络分析方法在高校馆用户画像领域的应用具有广泛的前景和重要的价值。通过充分利用社交网络分析方法，高校图书馆可以更好地了解用户需求和行为特征，破解用户画像标签不全问题，为用户提供更加个性化、精准的服务体验。

语义计算方法在高校图书馆用户画像领域的应用，为解决标签不准问题提供了一种有效的途径。通过计算标签语义相关度、基于知识图谱的标签扩展以及标签联想与智能推荐等方法，可以显著提高用户画像的准确性和有效性，为高校图书馆提供更加精准的知识推荐服务。同时，针对实际应用中的挑战，需要不断优化算法、提高数据源质量和选择合适的算子，以推动语义计算方法在用户画像领域的广泛应用和发展。

基于 Spark 的大数据分析技术为海量数据下的用户画像构建提供高效

工具。

不仅提高了数据处理和分析的效率和质量，还为图书馆提供了个性化服务、精准营销、资源优化和决策支持等方面的有力支持。

以上理论、方法和技术共同构成了本研究的支撑理论、主要方法和核心技术。

值得强调以下几点：

(1) 本研究社交网络分析与语义计算的独特内涵

本研究的社交网络分析着重使用社交网络分析方法。社交网络研究不仅包括社交网络数据（百度百科、微博、知乎等）收集也包括社交网络算法的应用，本研究更偏重社交网络算法的应用，而非社交网络数据的融合和处理。

本研究严格区分社交网络分析算法和语义计算算法。一般而言，社交网络分析算法和语义计算算法不能完全分开，如语义计算要用到网络分析（如神经网络等），社交网络分析也会涉及语义计算中的文本分析，为行文方便，本书将二者所涉及的算法严格区分开，以免引起读者的误解。

社交网络分析和语义计算方法在高校馆用户画像的构建与应用中既有联系又有区别。通过综合利用两者的优势，可以为用户提供更加精准、个性化的服务体验。

(2) 本研究的画像建模与用户画像的独特关系

着重厘清了画像建模和用户画像的关系，指出二者具有包含性。本研究后述不仅会用到用户画像，也会涉及知识画像、内容画像等。

第 3 章 用户画像一般构建分析

3.1 引言

从建模角度看,用户画像可以理解为根据用户的属性、偏好、生活习惯、行为等多维度信息,通过数据分析和挖掘技术抽象出来的标签化用户模型。这一模型在信息管理领域具有极其重要的应用价值,帮助组织(如企业)更深入地理解用户需求,优化产品设计,制定精准的营销策略,并提升用户体验。

本章着重以企业组织为例,讨论用户画像一般构建规律(高校图书馆等其它行业领域用户画像亦遵守其普遍规律),从用户画像的定义出发,详细阐述其构建的基本原则,包括全面性、准确性、时效性和隐私保护等方面。同时,本章还将探讨用户画像在多个应用领域中的实际作用,如互联网、电商、金融、教育等,展示其在精准营销、推荐系统、用户研究以及企业决策支持等方面的广泛应用和显著效果。

在此基础上,本章还将细致分析用户画像构建和应用过程中面临的挑战,包括标签不全和标签不准等问题。标签不全源于数据稀疏或隐私保护等原因,而标签不准源于数据源质量、模型偏差或用户行为的动态变化。针对这些挑战,本章将提出相应的解决策略和建议,以确保用户画像的质量和有效性。

3.2 用户画像构建

科技的快速进步导致社会生产力蓬勃发展，生产产能过剩与产品滞销问题日益突出，以企业或售方为主体的"卖方市场"逐渐变成了以用户为主导的"买方市场"。信息技术的广泛应用特别是互联网的普及极大地改变了人们的生活方式、消费习惯和服务理念，拓展了信息获取和传播渠道。

在激烈的市场竞争中，企业不仅要降本增效，提升产品自身品质，更要注重关注用户的个性化消费习惯和服务需求，从而制定生产决策，优化生产过程，制造出符合消费者预期或偏好的产品；为了取得更好的销售业绩，还需要考虑用消费者喜欢的方式将产品告知或推送给潜在的用户、使用合适的营销方式让用户乐于买单，优化购物体验。

如何降低销售成本，提高销售效率，实现生产端和销售端的高效对接，首要问题是须充分了解用户，在互联网或信息管理领域，学界使用画像来描述用户。

3.2.1 用户画像含义

1. 用户画像定义

用户画像（user persona）是对现实世界中用户的描述、刻画或建模。将定量和定性研究方法相结合，从海量用户行为和属性数据中提炼出具有代表性的个体特征、行为模式、需求动机和社会背景等信息，进而约简为一整套易于理解和使用的标签集合。用户画像作为描述目标用户、具化用户形象的重要工具，广泛应用于金融营销、[1] 企业管理、[2] 医疗卫生、[3] 知识

---

[1] 王杰，谢忠局，赵建涛，等. 基于知识图谱和用户画像的金融产品推荐系统[J]. 计算机应用，2022，42(S1)：43-47.

[2] 罗婷予，谢康. 用户画像促进企业与用户互动创新的机制及构建方法[J]. 财经问题研究，2023(03)：106-116.

[3] 夏立新，胡畔，刘坤华，等. 融入信息推荐场景要素的在线健康社区用户画像研究[J]. 图书情报知识，2023，40(03)：116-128.

服务、[1] 互联网等领域[2]等领域。研究方法上，多采用问卷调查、半结构化访谈提取数据，[3] 并基于聚类算法、[4] 关联规则、[5] 情感分析、[6] 等方法构建用户画像模型，深入揭示不同用户的个性化需求与特征偏好。而在图书情报领域，当前用户画像的研究对象一般为各类图书馆和社交媒体用户，使用行为需求挖掘、[7] 特征分析[8]等手段构建用户画像，实现用户行为分析、精准信息推荐、个性化服务等。

用户画像的目的是帮助产品设计者、市场营销人员以及其他领域人员更好地理解目标用户的需求、期望和痛点，以便形成更符合用户需求的设计决策和服务策略，实现更加精准的产品设计、市场定位、营销推广、个性化推荐等功能，从而提升用户体验、增强用户黏性，并有效提高企业的运营效率和市场竞争力。简而言之：用户画像的建立目标可以概述为描述用户、认识用户、了解用户、理解用户。

2. 用户画像的5个维度

用户画像及标签体系的构建涵盖目标、方式、组织、标准、验证五个维度。需要明确的目标、科学的方法论、合理的组织架构、严谨的标准体系以及有效的验证机制作为支撑。

---

[1] Wong E Y, Vital S M, Eden B L. PlumX：A tool to Showcase academic profile and distinction [J]. OCLC Systems & Services：International digital library perspectives，2017，33(4)：305-313.

[2] Kim E-G, Chun S-H. Analyzing online car reviews using text mining [J]. Sustainability，2019，11(6)：1611-1633.

[3] 郭宇,孙振兴,刘文晴. 基于数据驱动的移动图书馆UGC用户画像研究[J]. 情报理论与实践，2022，45(1)：31-35.

[4] 武慧娟,赵天慧,孙鸿飞，等. 基于支付意愿的数字阅读用户画像聚类研究[J]. 情报科学，2022，40(5)：118-125.

[5] 吴文翰. 搜索引擎全量数据的用户画像模型研究[J]. 图书情报工作，2022，66(4)：129-139.

[6] 任中杰,张鹏,兰月新，等. 面向突发事件的网络用户画像情感分析——以天津"8·12"事故为例[J]. 情报杂志，2019，38(11)：126-133.

[7] 刘一鸣,徐春霞. 基于用户画像的公共图书馆健康信息精准服务路径研究[J]. 图书馆，2023(09)：53-59.

[8] 陈添源,吴锦辉,杨思洛. 数据驱动的高校图书馆用户画像构建研究[J]. 国家图书馆学刊，2023，32(03)：64-75.

第3章 用户画像一般构建分析

(1)目标(purpose)

以业务需求为导向,构建相适应的用户模型:对用户属性、行为、兴趣、需求等方面深入调研,准确描绘不同类型用户的典型特征和行为模式,为产品设计、个性化推荐、服务优化、决策支持等提供有力依据。

(2)方式(methodology)

一般包括数据收集、数据清洗、数据分析和标签化处理四个步骤。其中数据收集:通过爬虫、社交媒体互动和问卷调查等手段对用户行为日志、用户注册信息收集用户数据;数据清洗:去除无效、错误和冗余数据,确保数据质量;数据分析:运用统计分析、机器学习算法对数据进行深度挖掘,识别用户的共性和差异性特征;标签化处理:根据分析结果给用户打上不同的标签,如性别、年龄、学历、职业、兴趣爱好、消费能力、活跃时段、阅读偏好、搜索历史等。

(3)组织(organization)

用户画像标签体系需要具备层级结构和逻辑关联性,分为基础标签(如基本信息)、行为标签(如使用频次、停留时长)、价值标签(如付费意愿、转化率)等多个维度,不同标签之间可能存在组合效应,形成更加复杂的用户细分群体。

(4)标准(standards)

标签体系的标准制定应遵循准确性、一致性、全面性和时效性原则:

准确性:确保所创建的用户标签真实反映了用户的实际特征和状态。

一致性:同一类型标签在整个系统中的定义和计算方法应保持一致。

全面性:涵盖影响用户行为和价值的所有关键因素,形成完整的人物画像。

时效性:定期更新用户标签,以反映用户随时间变化的行为和需求特征。

(5)验证(Validation)

指验证用户画像的有效性和实用性,一般包括:

内部验证：通过对比用户画像与用户实际反馈、用户满意度、留存率等业务指标的变化关系，验证画像的合理性。

外部验证：通过 AB 测试、市场调研等方式，观察基于用户画像优化的产品或服务是否能显著提升用户体验和业务表现。

持续迭代：随着用户行为数据的不断积累和外部环境的变化，定期评估并调整用户画像及其标签体系，使其始终保持与实际情况的契合度。

3. 用户画像与大数据的关系

大数据是指海量、高增长速度和多样化的信息资产，用户画像是构建于大数据技术基础之上的应用成果之一，其将纷繁复杂的数据转化为可操作性强、便于理解的人群模型，从而驱动企业做出更科学、更贴近用户的决策。用户画像的四个构建步骤与大数据密切相关。

数据收集与整合：用户画像需要通过各种渠道收集用户的海量数据，例如用户行为数据（浏览历史、购物记录、搜索关键词等）、社交数据、设备数据以及用户主动提供的个人信息等，这些都是大数据的重要组成部分。

数据分析与挖掘：大数据分析技术能对上述数据进行深度挖掘，揭示蕴藏在海量数据背后的用户行为规律、偏好和潜在需求。

构建用户画像：基于大数据分析的结果，提取关键特征指标，形成用户画像的不同维度，包括人口统计学特征、消费行为特征、心理特征、社会关系网络特征等，这些特征的组合，抽象出具有典型特征的目标用户群体。

应用与优化：用户画像应用的落脚点是产品设计、市场营销、客户服务等，帮助企业实现精细化运营和个性化服务。比如，通过用户画像，企业可以精准推送广告、优化产品功能、制定个性化的用户体验策略等。

由此观之，用户画像是以海量数据收集为基础，以大数据分析技术为核心，能充分发挥大数据应用优势的方法和技术。

第3章 用户画像一般构建分析

4. 用户画像之数学解释

本研究聚焦图情领域,下面以图情领域为例,阐述用户画像的数据解释:

在图书情报领域(library and information science,简称图情领域),用户画像和标签体系同样可以通过数学模型来表述和构建。

用户画像可以视为图书馆或信息服务环境中特定用户的信息需求、阅读习惯、学术兴趣和其他个人属性的数学模型。例如,一个用户画像可以由以下特征向量构成:

$$U=(A,D,C,S,R)$$

A:用户的年龄,用数值表示;

D:用户所属的学科领域,用离散的学科代码或关键词频率向量表示;

C:用户的借阅记录,可以是一组图书 ID(ISBN)组成的序列或矩阵,每本书的出现次数反映了用户的阅读倾向;

S:用户的搜索历史,表现为一系列检索词的 TF-IDF 向量或其它加权表示,反映其信息检索需求;

R:用户的活动级别,如访问频率、在线时长等,可用统计量表示。

3.2.2 标签体系

1. 标签体系的一般定义

用户画像标签体系是对现实世界中用户这一类实体的多维度、多层次的描述方式,通过收集、分析用户的各种数据和行为,将用户抽象成一系列具有代表性和可解释性的标签集合,以便更精准地理解和刻画用户特征、偏好、行为模式等,从而支持个性化的服务、推荐、营销等应用场景。实际应用中,可以根据应用场景划分标签集合,从而构建标签体系。

2. 高校馆用户画像标签体系

在图情领域,高校图书馆用户画像的应用场景包括"用户行为分析""个性化图书推荐""个性化知识推荐""定制化学习支持""精准培训与指导"等5种,据此可以将标签集合一一对应划分为"用户基本属性""用户兴趣爱好""用户关联关系""用户价值与贡献""用户学习与发展"等，如图 3.1 所示。

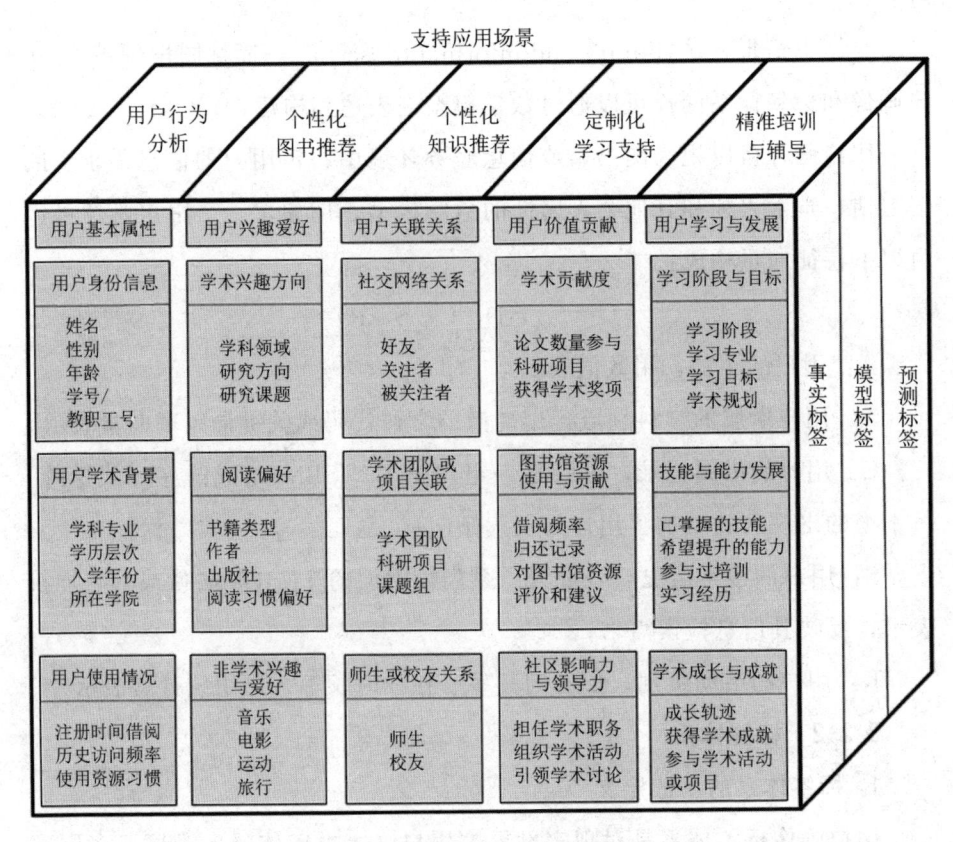

图 3.1　高校馆用户画像标签体系

在图 3.1 的三维架构中，标签体系是基础，循着构建事实、模型和预测标签的思路，达成用户行为分析、个性化图书推荐、个性化知识推荐、定制化学习支持和精准培训与指导这五大目标应用场景。

（1）标签体系

高校图书馆用户画像标签体系以"用户基本属性""用户兴趣爱好""用户关联关系""用户价值与贡献""用户学习与发展"等方面再进一步细分，如表 3.1 所示。

第3章 用户画像一般构建分析

表3.1 高校图书馆用户画像标签体系

总标签	子标签	子标签注释	应用场景
用户基本属性	用户身份信息	姓名、性别、年龄、学号/教职工号等,识别用户身份和基本信息	用户身份验证、借阅权限管理等
	用户学术背景	学科专业、学历层次、入学年份、所在学院或研究部门等学术信息	根据学术背景推荐学术资源、课程或导师,提供精准学术支持
	用户使用情况	注册时间、借阅历史、访问频率、使用图书馆资源的习惯(如偏好电子资源还是纸质资源)等。	优化资源配置、改善服务,如调整开馆时间、增加热门资源采购
用户兴趣爱好	学术兴趣方向	学科领域、研究方向、研究课题等,反映用户在学术研究方面兴趣	推荐学术资源、期刊、论文以及学术活动和研讨会
	阅读偏好	用户偏好的书籍类型、作者、出版社以及阅读习惯的偏好,如电子书、纸质书、有声书等	推荐个性化的阅读材料,提升用户的阅读体验和满意度
	非学术兴趣与爱好	非学术领域的兴趣爱好,如音乐、电影、运动、旅行等,反映了用户多元化的生活兴趣	组织相关文化活动、兴趣小组或社交活动,促进用户之间的交流与互动,丰富校园文化生活
用户关联关系	社交网络关系	在图书馆或学术社交网络中的好友、关注者、被关注者等社交联系	推荐相关用户,促进学术交流与合作,或基于社交圈子推送定制化的信息服务
	学术团队或项目关联	用户参与的学术团队、科研项目、课题组等学术组织或项目的关联信息	推荐相关学术资源,或组织针对性的学术培训和研讨会
	师生或校友关系	用户与图书馆中的其他用户之间的师生、校友等特定关系	推送定制化学习资源或活动信息,增强用户之间的学术联系和互助

续表

总标签	子标签	子标签注释	应用场景
用户价值与贡献	学术贡献度	在学术研究方面的成果，如发表的论文数量、参与的科研项目、获得的学术奖项等	为用户提供更多的学术资源和支持，如优先借阅权、学术讲座和研讨会的邀请等
	图书馆资源使用与贡献	如借阅频率、归还记录、对图书馆资源的评价和建议等，也包括用户对图书馆活动的参与和贡献，如志愿者活动、读书分享会等	优化资源配置，提升服务质量，并鼓励用户更多地参与图书馆活动和建设
	社区影响力与领导力	用户在学术社区或图书馆社区中的影响力，如担任学术职务、组织学术活动、引领学术讨论等以及用户在社区中的领导力和组织能力	识别具有社区影响力的用户，与其合作共同推动学术交流和社区发展，或邀请其参与图书馆的决策和规划过程
用户学习与发展	学习阶段与目标	用户当前的学习阶段（如本科生、研究生、博士生等）、学习专业、学习目标以及学术规划等	推荐适合的学术资源、学习方法和工具，帮助用户更好规划学术生涯
	技能与能力发展	用户已掌握的技能、希望提升的能力以及参与过的培训、工作坊或实习经历等	提供定制化学习资源、培训课程或实践机会，促进用户个人成长和职业发展
	学术成长与成就	用户在学术方面的成长轨迹、获得的学术成就（如奖学金、学术竞赛获奖）以及参与学术活动或项目等	推荐参与高级研究项目、国际学术会议等，进一步促其学术发展

(2) 事实、模型和预测标签

在用户画像中，事实标签、模型标签和预测标签是构成用户标签体系的重要组成部分，各自具有清晰的内涵和特点，如表3.2所示。

第3章 用户画像一般构建分析

表3.2 事实、模型与预测标签定义及特点

	定义	特点	举例
事实标签	通过对于原始数据库的数据进行统计分析而来的标签,这类标签直接反映用户在过去一段时间内的实际行为或状态	基于实际发生的数据进行统计,具有客观性和直接性	用户投诉次数、购买频次、页面停留时长等
模型标签	以事实标签为基础,通过构建事实标签与业务问题之间的模型,进行模型分析得到的标签。这类标签通常需要利用机器学习、数据挖掘等技术,对事实标签进行深度加工和分析,以揭示用户行为背后的规律和模式	依赖于复杂的模型分析,能够挖掘出更深层次的用户特征和行为模式	用户社群归属、用户流失风险、学术活跃度
预测标签	在模型标签的基础上,进一步进行预测分析得到的标签。这类标签不仅反映了用户当前的状态和行为模式,还能够预测用户未来的行为趋势或可能的风险点	具有前瞻性和预测性,能够为企业的决策提供有力的支持	图书续借预测、用户流失预警、学术成果预测

表3.3列举了三类标签在"数据来源与处理方式""反映内容与深度"以及"应用场景与价值"三方面的区别。

表3.3 事实、模型与预测标签的区别

	数据来源与处理方式	反映内容与深度	应用场景与价值
事实标签	直接来源于原始数据库的数据统计,处理方式相对简单直接	主要反映用户过去一段时间内的实际行为或状态,内容相对直观	适用于用户行为分析、产品优化等场景,为企业的日常运营提供基础数据支持
模型标签	以事实标签为基础,通过复杂的模型分析得到,处理方式更为高级和复杂	能够揭示用户行为背后的规律和模式,反映的内容更为深入和复杂	在精准营销、个性化推荐等场景中具有重要应用价值,能够帮助企业更准确地把握用户需求和行为特征

续表

	数据来源与处理方式	反映内容与深度	应用场景与价值
预测标签	在模型标签的基础上，进一步进行预测分析，处理方式更加前瞻性和预测性	不仅反映用户当前的状态和行为模式，还能预测未来的行为趋势或风险点，具有更强的前瞻性和实用性	在风险评估、市场预测等高级应用场景中发挥关键作用，为企业的战略决策提供有力支持

事实标签、模型标签和预测标签在用户画像中各自扮演着不同的角色，具有不同的定义和特点，三者共同构成用户标签体系，为相关部门的管理者决策提供全面、深入的支持。

图3.2围绕高校馆用户画像标签构建，描述事实标签、模型标签和预测标签的生成的流程框架，清晰展示该领域三种标签的流转与关联关系。

画像标签建模

预测标签：图书续借预测、资源需求预测、用户流失预警、用户参与度预测、学术成果预测、用户满意度预测

模型标签：用户兴趣爱好、用户社群归属、学术活跃度、用户流失风险、潜在需求标签、用户发展轨迹

事实标签：用户基本属性、用户价值与贡献、借阅行为事实标签、用户学习与发展、访问行为事实标签、用户关联关系、……、……

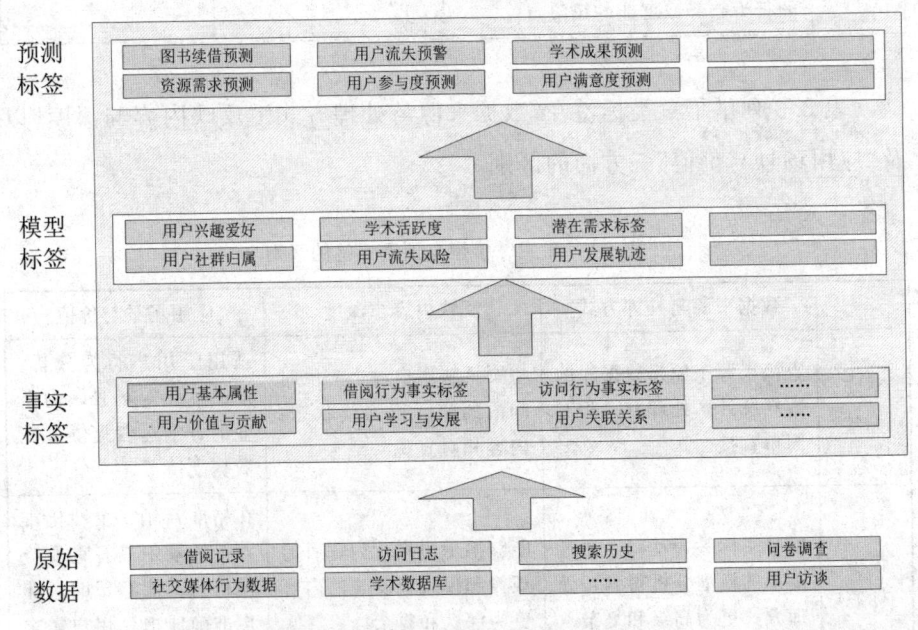

原始数据：借阅记录、社交媒体行为数据、访问日志、学术数据库、搜索历史、……、问卷调查、用户访谈

图 3.2　用户画像标签构建流程

图3.2所展示的四层架构体系，通过事实标签、模型标签到预测标签

的逐层处理和分析，由浅入深地逐步揭示用户画像的各层次特征和行为模式，从不同维度提供服务，具体描述如下：

① 原始数据的来源：

图书馆内部业务数据（借阅记录、访问日志、搜索历史等）。

用户调研数据（问卷调查、访谈等）。

第三方数据（社交媒体行为数据、学术数据库中的用户活动等）。

② 事实标签构建：

从上述原始数据抽取以下内容，为事实标签提供基本素材：

用户基本信息（姓名、年龄、性别、专业、学历等）。

借阅行为（借阅时间、借阅书籍类型、借阅频率等）。

访问行为（访问时间、访问页面、停留时长等）。

搜索行为（搜索关键字、搜索结果点击率等）。

社交属性（如社交媒体上的关注领域、互动情况等）。

学术活动（论文发表、学术会议参与等）。

通过对基本素材提取或开展简单的统计分析得到事实标签如下：

用户基本属性：年龄、性别、专业、学历、职业、地理位置。

借阅行为事实标签：最近借阅时间、借阅书籍数量、借阅书籍类型分布、借阅频率、借阅时长、借阅偏好（如纸质书或电子书）。

访问行为事实标签：日均访问时长、经常访问页面、访问频率、访问时段偏好、访问设备类型、访问来源（如馆内、线上）。

用户关联关系：常用同伴、学术合作伙伴、社交网络中的联系人、图书馆活动参与者同伴、借阅行为相似用户、学术领域同行。

用户价值与贡献：借阅量排名、图书馆活动参与度、捐赠图书数量、志愿服务时长、学术影响力（如引用次数）、对图书馆的建议和反馈数量。

用户学习与发展：学术阶段（如本科生、研究生）、学习领域、参与的研究项目、学术成果（如论文发表数量）、技能提升课程参与度、职业发展目标。

③ 模型标签：

结合领域知识和业务逻辑，设计合适的模型参数和特征工程对事实标签应用机器学习、数据挖掘等技术进行处理和分析，得到如下模型标签：

用户兴趣爱好：通过聚类分析得到的兴趣领域（如文学、科技、历史等）、基于搜索和借阅行为的主题偏好、对特定作者或出版物的偏好、对新兴话题的关注度、对跨学科领域的兴趣、对特定文化或地域的兴趣。

学术活跃度：基于论文发表和学术会议参与的活跃度评估、学术合作网络的中心度、学术影响力的变化趋势、对学术前沿的追踪速度、学术成果的质量评估、学术生涯的发展阶段预测。

潜在需求：基于借阅历史和搜索行为的潜在阅读需求、对特定类型或主题资源的潜在兴趣、对图书馆新服务或资源的潜在需求、对学术合作或交流的需求、对职业发展支持的潜在需求、对个性化学习路径的建议需求。

用户社群归属：基于借阅和访问行为的用户社群划分、基于学术背景和兴趣的学术社群归属、基于社交网络的社群影响力评估、基于图书馆活动参与的社群活跃度、基于用户反馈和建议的社群特征、基于用户价值和贡献的社群角色。

用户流失风险：基于借阅和访问频率的流失预警、基于用户反馈和满意度的流失风险评估、基于用户生命周期的流失阶段预测、基于用户行为变化的流失迹象识别、基于社群归属的流失影响分析、基于用户价值和贡献的流失挽留策略。

用户发展轨迹：基于学术阶段和学习领域的发展路径预测、基于技能提升和课程参与的成长轨迹分析、基于学术成果和职业发展目标的成就预测、基于用户反馈和建议的服务改进方向、基于用户社群归属的社交影响力变化、基于用户价值和贡献的长期发展潜力。

④ 预测标签：

使用时间序列分析、回归分析、分类预测等方法对模型标签进行处

第 3 章　用户画像一般构建分析

理,并结合业务需求和历史数据,不断优化预测模型的准确性和稳定性。

图书续借预测:基于借阅历史和当前借阅状态的续借可能性评估、对特定书籍或主题的续借偏好预测、续借行为的时间序列分析、基于用户反馈的续借满意度预测、基于社群行为的续借影响分析、基于用户发展轨迹的续借需求预测。

用户流失预警:结合用户行为和满意度的流失风险预测、基于用户生命周期的流失阶段预测、基于用户社群归属的流失影响分析、基于用户价值和贡献的流失挽留策略建议、基于用户发展轨迹的流失风险识别、基于用户反馈和建议的服务改进方向预测。

学术成果预测:基于学术背景和当前研究动态的论文发表数量预测、对特定领域或主题的学术成果质量评估、学术合作网络的未来发展趋势预测、基于用户发展轨迹的学术成就预测、基于学术活跃度的学术影响力变化预测、基于用户反馈和建议的学术支持策略。

资源需求预测:基于借阅历史和搜索行为的未来阅读需求预测、对特定类型或主题资源的潜在需求识别、图书馆新服务或资源的潜在需求预测、基于用户发展轨迹的资源需求变化分析、基于用户社群归属的资源需求差异分析、基于用户反馈和建议的资源优化策略。

用户参与度预测:基于历史参与度的图书馆活动未来参与度预测、对用户参与特定类型或主题活动的偏好预测、基于用户发展轨迹的活动参与度变化分析、基于用户社群归属的活动参与度影响分析、基于用户反馈和建议的活动改进方向预测、基于用户价值和贡献的活动参与度激励策略。

用户满意度预测:结合用户行为和反馈的满意度变化趋势预测、基于用户发展轨迹的满意度变化分析、基于用户社群归属的满意度差异分析、基于图书馆服务改进的满意度提升预测、基于用户价值和贡献的满意度维系策略、基于用户反馈和建议的服务优化方向。

(3)应用场景分析

以下结合"用户行为分析""个性化图书推荐""个性化知识推荐""定制

化学习支持""精准培训与指导"等五种应用场景,从"应用场景""标签体系应用"和"目的"三个方面进行分析和对比,如表 3.4 所示。

表 3.4 应用场景分析和对比表

场景名称	场景分析	目的	标签应用
用户行为分析	分析用户的借阅历史、访问频率、搜索行为等	了解用户行为模式和偏好,优化图书馆服务,如调整开放时间、改善图书布局,提升用户体验	利用"用户基本属性"和"用户兴趣爱好"标签,结合用户的实际行为数据进行分析
个性化图书推荐	根据用户的阅读历史和偏好,为用户推荐符合其兴趣的图书	提高图书借阅率,满足用户的个性化阅读需求,增强用户满意度	利用"用户兴趣爱好"标签,同时考虑"用户基本属性"中的某些因素(如专业背景)
个性化知识推荐	为用户推荐学术文章、研究报告等知识资源	帮助用户获取最新的学术动态,支持其学术研究和职业发展,提升图书馆的学术服务价值	应用"用户兴趣爱好"、"用户学习与发展"中的"学习阶段与目标"和"技能与能力发展"子标签
定制化学习支持	为用户提供定制化的学习资源、课程和学习计划	帮助用户更有效地规划学习路径,提升学习效果,增强用户对图书馆的依赖和信任	利用"用户学习与发展"标签,特别是"学习阶段与目标"和"技能与能力发展"子标签
精准培训与指导	策划和举办各种培训活动,如信息素养培训、学术写作指导等	确保培训内容与用户需求高度匹配,提升培训的针对性和有效性,进一步满足用户的学术和职业发展需求	利用"用户基本属性"、"用户学习与发展"中的"学术成长与成就"以及"用户价值与贡献"子标签

从表 3.4 中看出,图书馆用户画像标签体系在多个应用场景中都发挥着重要作用。通过结合不同的标签体系应用,图书馆能够更深入地了解用户需求,从而提供更加个性化、有针对性的服务,以提升图书馆的整体服务质量和用户满意度。

3.2.3 构建原则

在构建用户画像标签体系时,为了保障准确性、一致性、全面性和时效性，学界一般基于本体来构建。本体是形式化的、结构化的知识表达方式或模型，致力于明确、细致地描述一个特定领域内的共享概念体系，该体系由一组概念（类、对象、属性）、实例和概念间的关系构成。在信息领域，本体可体现为标准化和结构化的词汇表，使计算机程序能够理解和处理领域内的知识，并在一定程度上支持逻辑推理和数据集成。

基于本体的用户画像标签构建原则意图通过结构化、标准化的方式组织和定义用户画像中的标签，以便精确刻画用户特性并支持跨系统的互操作性。用户画像构建原则描述如下：

1. 确定性与一致性

①用户画像标签须具有清晰无歧义的定义，每个标签含义准确，并在整个系统内保持一致使用。

②采用统一的词汇表或术语体系，力戒同一概念有不同的标签表述。

2. 层次化与结构性

①利用本体的概念层级结构，构建分层标签体系，包括顶级类别、子类别和具体标签等。

②每个标签都须在本体分类框架下有对应确切位置，反映其与其他标签之间的上下位或关联关系。

3. 语义关联性

利用本体中属性和关系描述标签间的联系，例如"用户兴趣"可包含多个子标签，如"运动-足球""音乐-古典"，这些标签之间一般通过某种语义规则关联。

4. 可扩展性与兼容性

①设计时须考虑未来可能新增的标签或调整现有标签体系的需要，确保标签架构具有较好的可扩展性。

②须遵循行业标准和协议，使得用户画像标签能够与其它本体或数据源兼容。

5. 粒度适中

标签的颗粒度须适中，既不能过于粗略导致无法捕捉到用户的具体特征，也不能过于细致导致难以管理和利用。

6. 隐私保护

在构建用户画像标签过程中，须严格遵守法律法规，不得侵犯用户隐私权，仅采集和存储合法、必要的用户信息。

7. 零整适用

构建标签体系的过程须注意标签粒度策略，即"零整适用"原则，分为两种方式，阐述如下：

(1) 化整为零

将用户的整体特征和行为数据细化分解为系列具体、独立的标签，即标签体系中每个标签都规定观察、认识和描述用户的某一角度。比如，一个完整用户可能具有复杂的消费习惯、兴趣爱好、地理位置、年龄层次等多种特征。化整为零即通过细分、具体化等方法将复杂的用户特征拆分成多个具体的标签，如"高频购物用户""健身爱好者""一线城市居民""25－35岁年龄段"等，每个标签代表用户特征的一个维度或一种属性。

(2) 化零为整

将上述细碎的标签重新整合起来，形成对用户全面、立体的理解，从而构建出相对完整且个性化的用户模型，即将用户画像作为整体，各个维度不是孤立的，标签之间存在联系。通过概括、抽象等方法将用户标签有机拼接成为一个系统的用户画像，以此指导个性化推荐、精准营销、产品优化等应用。例如，通过对"健身爱好者""高消费能力""关注健康饮食"等标签的综合分析，系统可将其拼接为"高消费健康型人群"标签，描绘出一个热衷健身、注重生活品质且有较高消费意愿的目标用户群体形象。值得指出：究竟采取何种方式，需要根据用户画像的目标，用途与所关注的重点来灵活取舍，没有统一的标准。

3.2.4 应用领域

在所有依赖用户数据进行个性化服务和决策优化的领域，用户画像应用广泛，助力企业理解用户、服务用户，并以此驱动业务增长和竞争力提升。

1. 市场营销与广告投放

(1) 精准营销

基于用户画像，企业营销部门能细分市场，针对不同的用户群体开展

第 3 章 用户画像一般构建分析

个性化营销活动,包括电子邮件营销、短信营销、社交媒体推广等。

(2)广告定向

根据用户画像数据对广告内容和形式进行个性化定制,选择最佳投放时间和渠道,以提高广告点击率和转化率。

2. 个性化推荐

(1)电子商务

依据用户历史购买行为、浏览记录、搜索关键字等数据,创建用户画像,实现商品和服务的个性化推荐。

(2)媒体与内容分发

新闻、视频、音乐等媒体平台应用用户画像进行内容推荐,如新闻、视频个性化推送、音乐歌单定制等。

个性化推荐(推送)是典型的用户画像应用,包括"人推人""人推物""物推物"和"物推人"四种分类,下面对推荐(推送)模型的分类、算法和规则进行阐述,如图 3.3 所示。

分类	人推人	人推物	物推物	物推人
	定义:基于用户之间的关系或相似性进行推荐。 应用场景:社交媒体中的"可能认识的人"推荐,或职业社交平台的"潜在合作伙伴"推荐。	定义:根据用户的个人偏好和历史行为为向其推荐物品或服务。 应用场景:电商平台根据用户的浏览、购买历史推荐商品,或音乐平台根据用户的听歌习惯推荐歌曲。	定义:基于物品之间的关联性或相似性进行推荐。 应用场景:在电商平台中,当用户查看某个商品时,推荐与该商品相关的其他商品,如"买了这个的用户还买了…"。	定义:根据物品或内容的特性向可能对其感兴趣的用户进行推荐。 应用场景:新闻网站根据新闻的热度和用户兴趣向不同用户推荐相同的新闻,或视频平台根据视频的类别和受众向特定用户群推荐新视频。
算法	■ User-Based CF ■ 基于余弦的相似度 ■ 调整的余弦相似度 ■ 基于Pearson相关性 ■ 基于条件概率的相似性	■ Item Profile建模 ■ User Profile建模 ■ 机器学习 ■ Deep learning	■ User-Based CF ■ 空间关联规则 ■ 周期关联规则 ■ 顺序关联规则	■ Item Profile建模 ■ User Profile建模 ■ 标签筛选 ■ CTR预估
规则	过滤规则	去重规则	排序规则	自定义规则

图 3.3 个性化推荐或推送模型

对于个性化推荐或推送，规则包括"过滤规则""去重规则""排序规则""自定义规则"；形式分为"人推人""人推物""物推物""物推人"，规则和形式是实现精准推荐的两个关键维度。四种规则对比如表3.5所示。

表3.5 四种规则的比较

	目的	实现方式	应用场景
过滤规则	过滤掉不符合用户兴趣或需求的推荐项	通过分析用户的历史行为、偏好、标签等信息，设置条件或阈值，排除那些不满足这些条件的推荐项	例：在用户明确表示不喜欢某类内容后，系统应自动过滤掉这类内容的推荐
去重规则	避免向用户重复推荐相同的内容	记录用户已经看过或推荐过的内容，确保新推荐的内容与之前的不同	适用于新闻推荐、商品推荐等场景，防止用户看到重复的信息
排序规则	根据一定的优先级或相关性对推荐项进行排序	基于用户偏好、内容热度、时间戳等因素，使用算法（如机器学习模型）对推荐项进行打分，然后按分数高低排序	在电商平台的推荐列表中，通常会将用户更可能感兴趣或购买的商品排在前面
自定义规则	允许根据特定需求或业务场景定制推荐逻辑	提供灵活的规则配置接口，允许运营人员或开发人员根据业务需求定义特定的推荐条件	例：在促销活动期间，可以定制规则优先推荐参与促销的商品

个性化推荐或推送的规则和形式的选择须根据具体需求和目标确定，通过灵活运用这些规则和形式，可以显著提升用户体验和业务达成效果。

3. 产品设计与优化

（1）用户体验设计

依据用户画像定义目标用户特征，保证产品设计符合目标用户的实际需求和使用习惯。

（2）功能迭代与优化

分析用户画像数据，产品设计可针对性地改进现有功能或开发新功能模块，满足不同用户群体需求。

4. 客户服务与销售

(1) 客户服务

客服部门通过用户画像快速了解客户的基本信息、历史问题和满意度反馈，提供精准和高效的服务。

(2) 销售策略

销售人员在接触客户之前，可通过用户画像预先了解客户需求和痛点，制定针对性销售方案。

5. 风险管理与信用评估

(1) 金融风控

银行和金融机构运用用户画像进行信用评分、欺诈检测，决定是否批准贷款申请、信用卡额度等。

(2) 保险业务

保险公司利用用户画像进行风险分级和定价，为用户提供更适合的保险产品。

6. 教育领域

在线教育：教育平台可根据用户画像推荐合适的学习路径和课程内容，提升用户学习效率和体验。

7. 图情领域

用户画像在图情领域扮演连接用户需求与信息服务的连接桥梁，有效提升图书馆服务质量、提高资源利用率，并有助于促进学术交流与科研创新，包括个性化服务、资源推荐、科研支持等方面。

(1) 个性化服务

智能推荐系统：通过收集并分析用户的浏览历史、借阅记录、搜索关键词以及偏好设置等数据，构建用户画像，图书馆信息系统可实现书籍、期刊、数据库资源甚至是研究指南和学术讲座等个性化推荐。譬如，系统发现某位用户频繁查阅计算机科学相关资料，优先推送该领域的最新研究成果、专业会议信息和相关书籍。

定制化通知服务：利用用户画像信息，可以根据用户的学术背景、关注领域和个人喜好发送定制化的新闻简报、新书到馆提醒、论文发表动态等。

(2)优化用户体验

用户界面个性化：基于用户画像，图书馆网站或移动应用提供个性化的界面布局，比如针对学生用户突出课程教材和学习资源入口，而针对教师和研究人员则展示更多学术交流平台和数据共享服务。

(3)科研合作

在学术社交平台上，分析用户的研究方向、发表记录、引用网络等画像信息，协助寻找潜在的合作研究者，并推荐相关项目合作机会。

(4)资源配置

根据用户画像反映出的资源使用情况，图书馆可以更准确地预测哪些类型或主题的资源将会受到欢迎，从而指导未来的采购策略。

(5)读者行为分析与预测

通过对大量用户行为数据的挖掘，形成用户画像后，图书馆管理者可了解用户群体的整体需求趋势和行为规律，预测未来一段时间内的服务需求变化，提前准备应对方案。

3.3 用户画像面临的挑战

在用户画像领域，"标签不全"与"标签不准"是两类影响到用户画像有效性和精准性的重要问题。

3.3.1 标签不全问题及其应对

"标签不全"指用户画像所包含的标签未能全面反映用户的真实特征、行为习惯、消费需求等关键信息，导致无法准确描绘用户全貌或精准推荐个性化服务。

在用户画像构建过程中，标签不全意味着构建用户画像时没有涵盖用户所有的重要特征或行为维度。比如，如果一个电商平台仅根据用户的购买历史为其贴上了"母婴用品消费者"的标签，但忽略了用户的其它关键特征，如年龄、性别、职业、兴趣偏好、消费水平等，则可认为这个用户画像的标签不全。由于缺少这些信息，平台可能无法完全捕捉到用户的全部

第3章 用户画像一般构建分析

需求和潜在价值，导致个性化推荐或服务不够精准。

以下列举2个案例，讨论用户画像领域中的"标签不全"问题并分析原因：

案例一：电商网站的商品推荐系统。假设一个电商平台构建用户画像时，仅考虑了用户的购物历史记录、购买频次、购买金额等基础消费行为标签，而未关注用户浏览行为、搜索关键词、停留页面时长、时段活跃情况、社交网络互动等其他重要行为数据。由于缺失用户兴趣变化、临时需求、潜在需求等多元标签，可能导致推荐系统无法精准推算用户对新品类、新品牌或特定场合商品的需求，造成推荐效果不佳，转化率低下。

案例二：金融信贷领域的风险评估。在银行或金融科技公司的信贷审批流程中，用户画像用于辅助风险控制和信用评级。若只关注用户的年龄、性别、职业、收入水平等基本信息以及过往信贷还款记录，而未关注用户在社交媒体上的行为表现、生活圈影响力、教育背景、线上消费习惯等非结构化数据，则可能造成画像标签不全。这会导致信贷机构对用户的信用风险评估不够全面，容易忽略隐藏的高风险因素，从而影响风控决策的有效性和准确性。

原因分析如下：

数据采集不足：没有充分收集和整合所有可能揭示用户特性的数据源，导致画像构建的基础素材有限。

标签体系设计缺陷：未建立全面覆盖用户各个维度特征的标签体系，可能遗漏对业务决策至关重要的某些标签。

数据处理能力局限：在数据清洗、分析过程中，未能有效识别和提炼出隐含在大量原始数据背后的深层次用户标签。

技术实现问题：技术和算法未能适应快速变化的用户行为模式和市场环境，使得画像更新滞后，不能反映出最新的用户状态和需求。

用户画像领域中的"标签不全"问题及其原因主要包括数据稀疏、隐私保护以及数据来源有限等。为了解决这些问题，可以考虑利用现有的数据进行加工处理，提取更多有价值的标签；同时，也可以引入更多的数据来源,如社交媒体数据、公共数据库等,以丰富用户画像的标签体系。此外,还可以应用一些先进的技术和方法,如社交网络分析、知识图谱等,挖掘更多的用户属性和关系数据。

针对上述四个原因,可以引入社交网络分析的方式来补充和完善用户画像,以应对"标签不全"问题,基于社交网络分析方法的应对方案如表3.6所示:

表3.6 基于社交网络分析应对标签不全问题的方案

挑战	基于社交网络方法应对方案	注释	具体方案
数据采集不足	关系数据收集	利用社交网络分析,可以追踪和分析用户在社交网络中的互动行为,如点赞、评论、转发等,从而收集到更多关于用户兴趣、偏好和社交习惯的数据	利用社交网络分析可以从公开的社交平台(如微博、微信朋友圈、Facebook、Twitter等)抓取用户的社交行为数据,如关注的对象、参与的话题讨论、分享的内容等,这些数据可以丰富用户兴趣、价值观、社会关系等方面的标签。同时,通过对用户间互动关系的分析,还可以揭示用户的影响力、活跃度等隐藏特性
	社区发现	通过分析社交网络中的社区结构,可以发现具有相似兴趣和行为的用户群体,进而补充和完善用户画像的标签	
标签体系设计缺陷	标签扩展	通过分析社交网络中的用户行为和关系,可以发现新的标签维度和属性,进而完善现有的标签体系	社交网络分析能够帮助发现并建立更为全面且有深度的标签体系。例如,通过社群聚类分析识别出社交网络中的群体特点,并据此细化标签类别;另外,通过主题建模或情感分析捕捉用户在特定话题上的态度和立场,拓展原有标签体系
	标签验证	社交网络分析可以帮助验证现有标签的有效性和准确性,通过比较用户在网络中的实际行为与标签描述是否一致,来优化标签设计	

续表

挑战	基于社交网络方法应对方案	注释	具体方案
数据处理能力局限	图计算	社交网络分析涉及大规模的图计算，要求强大的数据处理能力。通过引入高效的图计算框架和算法，可以提升处理社交网络数据的能力，进而丰富用户画像的标签	社交网络分析涉及大规模图数据的处理，采用图论算法可以有效地提取节点（用户）的关键属性和社区结构，从而揭示用户之间的关联性和共同点。结合机器学习和社会网络理论，可以提高数据处理效率和标签提炼的准确性，突破单纯基于个体行为数据的局限
	分布式处理	利用分布式计算技术，可以并行处理大规模的社交网络数据，提高数据处理效率，从而缓解处理能力局限的问题	
技术实现问题	算法优化	针对社交网络分析中的技术实现问题，可以通过优化算法来提高分析的准确性和效率。例如，优化社区发现算法以更准确地识别用户群体	搭建社交网络分析框架，整合多种数据源，运用自然语言处理（NLP）、网络科学、深度学习等先进技术，实现对用户社交行为的深度挖掘和智能分析。例如，利用关系网络分析预测用户的潜在兴趣，或者利用嵌入式方法将社交网络结构转化为向量形式，进而融入到用户画像模型中
	技术整合	将社交网络分析技术与其他用户画像技术（如机器学习、自然语言处理等）相结合，可以共同解决技术实现上的挑战，提升用户画像的整体质量	

3.3.2 标签不准问题及其应对

用户画像中的"标签不准"问题一般指用户画像所使用的标签与其实际特征或行为不符的情况，会直接影响到后续的数据分析、个性化推荐及策略制定的效果。例如，某个用户实际上对户外运动非常感兴趣，但由于数据收集误差或者算法误判，其画像被错误地标记为"宅家娱乐爱好者"。这种情况下，基于此用户画像推出的推荐内容可能会严重偏离用户的真实需求和兴趣点，不仅可能导致用户体验下降，还会降低营销效果和客户满意度。以下是两个关于用户画像"标签不准"的典型案例及其原因分析：

案例一：新闻资讯 APP 的用户内容偏好标签。在某新闻资讯应用程序中，系统分析用户阅读历史、点击行为和分享内容等数据给用户打上"科技爱好者"的标签。然而，用户近期因工作需要经常查阅科技类文章，实际上个人兴趣主要集中在体育和娱乐方面。标签系统的误判缘于没有充分考虑用户行为的短期波动性，仅依据短期高频行为就进行了标签设定，忽视长期稳定的兴趣倾向，导致推荐（推送）内容与用户真实需求不符，降低了用户体验和平台的留存率。

案例二：在线音乐平台的用户音乐口味标签。某音乐平台基于对用户的播放次数、收藏歌曲列表以及搜索关键词的分析，给用户打上"古典音乐爱好者"的标签。然而，实际情况是该用户账号常用于家庭共享，家人中有小孩频繁收听儿童古典音乐故事，而非用户本人喜好。标签不准的问题在于，平台没有考虑到多用户在同一账户下的行为差异，也没有采取有效的用户细分策略，导致个性推荐失准。

原因总结：

行为数据理解偏差：仅依赖单一维度或短时期内的用户行为数据来定义用户标签，未能结合更多情境信息和用户行为的动态变化做出准确判断。

数据挖掘深度不够：没有深入解析用户行为背后的真实意图和动机，比如家庭共享账号中的用户区分问题，或是短期行为与长期喜好的区别。

标签更新机制滞后：标签系统缺乏实时更新和自我修正的能力，在用户兴趣发生显著变化后仍沿用旧标签。

数据融合不足：没有充分融合各类用户数据来源，如社交网络行为、线下活动等多元信息，以形成更立体、真实的用户画像。

由此看来，准确的行为数据理解、深度的数据挖掘、及时的标签更新以及充分的数据融合对于确保标签准确性至关重要，在用户画像领域，"标签不准"的问题可以通过引入语义计算来改善和解决，基于语义计算方法的应对方案如表 3.7 所示：

表 3.7 基于语义计算应对标签不准问题的方案

挑战	基于语义计算方法应对方案	注释	具体方案
行为数据理解偏差	自然语言处理（NLP）	利用 NLP 技术对用户产生的文本数据进行深度解析，准确捕捉用户的意图、情感和需求，减少对人工解读的依赖，从而降低理解偏差	借助于语义计算，特别是自然语言处理（NLP）技术和知识图谱构建技术，能够更精准地理解和解析用户的行为数据。例如，用户在社交媒体、论坛或其它文本资源中的发言，通过语义分析可以更深入理解其真实意图和需求，避免对用户行为的表面解读造成的标签误解或偏颇
	上下文感知	通过语义计算分析用户行为数据的上下文信息，如时间、地点、设备等，以更全面地理解用户行为，避免单一行为数据导致的误解	
数据挖掘深度不够	主题模型	应用主题模型（如 LDA）对大量文本数据进行主题提取，发现隐藏在数据中的深层次结构和关联，从而加深数据挖掘的深度	语义计算可以帮助深入挖掘用户行为背后蕴含的深层次特征。比如，在用户评论、帖子或文档中，语义分析可提取隐含的情感倾向、价值观念、专业知识偏好等信息，用于丰富用户画像的深层标签。此外，通过构建和利用领域相关的本体和知识图谱，能够进一步增强对用户专业背景、兴趣领域的精细化挖掘
	情感分析	利用情感分析技术挖掘用户评论、反馈等文本数据中的情感倾向，以获取更丰富的用户态度和行为动机信息	
标签更新机制滞后	实时语义分析	通过实时分析用户产生的文本数据，如社交媒体帖子、聊天记录等，及时发现用户兴趣和行为的变化，并据此更新用户标签	通过实时的语义监控和动态分析用户的新产生的文本数据，可以及时捕捉用户的最新行为变化和心理状态变迁。建立基于语义计算的自动标签更新系统，一旦检测到用户行为或兴趣的重大改变，便能迅速调整用户画像中的相关标签，确保标签与用户当前状态保持一致
	动态模型调整	根据实时语义分析的结果，动态调整用户画像模型，确保标签能够准确反映用户的当前状态	

续表

挑战	基于语义计算方法应对方案	注释	具体方案
数据融合不足	多源数据融合	利用语义计算技术整合来自不同来源的数据（如社交媒体、电商平台、搜索记录等），通过统一语义空间对数据进行对齐和融合，以提高用户画像的完整性和准确性	语义计算有助于跨域数据融合。不同来源的数据可能存在异构性，通过语义标注、实体链接和关系抽取等技术，可以将来自不同渠道的信息统一映射到同一套语义空间中，实现用户数据的有效整合。这样，即使数据分布在多个维度和平台上，也能基于语义理解将其深度融合到用户画像中，提高标签的精确度和覆盖率
	知识图谱构建	构建包含丰富实体和关系的知识图谱，将用户数据与外部知识库相连接，以丰富用户画像的语义内涵和背景信息	

3.4 小结

用户画像是指根据用户的属性、偏好、生活习惯、行为等信息而抽象出来的标签化用户模型，在信息管理领域有着重要应用。本节从用户画像定义、构建原则和应用领域以及面临的挑战等理论方面细致分析，为用户画像的应用提供基础理论路径。

本节着重讨论用户画像一般构建规律，从理论上分析用户画像构建一般规律及其面临的挑战及应对。旨在通过细致的理论分析，为读者提供关于用户画像的全面认识，包括其定义、构建原则、应用领域以及面临的挑战等方面，从而为用户画像的实际应用提供坚实的理论基础和有力的方法支撑。

社交网络分析能够在很大程度上克服用户画像"标签不全"的问题，通过拓宽数据来源、优化标签体系、提升数据处理能力和改进技术实现手段，使用户画像更加丰满、准确，更好地服务于个性化推荐、营销策略制定等应用场景。社交网络分析在用户画像领域具有广泛的应用潜力，然

第3章 用户画像一般构建分析

而,需要注意,社交网络分析本身也面临着数据隐私、算法复杂性等挑战,因此在实际应用中需要综合考虑各种因素。

语义计算凭借其强大的上下文理解能力和跨域融合能力,能够有效解决用户画像领域中的"标签不准"问题,通过深度挖掘用户行为的真实含义、实时更新标签状态以及充分融合多元数据源,最终形成一个更贴近用户真实特性的高精度画像。值得指出的是,语义计算本身也面临着算法复杂性、数据稀疏性等挑战,因此在实际应用中需要综合考虑各种因素。

特别需要注意的是:在现实场景中,"标签不全"和"标签不准"这两个问题难以同时得到完美解决,标签体系无法完全满足"全"和"准"的要求,因此,在真实的业务场景下所构建的标签体系,应该在"全"和"准"之间折中,即场景限定下的"全"和"准"。

第 4 章　高校馆用户画像构建方法和应用模式

4.1　引言

构建高校图书馆用户画像是提升管理和服务水平的重要手段，不仅可以推动图书馆向智慧化、个性化服务转型，而且能有效提升图书馆作为学术交流中心的地位和功能，服务于教学、科研及人才培养工作。

1. 个性化服务提升

用户画像基于大量数据构建的个体或群体模型，通过分析用户阅读习惯、学术兴趣、学科偏好、借阅历史等信息，图书馆能够把握用户学科专业、研究方向、课程需求、阅读层次、信息检索习惯等，以提供高度个性化的信息服务，如精准文献推荐、专题数据库定制、特色资源推送等，以精准地推送相关文献资料、学术活动信息和个性化阅读推荐，提高服务质量与效率。①学科服务方面。例如薛欢雪提出，将学科服务对象由学科带头人和普通教师扩展到全体在校师生，通过构建面向学科专业的用户画像，为用户提供学科服务标签，借助聚类分析等方法，帮助决策部门了解全体师生对学科的兴趣和偏好，辅助识别学科新兴领域和个体发展方向，以助力图书馆提供高效的文献资源服务，推动学科快速发展；①朱会华提

---

① 薛欢雪. 高校图书馆学科服务用户画像创建过程[J]. 图书馆学研究，2018(13)：67-71+82.

第4章　高校馆用户画像构建方法和应用模式

出借助用户画像方法构建学科采访系统,按用户年级专业采购相应级别的书目,构建分层次的高校学科发展体系;[①] 马管等在阐述用户画像对学科服务的可行性和必要性基础上,以国家农业图书馆为例分析用户画像在学科服务中的作用。[②] ②精准推荐方面。例如杨传斌等提出收集学生信息,分析基础特征、爱好偏向和学术特征以构建用户画像,并将讲座信息与用户画像特征匹配,向用户推荐讲座资源;[③] 刘一鸣等提出在图书馆的健康信息服务领域引入用户画像,从可迭代性、时效性、区隔性、交互性、知识性和聚类性六大方面分析用户画像应用于图书馆健康信息服务的途径,满足用户对健康信息的需求并辅助其做出健康决策,提供个性化和高效的健康信息精准支持;[④] 参考咨询服务是高校图书馆社会化服务的主要功能,程秀峰等基于自然、偏好、情境和社交4个维度构建用户画像标签体系,提出智慧参考咨询服务框架,以实现精准知识信息推荐;[⑤] 闫舟舟等借用用户画像方法,设计规划"答→问→答"的参考咨询新流程,通过用户画像获取读者需求,突破"先问后答,有问才有答"的传统参考咨询模式。[⑥]

2. 资源优化配置

根据用户画像中揭示的不同用户群体的学术热点、研究趋势以及资源使用偏好,管理人员可以准确预测和满足用户对于各类纸质和电子资源的需求,有助于图书馆合理采购、更新馆藏资源,保障热门领域、新兴学科

---

① 朱会华. 基于用户画像的高校图书馆学科采访模式研究[J]. 图书馆学研究,2020(19):36-40,49.

② 马管,李娜,马建霞. 用户画像建模技术在学科服务中的应用探讨[J]. 数字图书馆论坛,2019(09):30-36.

③ 杨传斌,楼应凡. 基于用户画像的讲座信息精准推送服务研究[J]. 数字图书馆论坛,2021(10):60-65.

④ 刘一鸣,徐春霞. 基于用户画像的公共图书馆健康信息精准服务路径研究[J]. 图书馆,2023(09):53-59.

⑤ 程秀峰,周玮珽,张小龙,等. 基于用户画像的图书馆智慧参考咨询服务模式研究[J]. 图书馆学研究,2021(02):86-93+101.

⑥ 闫舟舟,詹庆东. 媒介融合视角下高校图书馆参考咨询服务流程再造研究[J]. 图书情报工作,2021,65(03):61-66.

的文献供给、避免无效库存、节省采购和运营经费。例如朱会华等提出构建图书馆智能荐购模型，针对不同画像群体提出包括用户荐购、学科荐购和采访荐购三种荐购方式，以提升图书资源利用率和图书购入率；① 李业根提出在构建用户画像基础上，精准了解不同用户的个性化需求，将用户需求与资源特征匹配，力图提升图书馆营销效率；② 针对营销服务中读者流失挑战，胡婧等指下由以用户生命周期的不同阶段作为划分用户，从而构建用户群体画像，并针对4个用户群体分别制定相适应的营销策略。③ ③储节旺等提出将7Ps营销理论引入图书馆短视频知识营销服务，以发挥短视频在图书馆知识营销上的价值。④ ④当前我国部分高校图书馆大力发展基于用户画像的图书馆品牌营销，例如复旦大学图书馆发挥品牌资源整合效应，以品牌赋能助力高校图书馆营销；⑤ 厦门大学图书馆构建以用户为中心的"Library Go"，探索图书馆营销品牌升级实施策略。⑥北京大学图书馆将用户按姓氏、生肖和星座分别聚类，分析读者的借阅特点。⑦

3. 科研支持与成果产出

深入挖掘用户学术背景、科研方向等数据，提供定制化的科研情报服务，如追踪前沿研究动态、辅助挖掘潜在合作机会，提升师生科研创新能力。例如，王仁武等分析用户对学术资源库的访问主题、偏好以及频率等数据，在此基础上构建学术用户画像，并开展学术画像在科研资料推荐中

---

① 朱会华，肖海清，梁红烂. 基于用户画像的智能荐购模式研究[J]. 图书馆学研究，2020(07)：34-38.
② 李业根. 基于大数据的图书馆信息营销策略[J]. 图书馆学刊，2014，36(10)：7-9.
③ 胡婧，陈添源，詹庆东，等. 数据驱动的高校图书馆用户留存研究[J]. 图书馆论坛，2022，42(11)：69-77.
④ 储节旺，吴若航. 短视频时代图书馆知识营销模式构建研究[J]. 大学图书馆学报，2021，39(05)：63-71.
⑤ 陆长玮. 品牌赋能：高校图书馆品牌资源的开发策略与应用场景研究——以复旦大学图书馆为例[J]. 大学图书馆学报，2023，41(05)：26-32.
⑥ 龚晓婷，肖铮，周绍彬，等. 图书馆营销品牌升级实施策略——以厦门大学图书馆"Library Go"为例[J]. 大学图书馆学报，2019，37(02)：29-33.
⑦ 刘霞. 从年度数据报告看我国"一流大学"图书馆的服务现状与趋势[J]. 大学图书馆学报，2020，38(03)：89-96.

的应用;① 王美月等抽取学术虚拟社区用户的整体特征,构建实时动态的用户画像,分析虚拟学术社区的黏性驱动因素,以提升学术社区的口碑和知名度和科研从业者的满意度和忠诚度。② 杨晓雯将医护科研人员群体分为科研成熟型、科研进阶型、科研起步型和护理人员科研等四类群体,构建针对医护领域的科研人员用户画像标签体系,图书馆可根据画像类别向医护科研人员推荐其研究领域相契合知识;③ 林艺山等设计图书馆联盟学术科研服务平台框架,将学术科研的生命周期分为创意形成、研究立项、开始、实施、结项、出版、评价等 7 阶段,基于用户学术画像图书馆为处于不同科研生命周期的用户提供个性化服务。④

5. 决策支持与效果评估

通过用户画像数据分析,图书馆决策部门能直观掌握服务效能,及时调整策略,同时量化评价图书馆工作的社会效益,为未来规划提供科学的数据支撑。

4.2 高校馆用户画像构建方法

如 3.3 节所述,在电商、金融、新闻及娱乐(音乐)等领域,社交网络分析和语义计算方法能够有力应对用户画像构建过程中的标签不全和标签不准的挑战,以下结合图情领域的现实需求探讨两种方法在图情领域的应用:

4.2.1 社交网络分析与用户画像

在图情领域,社交网络分析方法能够应对用户画像标签不全的挑战。

---

① 王仁武,张文慧. 学术用户画像的行为与兴趣标签构建与应用[J]. 现代情报,2019,39(09):54-63.
② 王美月,王萍,贾琼,等. 基于动态用户画像的学术虚拟社区粘性驱动机制研究[J]. 现代情报,2019,39(07):9-17.
③ 杨晓雯. 人工智能视域下的医护人员知识服务[J]. 图书馆论坛,2024,44(7):101-109.
④ 林艺山,詹庆东. 面向科研过程的高校图书馆联盟学科服务平台的设计与实现——以 FULink 学科服务平台为例[J]. 国家图书馆学刊,2022,31(02):33-41.

社交网络分析不仅关注用户自身的行为特征，还注重用户与用户之间的关联和互动，从而能够提供更全面、多维度的用户画像。通过挖掘用户在社交网络中的关系脉络，识别其所属群体与社区，细致分析用户的互动行为，并整合跨平台的数据资源，可有效解决用户画像标签不全的问题，从而为图书馆用户和管理人员提供精准个性化服务。

举例：假如图书馆正在构建一个用户画像系统，其目标是为读者提供个性化的图书推荐服务。系统初步根据读者的借阅记录为其打上一系列标签，比如"文学爱好者""科技文献阅读者""古典文学粉丝"等。但如果仅仅依赖这些显式的行为标签，可能导致画像不全，有以下几点原因：

未考虑到读者隐性兴趣。如某位读者虽从未借阅过艺术类书籍，但实际上他经常参加图书馆的艺术讲座活动，他的艺术兴趣并未通过图书借阅记录体现，导致画像缺失这部分信息。

忽视用户社会属性。如未包含读者的年龄、教育背景、职业信息等社会属性标签，这会弱化推荐的针对性，如不能针对学生读者推荐学术论文写作指导类资源，或者不能针对教师群体推荐教学参考资料。

未关联读者线上浏览行为。如果图书馆同时提供电子资源服务，而用户画像中未整合读者在线浏览、下载电子书或数据库访问的行为数据，那么这一部分的标签信息就不完整。

在图情领域，可结合相关社交网络分析方法，包括挖掘用户社交网络关系、识别用户群体和社区、利用用户互动行为分析、跨平台数据整合等应对标签不全的挑战。

1. 挖掘用户社交网络关系

通过社交网络分析方法，可挖掘和分析用户之间的关联关系，包括好友关系、关注关系、互动关系等。这些关系有利于揭示用户之间的兴趣和需求相似性，从而补充和完善用户画像中的标签。例如，通过分析用户在社交网络中的好友列表或关注对象，推断出用户的兴趣爱好、职业背景等

第4章 高校馆用户画像构建方法和应用模式

标签。

进行关联分析：利用社交网络中的用户（节点）间关系，发现用户间的相似性和群组结构。例如，如果某两个用户经常互动或共享类似的信息资源，那么两者可能具有相似兴趣爱好或职业背景，用以填充或验证用户画像中未被明确标记的兴趣标签。

算法步骤如表4.1所示。

表4.1 挖掘用户社交网络关系的算法步骤

步骤	方法	备注/举例
第1步：社交网络数据收集	从图书馆、学术网站、社交媒体或其相关平台收集用户的社会交互数据	包括好友关系、共同关注的话题、共同参与的活动、联合发表的研究、点赞和分享等行为日志数据
第2步：关系网络构建	构建用户之间的社交网络图，节点代表用户，边则表示用户间的关系强度或互动频率	类别：无向图、有向图或者加权图结构
第3步：社区发现	应用社区发现算法寻找社交网络中的紧密联系群体，群体内的成员往往具有相似的兴趣、专业领域或行为模式	社区发现算法有：Louvain、Label Propagation、Girvan-Newman 等
第4步：标签传播	在找到的社区集合内，基于"物以类聚"的原则，通过标签传播算法，将一个用户已有的标签传递给与其有强关联的其他用户	如果A用户具有标签X，而A与B用户关系密切，可以通过一定的规则推测B用户也可能对该标签感兴趣
第5步：协同过滤	结合协同过滤算法，如User-User CF(用户-用户协同过滤)或Item-Item CF(物品项-项协同过滤)，利用用户间相似性推荐缺失的标签	如果两个用户在大部分图书偏好上相似，那么未被其中一个用户标记但另一个用户已经标记的兴趣领域，可以作为潜在的补全标签

续表

步骤	方法	备注/举例
第6步：深度学习方法	运用图神经网络模型，直接在社交网络图上开展特征学习和标签预测，捕获节点之间复杂的高阶依赖关系	图神经网络（graph neural networks, GNNs）包括GCN（graph convolutional networks，图卷积网络）、GAT（graph attention Networks，图注意力网络）等模型

案例分析：

假设在学术研究社交平台上，某学者A的标签明确为"计算机科学""机器学习"，而另一位学者B与其有多次合作经历和频繁互动，但B的标签尚未完善。通过以上算法可以：

①发现两人属于同一个学术交流圈子；

②将A的标签通过标签传播算法部分转移至B；

③利用协同过滤算法，鉴于A和B都引用和讨论了多篇相似论文，进一步推断B可能对"计算机科学""机器学习"等领域也感兴趣；

④如果平台拥有足量的用户行为数据和使用深度学习方法，可直接训练模型预测B的潜在兴趣标签。

经过上述过程，通过挖掘社交网络关系，可以较为准确地补全用户B的标签信息，从而丰富和完善其用户画像。

2. 识别用户群体和社区

社交网络分析方法可以帮助识别用户群体和社区，即具有相似兴趣和行为的用户集合（社区发现）。社交网络分析中的社区发现算法可以帮助划分用户群体，每个群体内的用户通常共享某些共同属性或兴趣。一旦确定了用户所属的社区，就可以通过群体的特征来推测个别用户可能具有的但未被直接标识出来的属性标签。

通过对这些群体和社区的分析，可以提取出共同的特征和标签，并将这些标签应用于个体用户画像的构建。这种方法能够弥补个体用户数据不足的情况，提供更丰富的标签信息。算法步骤如表4.2所示。

表 4.2　基于挖掘识别用户群体和社区的算法步骤

步骤	方法	备注/举例
第1步：数据获取与预处理	收集用户在图书馆、学术数据库、在线论坛等平台上的交互记录，并对这些数据清洗和整合	包括用户的阅读历史、搜索记录、收藏/关注的资源、用户间的互动（如共同阅读、评论、分享）等
第2步：社交网络构建	基于用户交互数据，构建用户关系网络，其中节点代表用户，边的权重可以反映用户之间的关系强度或相似度	例如，若用户A和用户B经常同时阅读同一主题的文献，则两者之间的边权重较高
第3步：社区检测算法应用	使用社区检测算法对用户关系网络进行划分，找出高度连接的用户子群，这些子群即为用户群体或社区。每个社区内部的用户通常具有较高的兴趣相似性或职业背景一致性	检测算法（如 Louvain、谱聚类、DBSCAN 等）
第4步：标签传播或标签融合	对于每一个识别出的社区： (1)标签传播：已知某些用户带有特定标签，通过标签传播算法将其标签扩散到与其关系紧密的社区成员身上 (2)标签融合：结合社区内所有用户的现有标签，通过标签融合方法提炼出该社区共性标签，然后赋予那些尚未精确标注的用户	(1)特定标签举例：研究方向、学科分类、兴趣爱好； (2)标签融合方法：统计、聚类或者基于内容的分析等
第5步：个性化标签补全	对于单个用户，除了基于社区整体标签外，还可以结合其个人的行为数据，结合相关算法或模型预测其可能的(补全)标签	相关算法或模型：协同过滤、基于内容的推荐算法或机器学习模型（如矩阵分解、深度学习等）

案例分析：

假设在某学术社交平台上，已了解部分用户的专业领域和研究兴趣标签。通过算法：

①社区检测算法识别出几个紧密联系的学术圈，比如"机器学习研究者社区"和"图书馆情报学专家社区"；

②在"机器学习研究者社区"中，用户 A 已有明确的"机器学习""深度学习"标签，而用户 B 虽未被明确标注，但与 A 互动频繁且共享多篇同领

域文献；

③应用标签传播算法，将 A 部分标签传递给 B，初步推测 B 可能也对"机器学习"领域感兴趣；

④结合 B 自身的浏览和下载记录，运用个性化推荐算法进一步细化其可能的研究方向，如发现 B 更倾向于"强化学习"方面的内容，从而补全这一标签。

基于上述步骤，通过对用户社交网络关系的深入挖掘和分析，可以有效地补全用户标签，有助于精准化服务和个性化推荐。

值得注意的是，"基于挖掘识别用户群体和社区"的算法与上述"挖掘用户社交网络关系"的算法有部分相似之处，体现在二者都对群体和社区的社交网络挖掘，算法流程也存在共同点，但是区别亦非常明显："基于挖掘识别用户群体和社区"着眼宏观的"群体和社区"挖掘，"挖掘用户社交网络关系"着眼于细致的"社交网络关系"挖掘。

3. 利用用户互动行为分析

在社交网络中，用户的互动行为（如评论、点赞、转发等）能够反映用户对内容的兴趣和态度。通过分析这些互动行为，可识别用户的偏好和兴趣点，并将其作为标签添加到用户画像中。这种方法能够捕捉到用户隐性的需求和兴趣，丰富用户画像的内容，算法步骤如表 4.3 所示。

表 4.3 基于用户行为分析的算法步骤

步骤	方法	备注/举例
第1步：数据收集与预处理	(1)收集图书馆或学术平台上的用户互动行为数据；(2)对这些数据进行清洗、整理和标准化处理，形成用户行为数据集	如借阅记录、搜索历史、浏览行为、文献下载、评论、问答等
第2步：用户行为特征提取	(1)提取用户行为特征；(2)计算用户间的互动频率、共同阅读文献的数量、互动的时间序列模式等社交网络特征	用户行为特征举例：阅读的文献类型、主题、作者、出版社，搜索关键词的主题分布，高频浏览的资源类别等

续表

步骤	方法	备注/举例
第3步：用户行为聚类分析	(1)应用聚类算法对用户行为特征进行聚类分析，识别出具有相似行为模式的用户群体 (2)每个聚类可能代表着一类特定的兴趣、需求或研究方向	聚类算法如 K-means、DBSCAN、层次聚类等
第4步：标签补全	(1)对于每个用户群体，归纳总结其典型行为特征，转化为标签 (2)对于未被充分标注的用户，根据其在相应聚类中的归属情况，赋予其所在聚类的代表性标签	例如，一个经常阅读计算机科学类文献、关注 AI 主题的用户群体可能被打上"计算机科学爱好者""AI 研究者"等标签
第5步：个性化标签补全	即使在同一群体内，用户也可能有不同的侧重点，因此需结合每个用户的个体行为特征，通过协同过滤、基于内容的推荐系统或深度学习等方法预测其个性化的标签	标签补全需平衡群体互动信息及用户个人特征

案例分析：

假设有某学术图书馆平台，部分用户已经有明确的标签，但还存在许多用户标签不全的情况。

①首先收集所有用户的文献借阅、下载、浏览和搜索等行为数据。

②应用聚类分析，发现有一类用户频繁借阅和下载计算机科学、人工智能相关的文献，并且在论坛中积极参与 AI 话题讨论。

③应用聚类算法将这类用户划分为同类群体，并归纳出该群体的标签："计算机科学/人工智能领域研究者"。

④对于标签不全的用户 C，尽管其未填写详细的个人资料，但其与该聚类内的其他用户有很高互动频率和相似行为模式。

⑤根据 C 的行为特征和群体归属，补全其标签，添加了"计算机科学/人工智能领域研究者"。

利用用户互动行为分析，成功地为用户补全标签，为后续的个性化推荐、资源优化配置等工作奠定了基础。

4. 跨平台数据整合

社交网络分析方法可以整合来自不同平台的数据，通过对多源数据融合及综合分析，可以获得更全面的用户信息，解决单一数据源导致的标签不全问题。这种跨平台的数据整合能够通过跨域数据分析和机器学习模型预测用户的隐含属性，提供丰富的用户画像标签，弥补社交网络中直接获得的标签信息不足，提升用户画像的准确性和完整性，算法步骤如表 4.4 所示。

表 4.4 基于跨平台数据整合的算法步骤

步骤	方法	备注/举例
第 1 步：数据收集	收集来自图书馆管理系统、数字图书馆、学术数据库等不同平台的用户数据	如图书馆管理系统中的借阅记录、数字图书馆的阅读历史、学术数据库的检索记录、社交媒体平台的讨论内容和关注话题等
第 2 步：数据整合与清洗	(1)整合跨平台的用户身份信息，确保不同平台用户数据能够对应到同一用户；(2)清洗和标准化数据，处理缺失值、异常值等问题，统一数据格式和字段名称	跨平台的用户身份信息整合可能触及用户隐私问题，其理论价值高于实践意义
第 3 步：用户行为分析	对各个平台的用户行为数据进行分析，提取关键特征。	用户行为如阅读主题、研究领域、互动频率、参与社群等
第 4 步：标签生成与融合	(1)在每个平台单独生成用户标签；(2)利用数据融合技术（如数据融合算法、机器学习模型等）整合各平台的标签，综合评估和合并重复或冲突的标签，生成更为全面且精准的用户标签集	单平台标签如：基于用户在图书馆的借阅记录生成学科标签，基于社交媒体上的关注和互动生成兴趣标签
第 5 步：标签补全	对于标签不全的用户，通过其在其他平台的行为数据和生成的标签，推测其可能的兴趣领域、学术方向或需求，以此补全标签	平台互通的计算量和成本较高

案例分析：

假设在某大学图书馆系统中，用户 A 的标签只有"文学爱好者"，但对其在其他平台的行为数据进行整合分析：

第4章 高校馆用户画像构建方法和应用模式

①在学术数据库中,发现用户 A 频繁检索和下载计算机科学相关论文。

②在社交媒体平台上,用户 A 关注多位知名计算机科学家,并参与多个编程和技术讨论小组。

③通过机器学习模型,将这些跨平台的行为数据整合分析,推测用户 A 可能对计算机科学领域也有浓厚兴趣。

于是,图书馆根据跨平台数据整合得到的新信息,为用户 A 补全了一个"计算机科学关注者"的标签,从而使用户画像更为全面,更有利于为用户提供个性化的信息服务。

社交网络分析不仅有助于理解用户的社会行为和互动模式,还能整合多种信息源,挖掘用户深层次的特征,从而完善用户画像的标签体系。即使用户没有主动提供全部个人信息,也可以通过挖掘其社交网络行为和关系网络来更全面地刻画用户画像。

除此之外,还包括以下两种方法:

(1)信息扩散和影响力分析

分析信息在社交网络中的传播路径和速度,揭示用户在特定话题下的活跃度和影响力,这种参与程度和影响力可以作为用户画像的一部分,丰富其在特定领域的标签信息。

(2)网络嵌入

社交网络可以通过网络嵌入技术(如 Node2Vec、DeepWalk 等)将节点(用户)映射到低维向量空间,这些向量可以捕捉用户在网络中的位置及其与其他用户的潜在联系。通过比较向量之间的相似度,可以推断用户的隐藏特性,进而补充缺失的标签信息。

4.2.2 语义计算与用户画像

在图情领域,语义计算方法为用户画像标签的准确性提供有力支持,帮助深入理解和挖掘用户数据背后的深层语义,并据此优化用户标签,实现精准个性化服务和信息推荐。

例如设想一位图书馆用户被系统错误地标记为"法律专业学生",原因是其在过去的一个学期里频繁借阅法学类书籍。然而实际情况是该读者并非法律专业学生,而是因撰写一篇跨学科论文临时需要大量查阅法律文献。由于系统未能及时捕捉到这种短期行为变化,也没有结合其他行为数据(如还书频率、借阅范围的变化)来动态调整标签,导致用户画像的标签出现偏差,持续向该读者推送过于专业的法律类资源,而非符合其真实需求的其他学科内容。

具体而言,语义计算方法通过语义标注与推理、相似度计算、情感分析与主题建模、跨域知识融合、动态更新与学习等手段应对标签不准问题。以下从算法步骤、方法和案例角度进行阐述:

1. 语义标注与推理

使用本体(ontology)和知识图谱技术,构建领域相关的语义模型,能精确描述用户属性、行为和兴趣的语义关系。通过语义标注,可将用户产生的数据(如阅读记录、检索历史、论坛讨论等)映射到预定义的语义标签上,从而减少歧义并提高标签的精准性。算法步骤如表4.5所示。

表4.5　基于语义标注与推理算法步骤

算法步骤	方法	备注/举例
第1步: 原始数据 获取与预 处理	(1)收集用户在图书馆、学术期刊网站或其他信息系统中的行为数据; (2)预处理数据,包括去除噪声、清洗数据并进行结构化处理	行为数据:如文献检索记录、阅读时长、文献类型、关键词搜索等
第2步: 语义标注	(1)使用自然语言处理(NLP)技术和知识图谱构建方法,对用户的查询词、文档标题、摘要等进行语义标注,将其关联至特定的知识节点,如学科领域、研究主题等; (2)应用实体识别、关系抽取技术识别用户的兴趣点	兴趣点:例如,从一篇论文标题中抽取出所属的研究领域和关键词作为标签

第4章 高校馆用户画像构建方法和应用模式

续表

算法步骤	方法	备注/举例
第3步：深度学习模型训练	(1)基于已有的用户行为和精确的标签数据，训练深度学习模型，用于自动标注用户兴趣； (2)这些模型可以通过理解上下文信息和挖掘潜在语义关系，提高用户标签的准确度	深度学习模型(如卷积神经网络、循环神经网络或Transformer模型)
第4步：推理与标签修正	结合用户多维度的行为数据，运用推理算法(如概率推理、规则推理等)进行深层次的理解和推断，从而纠正原有标签的偏差或遗漏	例如，如果一个用户既有艺术类文献的阅读记录又有设计学相关文献的记录，那么经过推理后可能为其添加"艺术设计交叉领域研究者"这样的复合标签

案例分析：

①假设用户B在图书馆系统中的初步标签仅依据其借阅记录被标记为"历史学爱好者"。然而，通过深入分析其检索历史，发现在检索历史中有大量关于"数字人文"和"历史数据可视化"的关键词。

②采用语义标注技术，将这些关键词与相应的学科领域进行映射，并利用训练好的深度学习模型分析用户行为背后的深层意图。

③推理阶段，模型结合用户阅读的内容特点以及高频出现的交叉领域词汇，判断出用户B实际上是对数字人文方法在历史研究中的应用有浓厚兴趣。

因此，系统通过语义标注与推理过程，对用户B的标签进行修订，新增"数字人文学者"这一更为精准的标签，弥补了原始标签的不足。

2. 上下文理解与语义消歧

在自然语言处理中，同一词汇或短语在不同的上下文中可能具有不同含义。语义计算方法通过上下文理解技术，能够分析文本中的上下文信息，消除歧义，确保标签的准确性。这有助于解决因词汇多义性导致的用户画像标签不准问题。

在用户画像领域，通过"上下文理解与语义消歧"技术，可以更精确地把握用户的需求和兴趣，实现用户标签精细化管理。以下是包含该技术的算法步骤及一个案例说明。算法步骤如表 4.6 所示。

表 4.6 基于上下文理解与语义消歧的算法步骤

算法步骤	方法	备注/举例
第 1 步：数据收集与预处理	(1)收集用户在图书检索、阅读、借阅、评论等环节产生的文本数据和行为数据，这些数据包含了丰富的上下文信息；(2)对原始文本进行清洗、分词、去停用词等预处理操作	行为数据如：阅读记录、检索历史、下载文献的主题、关键词等信息
第 2 步：上下文理解	(1)使用 NLP(自然语言处理)技术深入理解用户行为中的文本含义和关联性；(2)通过构建知识图谱或利用已有的学术领域本体库，结合实体链接和语义解释，进一步理解文本的深层次语境	NLP(自然语言处理)包括：词向量模型、短语结构分析、依存关系解析等
第 3 步：语义消歧	针对同一词汇在不同上下文中可能存在的多种含义，采用语义消歧技术确定其准确意义	例如，对于一个多义词，在不同的学术领域或情境下可能指向不同的概念，通过上下文线索判断其具体所指
第 4 步：标签生成与优化	(1)结合上下文理解后的精准语义信息，生成更精确的用户标签；(2)利用聚类分析、分类器训练等方法，将用户的行为和偏好映射到一系列细化且具有语义明确性的标签上	需要高性能的算法支撑

案例分析：

①用户 A 在学术平台上检索了一系列关于"Java"的文献，如果单纯依据关键字匹配，可能会给用户 A 贴上"计算机编程"这一标签。

②但通过上下文理解，系统发现用户 A 实际关注的是"Java"(Java 另一释义是印尼爪哇岛)作为地理区域的研究，而非计算机编程语言。

③利用语义消歧技术，系统识别出"Java"在此情境下的独特含义，并据此更新用户 A 的标签，将其从单一的"计算机编程爱好者"调整为"东南亚历史研究者"以及"地理学研究者"。

第4章 高校馆用户画像构建方法和应用模式

"上下文理解与语义消歧"致力于用户画像系统在分析用户行为时避免标签过于笼统或产生误解,从而提高用户标签的准确性。

3. 语义相似度计算

通过计算用户的行为、兴趣和需求与已知标签或资源之间的语义相似度,可以自动修正或补充用户画像标签。比如,当用户频繁访问某一类图书时,即使原始标签并不完全匹配,系统亦可通过语义相似度分析将其归类到相应的兴趣领域。算法步骤如表4.7所示。

表4.7 基于语义相似度的算法步骤

算法步骤	方法	备注/举例
第1步:数据收集与标签初始化	收集用户在图书馆系统中的行为数据,并根据这些数据初步为用户打上一些标签	行为数据如:阅读记录、检索历史、下载文献的主题、关键词等信息
第2步:构建语料库和词向量模型	利用大规模文本数据构建语料库,然后应用词向量模型训练词语的向量表示,使具有相似语义的词语在向量空间中的距离较近	文本数据如文献摘要、关键词、目录等
第3步:标签语义转换	将用户标签转换成词向量,用词向量模型计算其向量表示	词向量模型如 Word2Vec、GloVe、FastText 或 BERT 等)
第4步:语义相似度计算	(1)对于每个用户,计算其当前拥有的标签与整个标签集合中其他标签的语义相似度; (2)通过相似度计算,发现用户可能感兴趣的但还未被标记的主题或领域	相似度计算算法如:余弦相似度、Jaccard 相似系数
第5步:标签修正与补全	根据语义相似度排序,选取与用户已有标签最相似但未被标记的标签,对其进行审查和确认,以补全或修正用户的标签	部分重要标签修正需要有专家参与,增强权威性

案例分析:

假设用户A在图书馆系统中仅被标记为"化学"领域的研究者,但通过分析其检索记录和阅读文章发现,其关注点集中于"材料科学"相关的文

献。具体步骤如下:

①用户 A 的检索历史中包含了大量与"纳米材料""复合材料"等关键词相关的记录,而这些关键词在词向量空间中与"材料科学"标签的向量表示接近。

②计算用户 A 已有的"化学"标签与所有候选标签(如"物理学""材料科学""生物化学"等)的语义相似度。

③发现"材料科学"标签与用户 A 的检索关键词和阅读记录的语义相似度最高,而该标签目前未出现在用户 A 的标签列表中。

④经过人工审核或进一步的证据搜集,确认用户 A 确实对"材料科学"领域有强烈的兴趣。

⑤最终,将"材料科学"标签加入用户 A 的标签集合中,实现了用户标签的补全和修正,提高标签的准确性。

4. 情感分析与主题建模

对用户的在线评论、社交媒体短评等进行情感分析和主题建模,可深入了解用户的真实需求和感受,从而细化和校正用户画像的标签。例如,用户可能在表面上显示出对某主题的关注,但情感分析显示其真实态度是负面的,应用情感分析方法能准确捕捉用户意图并调整其画像标签。

通过情感分析与主题建模应对用户标签不准问题的算法步骤,如表 4.8 所示。

表 4.8 基于情感分析与主题建模的算法步骤

算法步骤	方法	备注/举例
第 1 步: 数据收集 与处理	(1)收集用户在图情领域的文本数据; (2)对数据进行预处理,包括去除噪声、停用词、标点符号等	文本数据如评论、提问、反馈等
第 2 步: 情感分析	(1)利用情感分析算法对预处理后的文本进行情感倾向识别; (2)根据情感分析结果,将文本划分为积极、消极或中立等情感类别	常见的情感分析方法包括基于词典的方法、基于机器学习的方法等

续表

算法步骤	方法	备注/举例
第3步：主题建模	(1)在情感分析的基础上，利用主题建模算法对文本进行主题提取； (2)通过主题建模，可以发现文本中隐藏的主题结构，并提取出关键主题词	常用的主题建模算法包括潜在狄利克雷分配(LDA)、非负矩阵分解(NMF)等
第4步：标签生成与优化	(1)结合情感分析和主题建模的结果，生成或优化用户标签； (2)综合考虑情感倾向和主题内容，生成更准确、更全面的用户标签	(1)对于情感分析结果，可以将情感倾向作为标签的一部分，如"积极用户""消极用户"等； (2)对于主题建模结果，可以将关键主题词作为标签，如"图书馆服务""信息检索"等
第5步：标签验证与调整	(1)通过用户反馈、专家评估等方式验证标签的准确性； (2)根据验证结果对标签进行调整和优化，确保标签能够准确反映用户的需求和兴趣	本步骤可采用调查问卷或线下会议方式开展

5. 跨域知识融合

利用语义链接技术和实体识别，结合多个数据源的信息，将不同平台上的用户行为统一到同一套语义框架下，消除异构数据带来的标签不一致问题，提升用户画像的整体准确性，算法步骤如表4.9所示。

表4.9 基于跨域知识融合的算法步骤

算法步骤	方法	备注/举例
第1步：数据获取与预处理	收集用户在图书馆、学术数据库、社交媒体平台等多个领域的数据； 预处理数据，包括数据清洗、去重、格式标准化以及用户身份的统一关联	如借阅记录、检索历史、发表论文、关注话题等
第2步：知识抽取与表示	在每个领域中抽取用户的关键信息，并将其转化为结构化的知识表示，如本体、知识图谱节点和边； 使用实体消歧技术确保同一用户在不同平台的标识一致性	用户关键信息如学科领域、研究兴趣、社交行为等

续表

算法步骤	方法	备注/举例
第3步：跨域知识融合	构建跨域知识图谱，将各个平台的知识图谱通过共享的用户节点连接并融合，形成全局视角的知识网络	应用知识融合算法（如分布式表示、深度学习融合等）对不同领域的知识进行深度融合和互补，以揭示用户更全面的特征和兴趣
第4步：标签计算与修正	基于融合后的知识图谱，计算用户与各个标签节点的关联强度；对比和评估用户现有的标签与通过知识融合得到的新标签，识别并修正标签不准的问题，如添加缺失标签、删除错误标签、合并冗余标签等	关联强度计算算法：如 PageRank、HITS、SimRank 等算法

案例分析：

①假设用户 A 在图书馆系统中被标记为"经济学"领域的研究者，但他在社交媒体平台上频繁讨论和分享关于"金融科技""区块链"的内容。

②通过跨域知识融合，将图书馆系统中的学科标签与社交媒体平台上的讨论主题相结合，发现用户 A 在经济学之外，对金融科技领域也有极高的关注度和参与度。

③根据融合后的知识图谱，计算用户 A 与"金融科技"标签的相关性非常高，因此修正用户 A 的标签，增加"金融科技研究者"的标签，使得用户画像更加准确全面。

6. 动态更新与学习

基于语义计算的方法可以实现用户画像的动态更新，随着用户行为的变化和新信息的获取，系统能够不断学习和调整用户的标签集合，确保标签始终反映用户最新状态和偏好。

在用户画像领域，通过"动态更新与学习"来解决"用户标签不准"的问题，通常涉及实时监测用户行为变化并及时调整用户标签的过程。算法步骤如表 4.10 所示。

第4章 高校馆用户画像构建方法和应用模式

表4.10 基于动态更新与学习的算法步骤

算法步骤	方法	备注/举例
第1步：用户行为跟踪与收集	实时监控用户在图书馆系统、在线阅读平台、学术数据库等环境下的各类行为	行为如：搜索查询、文献下载、阅读时间、笔记评论、分享互动等
第2步：行为数据分析与特征提取	将用户的行为数据转换为可供机器学习模型使用的特征向量，反映用户的最新兴趣点和倾向	可能包括基于TF-IDF、词嵌入、共现矩阵等方法分析用户近期浏览和交互的内容关键词
第3步：动态标签生成与权重调整	利用在线学习或者增量学习算法，根据新产生的行为数据不断更新用户标签及其权重	例如，使用协同过滤、隐语义模型、深度神经网络等模型预测用户对特定领域或主题的兴趣程度，并据此调整标签
第4步：标签校验与迭代优化	设定一定的阈值和周期，定期对用户的标签进行重新评估和校验	如果新的标签表现出了更高的相关性和准确性，则替换原有标签；同时，利用正反馈机制强化正确的标签，负反馈机制剔除误判标签

案例分析：

①假设用户B一直以来主要借阅物理学期刊并在相关数据库中查询资料，因此被打上了"物理学爱好者"的标签。

②近期，用户B开始频繁查阅有关人工智能和机器学习的书籍和论文，并在学术论坛上积极参与相关话题讨论。

③通过动态更新与学习算法，系统捕捉到了用户B的兴趣迁移，发现其对"人工智能"和"机器学习"领域的关注度显著提升。

因此，系统自动调整了用户B的标签，不仅保留了原有的"物理学爱好者"标签，还增加了"人工智能研究者"和"机器学习关注者"等新标签，从而实现了用户标签的精准更新。

4.3 高校馆用户画像应用模式

在图情领域，"应用模式"没有确切定义，一般而言，模式（pattern）广泛应用于各专业领域，包括商业模式、设计模式和管理模式等等，其内涵千差万别。[①] 百度词条(http：//www.baike.com/wiki/模式)中，模式一般指"从生产或生活经验中经过抽象和升华提炼出来的核心知识体系，是解决某一类问题的方法论"。

本研究中将高校图书馆用户画像应用模式界定为"针对大数据背景下，高校图书馆用户画像构建与应用面临的挑战，基于相关理论和技术手段，构建相适应的用户画像标签模型，设计应对挑战的一系列方案，并进行理论总结，最终形成可复用的知识体系"。[②]

基于上述分析，高校馆用户画像应用模式是一个从数据收集到画像模型构建再到应用服务的完整流程，旨在通过深入了解和分析用户，为图书馆提供更精准、个性化的服务。

1. 用户画像模式历史研究分析

关于图书馆用户画像建模和应用模式的研究，学界亦有较多的探索。国内学者常循着从"数据采集与分析、用户标签体系构建到用户画像可视化"的思路构建用户画像理论模型。数据采集与分析是建模基础，数据采集途径包括问卷调查、系统注册和图书馆行为分析等。[③] 接下来设计用户标签体系，即用户画像建模，这是构建用户画像的核心环节，需要针对不同业务场景通常设计各异的标签体系，一般须融合聚类、关联分析等技术手段，对所采集的数据分析和归纳，作为构造用户标签体系的基础。例如，李雪等将基层图书馆用户群体分为学龄前儿童、未成年学生和成年人，学龄前儿童分配阅读环境、阅读交流因子，未成年学生分配基层馆认知、阅读分享因子，成年用户分配基层馆认知、阅读动机因子，开展用户

[①] 何胜，熊太纯，周兵，等. 高校图书馆大数据服务现实困境与应用模式分析[J]. 图书情报工作，2015，59(22)：50-54.

[②] 何胜. 高校图书馆大数据应用模式与实证研究[M]. 兰州：兰州大学出版社，2019：4-5.

[③] 许鹏程，毕强，张晗，等. 数据驱动下数字图书馆用户画像模型构建[J]. 图书情报工作，2019，63(03)：30-37.

第4章 高校馆用户画像构建方法和应用模式

阅读画像。[①] 王毅等以公共图书馆数据为基础，构建两层结构的标签体系。其标签体系的主范畴划分为用户行为心理偏好、利用行为偏好和态度，次范畴中将行为心理偏好划分为原则导向、地位导向和行为导向，利用行为偏好划分为查询行为、选择行为和交流行为，将态度划分为内容是否满足、功能是否有不同因子，从而构建数字文化资源用户画像。[②] 最后是用户画像可视化，通过使用直方图、关系图谱等可视化方法，呈现数据挖掘结果，该部分包括单用户画像和群体用户画像，前者刻画个体用户的特征，而后者则在此基础上进行聚类分析，将相似特征的用户关联起来，开展群体画像可视化。[③]

2. 本研究提出的应用模式框架

在既往研究的基础上，本书提出一种以大数据收集为基础，以用户画像构建引擎为核心，以系统应用为目标的高校馆用户画像应用模式。其构建模式框架包括"多源异构大数据收集""图书馆用户画像构建引擎"和"用户画像系统应用"三个层次，如图4.1所示。

（1）多源异构大数据收集与融合

为了构建准确的用户画像打下基础，更全面地了解用户的行为、偏好和需求，收集图书馆文献（论文、图书库等）、用户行为（借阅、检索、咨询等）、用户属性（姓名、性别等）和互联网（维基、百度百科等）及社交网络（微信、微博等）数据，进行元数据统一建模，经过数据清洗，融合成格式一致、结构清晰的基础数据库，在MonogoDB等数据库中存储和检索。具体过程包括：

[①] 李雪，马祥涛，钟建法. 面向基层图书馆分众服务的用户阅读画像[J]. 图书馆论坛，2022，42(12)：86-95.

[②] 王毅，吴睿青. 公共图书馆数字文化资源服务用户画像研究[J]. 图书情报工作，2021，65(16)：42-55.

[③] 郭宇，孙振兴，刘文晴，等. 基于数据驱动的移动图书馆UGC用户画像研究[J]. 情报理论与实践，2022，45(01)：30-37.

①数据采集与整合。相关数据包括：

行为数据：记录用户的借阅历史、在线检索行为、电子资源访问记录、参加过的讲座及活动等图书馆内各项服务的使用情况。

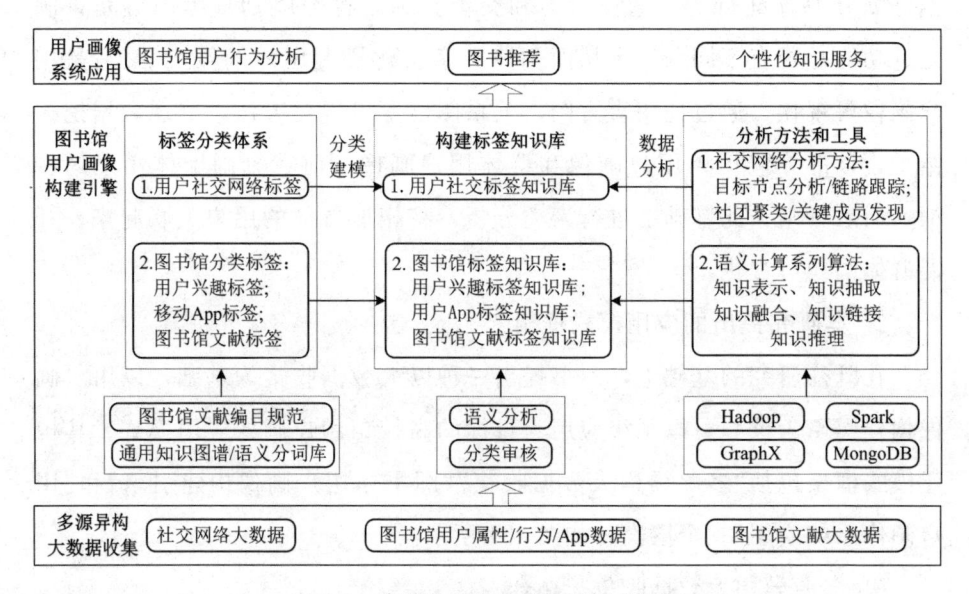

图 4.1 高校馆用户画像构建模式框架

基本信息：如年龄、性别、专业、年级、学术背景等基础属性数据。

社交互动：用户评价、咨询记录、推荐系统点击率等反映用户偏好的数据，以及整合社交媒体、论坛、博客等平台上的学术交流和分享数据。

②数据预处理与特征工程。在收集到大量原始数据后，需要进行清洗、整合和标准化处理，以消除冗余和错误数据。这些数据类型各异，既有结构化数据（如借阅历史中的书目信息），也有非结构化数据（如用户反馈意见，有文本、图片、点赞符号等多种类型）。数据的异构性意味着这些数据可能以不同的格式和结构存在，因此需要进行预处理和整合，确保数据的质量和合规性，同时保护用户隐私，以便后续的分析和使用。其中数据清洗：去除重复、异常和缺失的数据；而特征提取则将原始数据转换为可度量的特征变量。利用数据挖掘和机器学习等技术，对用户数据进行

第4章　高校馆用户画像构建方法和应用模式

深入分析，提炼出反映用户特性的关键指标。基于用户借阅记录提炼出用户对各类资源的兴趣权重、活跃时段特征、学术领域倾向；通过分析用户的借阅历史和阅读偏好，推断出用户的学科兴趣和学术水平；通过分析用户的在线行为数据，分析用户的信息获取方式和习惯，在 MonogoDB 数据库中存储和检索。

(2) 图书馆用户画像引擎

这一层次是核心，负责利用收集到的大数据来构建用户的画像。收集的数据被导入用户画像构建引擎中，该引擎负责对数据进行清洗、整合、分析和建模。这一过程涉及数据预处理、特征提取、聚类分析、机器学习等技术，旨在从海量数据中提炼出用户的关键特征和行为模式。通过算法和模型，将用户划分为不同的细分群体，为每个用户或用户群体生成详细的标签体系，涵盖用户的基本属性、兴趣偏好、学习行为、互动习惯等多个维度。这一层是整个用户画像体系的核心，要求高度的数据处理能力和智能化算法支持。

画像构建引擎需要采用各种算法和模型，如机器学习、数据挖掘等，来分析和解读数据，从中提取出用户的特征、兴趣、行为模式等。构建出的用户画像应该是多维度的、细致的，能够真实反映用户的个性和需求。

具体过程包括：

① 构建标签分类体系。分类体系对用户画像标签库的易用性和连通性具有关键作用。基于图书馆文献编目规范、通用知识图谱和语义分词库，结合图书馆分类标签(图书馆文献、用户兴趣、移动设备 App)和用户社交网络标签的各自特征，研究相适应的分类算法，构建标签分类体系。

运用机器学习、深度学习等技术，如协同过滤、主题模型、深度神经网络等，将特征映射到高维空间并生成用户向量表示，用于刻画用户的个性特征和需求趋势。

分类与聚类模型：运用决策树、K-means、LDA 等方法对用户群体进行细分，划分出具有相似特征和行为习惯的用户群体。

②构建标签知识库。依据标签分类体系，应用本体和语义网技术，结合各类算法（社交网络分析和语义计算系列算法），基于网络大数据的基础数据库应用语义分析和分类审核构建各类标签知识库，重点研究各类知识库相适应的标签模型构建方法。

单体画像：针对每个个体用户，建立包含其基本信息、兴趣偏好、行为习惯等多元维度的综合画像。画像模型是对用户特征、需求和行为的高度概括和描述。包括用户的基本信息（如姓名、性别、年龄、专业等）、学术特征（如学科兴趣、学术水平、研究方向等）、行为特征（如借阅习惯、在线行为等）以及需求偏好（如信息需求、服务需求等）。这些特征可以通过标签化的方式进行表示，以便于后续开展用户画像应用。

群体画像：对用户分群，利用聚类分析等方法，按照相似的阅读习惯、学术需求等维度将用户划分为不同的群体，并标注标签，如"科研型研究生""文学爱好者本科生"等。

可视化展示：将用户画像以可视化方式呈现，如图表、卡片等形式展现用户的立体形象。

(3) 用户画像系统应用研究，提供应用案例

这一层次关注于如何将构建好的用户画像应用到实际的服务和决策中去。

构建完成的用户画像最终被应用于图书馆的各项服务和管理决策中。这包括个性化资源推荐、服务优化、活动策划、空间管理、用户满意度提升以及战略规划等方面。通过分析用户画像，图书馆能够更精确地理解用户需求，预测用户行为，从而提供定制化服务方案，提升用户体验，同时也能基于用户行为数据进行效果评估和策略调整，形成服务改进的闭环。应用层强调的是数据驱动的决策支持和智能化服务创新。

以高校馆用户需求为目标，构建用户行为分析模型，分析用户兴趣，预测用户行为；依据用户画像标签，结合用户偏好，实现知识个性化精准推荐；基于结构化知识库为用户提供知识检索服务。

采用 mySQL 或者 MongoDB 数据库，并基于 Hadoop＋Spark＋GraphX 开源云计算框架开发用户画像应用系统，提供高校图书馆用户知识服务和个性化推荐服务，并分析应用案例。

4.4 小结

本章在第 3 章基础上，由一般到特殊，将用户画像的构建规律应用到图情领域。结合图情领域的情境，面向用户画像标签不全或不准问题，探讨了基于社交网络分析和语义计算的算法解决方案，在分析应用模式内涵和分析历史文献的基础上，提出高校图书馆用户画像一般应用模式。

值得指出的是，构建高校图书馆用户画像的过程是一个迭代改进的过程，需要不断搜集、分析、理解和挖掘用户数据，最终目的是提供更加精准和贴心的服务体验。

第 5 章 面向行为分析的高校馆用户画像应用

高校图书馆作为高校师生获取信息资源的重要场所,其服务方式和资源利用效率面临着新的挑战与机遇。为了更好地满足用户多样化的需求,提升服务质量,应用用户画像技术,构建精准的用户模型,通过对用户行为分析,深入理解用户需求和行为习惯,为图书馆的资源建设和服务优化提供有力的数据支持,为高校图书馆管理者提供决策。[①]

当前学界采用用户画像研究高校馆用户行为取得丰富成果。例如 Iglesias 等[②]利用聚类算法对用户行为模式分析和挖掘,构建群体画像模型。Chikhaoui 等[③]采用概率后缀树、序列聚类、转移熵等算法,提取用户标签,提出一种基于因果关系的用户画像模型,并论证该模型可显著提升用户活动预测和用户识别的性能。赵刚等[④]利用 PrefixSpan 算法构建基于用户画像的入侵检测模型,实现入侵检测力度细化,用于识别用户访问异常行为。雷东升等为挖掘用户访问行为特征,以北京工业大学图书馆用户

---

① 李艳,吕鹏,李珑. 基于大数据挖掘与决策分析体系的高校图书馆个性化服务研究[J]. 图书情报知识,2016(2):60-68.

② Iglesias J A, Angelov P, Ledezma A, et al. Creating evolving user behavior profiles automatically[J]. IEEE Transactions on Knowledge and Data Engineering,2012,24(5):854-867.

③ Chikhaoui B, Wang S R, Xiong T K, et al. Pattern-based causal relationships discovery from event sequences for modeling behavioral user profile in ubiquitous environments[J]. Information Science,2014,285(20):204-222.

④ 赵刚,姚兴仁. 基于用户画像的异常行为检测模型[J]. 信息网络安全,2017(07):18-24.

第 5 章　面向行为分析的高校馆用户画像应用

访问数据库资源行为日志为研究对象,从数据库资源网站访问量、用户搜索热词、用户个体访问行为等角度开展研究,并对图书馆数据库资源建设提出合理化建议。[①]

高校图书馆用户行为包括图书借阅行为、空间利用行为、电子资源访问行为[②]等多种类型。本章选择高校图书借阅这个核心功能,基于社交网络分析和语义计算方法,析取用户特征标签,构建用户画像模型,助力管理人员全面而精准地掌握用户行为特征。

基于用户画像方法开展高校馆用户行为分析具有以下优势：

1. 精准把握用户需求

个性化服务：用户画像能够深入剖析用户的阅读习惯、偏好及需求,使图书馆能够为用户提供更加个性化的服务。例如,根据用户的借阅历史和搜索行为,图书馆可以推荐相关的图书和文献,提高信息服务的精准度。

需求预测：通过对用户行为数据的分析,图书馆可以预测用户未来的信息需求,在资源采购、馆藏布局、服务提供等方面做出更加科学合理的决策。

2. 优化资源配置

资源采购：用户画像能够揭示用户对不同类型图书和文献的需求情况,为图书馆的资源采购提供科学依据。图书馆可以根据用户画像的结果,合理调整采购计划,确保资源的有效供给。

馆藏布局：通过用户行为分析,图书馆可以了解用户对不同区域和资源的访问频率和满意度,进而优化馆藏布局,提高资源的利用效率。

[①] 雷东升,郭振英,王晓宇. 基于 Splunk 的图书馆数据库资源用户访问行为研究——以北京工业大学图书馆为例[J]. 情报探索,2017(07)：31-37.

[②] 刁羽,贺意林. 用户访问电子资源行为数据的获取研究——基于创文图书馆电子资源综合管理与利用系统[J]. 图书馆学研究,2020(03)：40-47.

3. 提升服务质量

服务改进：用户画像可以反映用户对图书馆服务的满意度和不足之处，图书馆可以根据这些信息改进服务流程和服务质量，提升用户的整体体验。

用户反馈：用户画像的构建过程中，往往包含了对用户反馈的收集和分析。这些反馈是图书馆了解用户需求、评估服务效果的重要渠道，有助于图书馆不断完善服务内容和服务方式。

4. 促进服务创新

服务创新：用户画像为图书馆服务创新提供了数据支持和灵感来源。通过分析用户行为数据，图书馆可以发现新的服务需求和潜在的服务机会，推动服务模式的创新和发展。

决策支持：用户画像不仅是对用户行为的简单描述，更是图书馆制定服务策略和管理决策的重要依据。通过深入分析用户画像，图书馆可以做出更加科学、合理的决策，推动图书馆事业的可持续发展。

5. 增强用户黏性

用户互动：基于用户画像的个性化服务能够增强用户与图书馆之间的互动和联系，使用户感受到图书馆对他们的关注和重视，从而提高用户的黏性和忠诚度。

社群建设：通过用户画像分析，图书馆可以识别出具有相似兴趣和需求的用户群体，进而构建相应的社群或兴趣小组。这些社群或小组不仅有助于用户之间的交流和分享，也有助于图书馆更好地了解用户需求和服务效果。

5.1 高校馆用户行为分析面临挑战

高校图书馆在用户行为分析方面，特别是从用户借阅行为分析和用户兴趣预测两个角度，面临着多方面的挑战。[①]

---

① 杨海燕. 大数据时代的图书馆服务浅析[J]. 图书与情报，2012(4)：120-122.

第5章 面向行为分析的高校馆用户画像应用

1. 用户借阅行为分析面临的挑战

(1)热门图书分析

数据收集与处理难度。随着电子资源的兴起,图书馆用户行为(借阅、浏览、收藏等)数据急速增长,数据格式和来源多样,其分析和处理更加复杂,[1] 基于用户行为数据分析热门图书非常重要,但也因数据量庞大呈现出一定壁垒。[2]

实时性与准确性:热门图书的榜单需要实时更新以反映当前趋势,但数据处理和分析的滞后性影响榜单的时效性。另外,数据的准确性也非常重要,错误的数据可能导致分析结果失真。

多因素影响:热门图书排名不仅受内容和质量影响,还受推广行为、作者知名度、社会热点等多种因素影响,这些因素难以量化和预测。

(2)关键用户发现

用户识别与分类:高校图书馆用户群体多样,包括本科生、研究生、教师等,每个群体借阅需求和兴趣点各不相同,如何准确识别和分类用户非常重要。

隐私保护:在进行用户行为分析时,需要处理大量个人数据,如何在保护用户隐私的同时进行有效分析必须谨慎处理。

行为模式复杂性:用户的借阅行为受多种因素影响,包括个人兴趣、学业需求、社交圈等,这些因素相互作用使得行为模式变得复杂多变。

(3)相似爱好群体分析

兴趣界定与量化:如何界定和量化用户的兴趣具有较强的主观性,例如不同用户对同一本书可能有不同的解读和兴趣点。

群体划分与聚类:将具有相似爱好的用户划分为同一群体需要高效的聚类算法,但这些算法在面对大规模、高维度的数据时,其性能可能表现

---

[1] 何胜,冯新翎,武群辉,等.基于用户行为建模和大数据挖掘的图书馆个性化服务研究[J].图书情报工作,2017,61(1):40-46.

[2] 韩佳.基于用户使用行为分析的数字资源管理评估系统[J].图书馆学研究,2016,(3):19-23.

不佳。

动态变化：用户的兴趣和爱好是动态变化的，如何实时跟踪和更新群体划分以适应这种变化不容忽视。

为了应对上述挑战，需要不断优化数据收集和处理流程、提高算法效率和准确性、加强用户隐私保护以及实时跟踪和更新用户兴趣和需求。

2. 用户兴趣预测面临的挑战

数据稀疏性：高校图书馆的用户借阅数据往往非常稀疏，即大部分用户在大部分图书上的借阅记录为空。这种稀疏性导致基于协同过滤等算法的兴趣预测效果不佳。

冷启动问题：对于新用户或新上架的图书，由于缺乏历史借阅记录，难以进行准确的兴趣预测。

兴趣多样性：用户兴趣具有多样性，用户可能同时对多个领域的图书感兴趣，如何准确捕捉和预测这种多样性值得研究。

兴趣时效性：用户兴趣也随时间变化，新闻热点事件或社会趋势可能迅速影响用户的兴趣，如何洞察这种变化并进行实时预测非常有意义。

算法选择与优化：各种预测算法有其适用范围和优缺点，如何选择合适的算法并优化以适应高校图书馆用户画像的特定需求是一个重要问题。

5.2 面向行为分析的用户画像解决方案

针对上节提出的问题，面向行为分析的用户画像需要深入分析用户的具体行为数据，构建出精确的用户画像，进而优化服务、提升用户体验并实现精准服务。以下从用户借阅行为分析和用户兴趣预测两个角度加以阐述：

1. 用户借阅行为分析

（1）热门图书分析

热门图书分析是理解用户需求和市场趋势的重要手段。通过收集和分析用户借阅记录，可以识别出哪些图书借阅率高、受欢迎程度高。该过程

第5章 面向行为分析的高校馆用户画像应用

通常包括以下几个步骤：

①数据收集：收集用户借阅数据，包括借阅时间、图书类型、作者、ISBN 码等信息。

②数据清洗：对收集到的数据进行清洗，去除重复、错误或无效的数据。

③热门图书识别：通过统计分析，识别出借阅次数最多的图书，作为热门图书。

④可视化展示：将热门图书数据以图表形式展示，便于直观理解用户偏好和市场趋势。

(2) 关键用户发现

关键用户是指在借阅行为中具有显著特征或影响力的用户。通过用户借阅行为分析，可以发现这些关键用户，进而为其提供更加个性化的服务。具体包括：

① 行为特征提取：从借阅数据中提取用户的行为特征，如借阅频率、借阅时长、借阅图书类型等。

② 用户分群：利用聚类分析等方法，将用户按照行为特征划分为不同的群体。

③ 关键用户识别：在分群的基础上，识别出借阅行为具有显著特征或影响力的用户作为关键用户。

④ 个性化服务：针对关键用户，提供个性化的图书推荐、借阅优惠等服务。

(3) 相似爱好群体分析

相似爱好群体分析有助于发现具有共同兴趣爱好的用户群体，进而为他们提供更加精准的推荐和服务。具体包括：

①兴趣标签构建：根据用户借阅的图书类型、关键词等信息，为用户构建兴趣标签。

②相似度计算：利用余弦相似度等方法，计算不同用户之间的兴趣相

似度。

③群体划分：根据相似度计算结果，将用户划分为具有相似兴趣爱好的群体。

④精准推荐：针对不同群体，提供符合其兴趣爱好的图书推荐和服务。

2. 用户兴趣预测

用户兴趣预测是基于用户历史行为数据，预测用户未来可能感兴趣的内容或服务。这有助于提前布局、优化资源配置并提升用户满意度。具体解决方案包括：

(1)数据收集与预处理

收集用户的历史借阅记录、浏览记录、搜索记录等多维度数据，并进行数据清洗和预处理，以确保数据的质量和准确性。

(2)特征提取与选择

从预处理后的数据中提取出与用户兴趣相关的特征，如借阅图书的类型、作者、关键词等。同时，利用特征选择方法筛选出对预测结果影响较大的关键特征。

(3)模型构建与训练

选择合适的机器学习模型（如 LR、FM、SVM、GBDT 等)进行用户兴趣预测。利用提取出的特征和已知的用户兴趣标签数据对模型进行训练，不断调整模型参数以优化预测效果。

(4)兴趣预测与结果应用

利用训练好的模型对用户未来的兴趣进行预测。根据预测结果，为用户提供个性化的图书推荐、定制化的服务方案等。同时，可以通过 A/B 测试等方法不断优化预测模型和应用策略，提升用户满意度和忠诚度。

5.3 画像模型构建

以"用户行为分析"为目标设计高校图书馆"用户画像"，重点在于通过

第5章 面向行为分析的高校馆用户画像应用

一系列标签来量化和描述用户在图书馆系统中的各种活动、偏好、互动模式以及使用场景等,以深入理解用户行为特征,驱动图书馆服务优化和策略调整。

本着简洁实用的原则,本研究设计的用户画像概念图如图5.1所示。一级标签包括基本信息标签、用户个性化偏好标签、用户登录与访问行为标签、资源利用行为标签、空间利用行为标签、互动与参与行为标签、学习与研究行为标签和用户生命周期标签。每个一级标签又细分为多个二级标签。

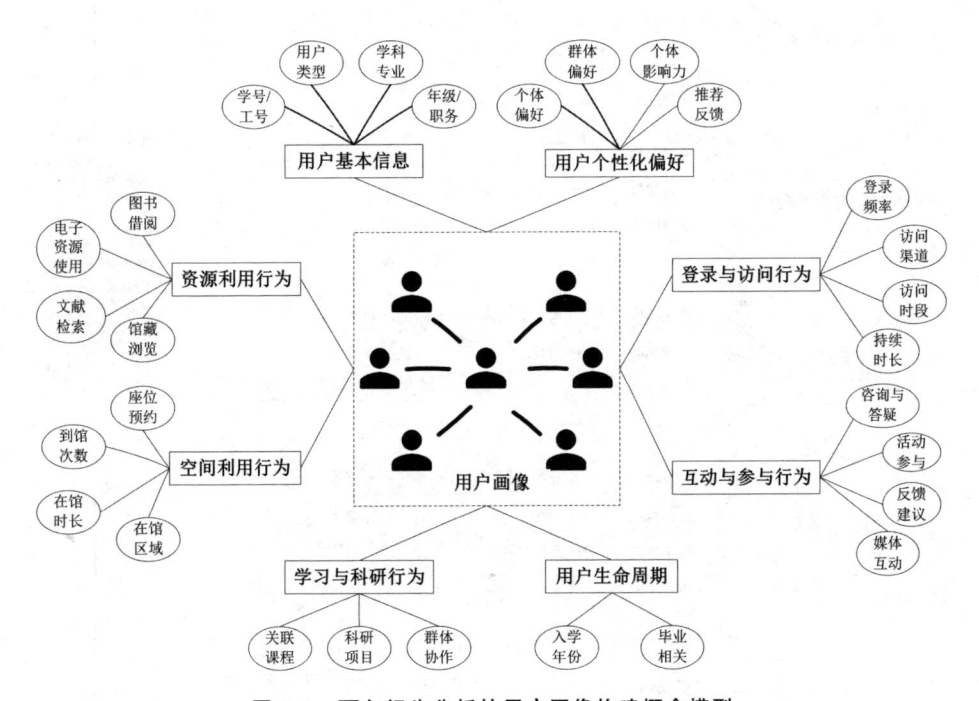

图 5.1 面向行为分析的用户画像构建概念模型

一级标签、二级标签的注释如图5.2所示。

一级标签	二级标签	标签注释	应用方法
用户基本信息	学号/工号	学生学号/教师、研究人员、行政人员等工号	
	用户类型	用户分类：学生、教师、研究人员、行政人员	
	学科专业	用户所属或重点关注的学科领域	
	年级/职务	本科生、硕士生、博士生、讲师、教授等	
用户个性化偏好	个体偏好	用户个体各种行为偏好，如借阅图书、资源、空间利用、学习与研究等	
	群体偏好	用户群体成员各类相似或相同的行为偏好	
	个体影响力	用户个体在各种交互行为中的影响力	
	推荐反馈	对系统推荐图书的点击率、采纳率、满意度	
资源利用行为	图书借阅	用户借阅图书的题名、数量及频次等	社交网络分析： *网络模型构建 *聚类分析 *网络分析 *…… 语义计算： *语义标注 *本体构建 *相似度计算 *……
	电子资源使用	访问电子书、期刊论文次数、下载量	
	文献检索	搜索查询的关键词、主题、数据库选择等	
	馆藏浏览	在线目录浏览、新书通报查看等行为	
空间利用行为	座位预约	预约自习室、研读区频率、时长及偏好位置	
	到馆次数	实际进入图书馆的次数	
	在馆时长	每次在图书馆内停留的时间	
	在馆区域	多媒体室、研讨室、特藏室等使用情况	
登录与访问行为	登录频率	用户登录图书馆系统的次数及间隔	
	访问渠道	网页、移动应用、自助终端等入口	
	访问时段	用户使用服务时间段（白天、晚上、周末）	
	持续时长	单次登录后的平均停留时间	
互动与参与行为	咨询与答疑	向图书馆员提问的次数、方式及问题类型	
	活动参与	参加讲座、培训、读书会等频率与反馈	
	反馈建议	系统使用意见、资源需求、服务改进建议等	
	媒体互动	关注图书馆官方账号、参与讨论、分享内容	
学习与科研行为	关联课程	用户当前学期所修课程及其相关资源需求	
	科研项目	用户参与科研项目、论文写作阶段及所需文献类型	
	群体协作	与有共同兴趣的其他成员研究、共享资源情况	
用户生命周期	入学年份	反映用户在学术生涯中的阶段（新生、高年级学生、研究生、教职员工等）	
	毕业相关	预测用户即将离校，调整资源推荐和服务策略	

图 5.2 面向用户行为分析的高校馆用户画像模型标签构建

第5章　面向行为分析的高校馆用户画像应用

在图5.2中可以看出,以"用户行为分析"为目的,共包括2个基础信息标签(用户基本信息和用户生命周期)和6个行为数据一级标签,共同构成用户行为模式、偏好和需求。其中基础信息标签一般直接来源于相关系统,而行为数据标签需要通过数据分析或数据挖掘来获取。

表5.1中主要针对6个用户行为数据,阐述通过"社交网络分析"和"语义计算"方法为数据分析和挖掘手段,收集用户标签的一般过程或方法。

表5.1　高校馆用户行为标签模型构建方法

序号	行为类别	社交网络模型构建方法/语义计算	目标
1	用户个性化偏好	★网络模型构建: 节点←用户 节点←行为偏好(图书、资源、空间使用偏好) 边←两类节点之间关系 边权重←偏好程度 ★网络分析或语义计算: 图聚类;相似度计算 语义标注与本体构建	发现用户个体或群体偏好,实现个性化推荐
2	资源利用行为	★网络模型构建: 节点←用户 节点←图书、电子资源或文献、浏览网页) 边←两类节点之间关系(借阅、访问、浏览) 边权重←借阅次数、下载量等 ★网络分析或语义计算: 度中心性、介数中心性等指标计算 图聚类或分类算法 语义标注与本体构建	个体或群体行为规律研究,优化资源配置;识别在网络中占据关键位置的用户

续表

序号	行为类别	社交网络模型构建方法/语义计算	目标
3	空间利用行为	★网络模型构建： 节点←用户 节点←座位、区域 边←两类节点之间关系（预约、使用） 边权重←预约时长、使用时间等 ★网络分析或语义计算： 图聚类； 度中心性、介数中心性等指标分析	发现活跃用户，用于用户细分、个性化服务设计或用户激励计划，优化服务时间和渠道
4	登录与访问行为	★网络模型构建： 节点←用户 节点←登录与访问渠道 边←两类节点之间关系 边权重←登录次数、访问时长等 ★网络分析或语义计算： 度中心性、介数中心性等指标分析 异常检测算法（如基于密度、基于距离、基于统计的方法）	发现在网络中占据关键位置的用户（如频繁登录、影响他人行为的用户）。及时查找可能系统漏洞、恶意行为或用户需求变化的信号，以采取应对措施
5	互动与参与行为	★网络模型构建： 节点←用户 节点←讲座、培训、其他资源使用 边←两类节点之间关系 边权重←互动或参与频率等 ★网络分析或语义计算： 度中心性、介数中心性等指标分析 语义相似度计算	识别意见领袖、活跃用户，用于用户细分、个性化服务设计或用户激励计划
6	学习与科研行为	★网络模型构建： 节点←用户 节点←课程、项目等 边←两类节点之间关系 ★网络分析或语义计算： 图聚类 度中心性、介数中心性等指标分析 相似度计算 语义标注与本体构建	用户间的潜在联系（如共同兴趣、学术合作可能性）；识别具有相似行为模式的用户群体，为学术热点、研究方向，为个性化推荐、学术交流活动策划提供支持

如上所述，结合图书馆用户行为数据，通过社交网络分析方法可以揭示用户间的关系、群体行为模式和个体重要性，而语义计算方法则能深化对用户兴趣、知识需求的理解，两者结合可以为图书馆提供更精细、更智能的用户行为分析结果，支撑个性化服务、资源优化配置和决策支持。实际操作中，需要先清洗和预处理原始数据，然后选择合适的算法或模型进行计算，最后对分析结果进行解读和应用。

通过这些标签的构建与分析，图书馆可以洞察用户在不同场景下的行为模式、需求变化和满意度，从而优化资源布局、提升服务质量、制定精准营销策略以及为个性化推荐系统提供有力的数据支持。同时，这些数据也有助于评估图书馆服务的效果，驱动持续改进。

5.4 用户借阅行为分析案例

本节借助 Gephi 工具，以用户画像行为模型为基础，着重分析用户借阅行为：包括借阅图书 Top10 及借阅网络图谱、影响力 Top10 以及用户兴趣预测等应用。

5.4.1 大数据收集与分析

在构建高校图书馆用户画像时，以用户行为分析为目标，需要收集和整合多种类型的大数据来全面描绘用户的特征、习惯、需求以及偏好，从而提供更加精准的服务，比如个性化推荐、优化空间布局、改进资源采购策略以及提升服务质量。

用户画像的基础数据主要来源于高校图书馆各类数据，包括人口信息和行为数据，其中人口信息有学生 ID、姓名、性别、专业、年级等，行为数据一般指学生所学的课程名称及考核成绩等，一般从学校教务部门或学生工作部门的相关信息系统中获得。如表 5.2 所示。

表 5.2　基础数据类别及来源

序号	类别	注释
1	用户基本信息	用户 ID(学生或教职工)、姓名、学院、专业、年级等基本信息，有助于理解学科背景对阅读需求的影响
		性别、年龄、籍贯等人口统计学数据，可能关联到某些使用偏好的差异
2	借阅数据	借阅历史：书籍种类、作者、主题、出版年份等信息，反映用户的学术兴趣和阅读水平
		借阅频率：用户多久借阅一次图书，借阅周期长短，揭示其学习习惯和使用图书馆的规律
3	电子资源访问数据	电子数据库查询记录：检索关键词、浏览次数、下载量等，说明用户的科研方向和信息需求
		电子书、电子期刊、论文的查阅和下载情况
4	物理空间使用数据	自习室、阅览室、研究间的出入记录与停留时间
		特殊功能区域(如多媒体室、研讨室)预约和使用情况
5	在线行为数据	图书馆网站、移动 App 的访问轨迹、页面点击率、搜索关键词
		用户参与线上活动(如讲座报名、在线咨询)的情况
6	用户互动数据	用户之间的合作学习行为，例如小组讨论、文献共享等社交互动记录。
		用户反馈和评价，如对图书馆服务满意度调查、建议与投诉等
7	个性化服务数据	用户在个性化推荐系统中的点击、收藏、评分行为
		用户在定制推送服务中的响应和采纳情况
8	时间序列数据	不同时间段内的使用数据，分析用户的行为规律随学期、季节等因素的变化

5.4.2　Gephi 工具和分析方法

1. Gephi 工具

Gephi(https://gephi.org/)是由法国巴黎政治学院教师 Mathieu Jacomy 于 2006 年开发的，最初名为 Graphiltre，2007 年正式更名为 Gephi

第 5 章　面向行为分析的高校馆用户画像应用

0.5 并发布。经过多年发展，Gephi 已成为网络分析领域广受欢迎的数据可视化软件，目标是成为"数据可视化领域的 Photoshop"，Gephi 网站如图 5.3 所述，提供下载和社区讨论服务。

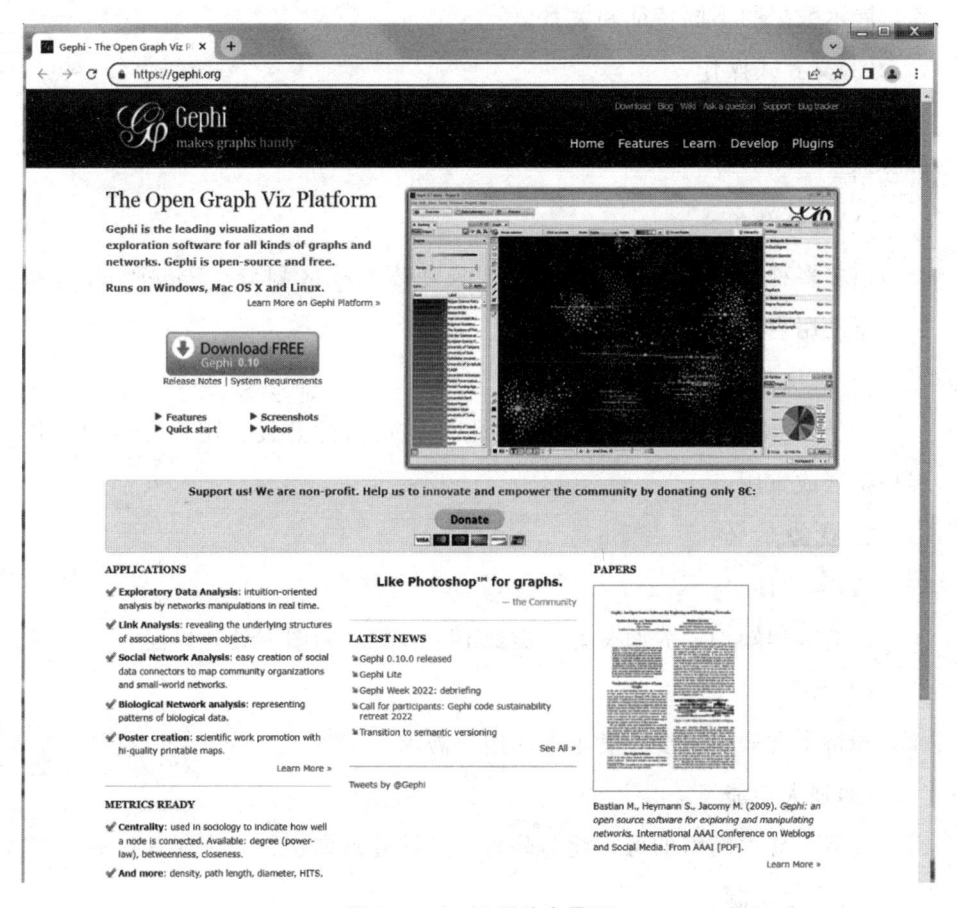

图 5.3　Gephi 网站主界面

2. 功能

Gephi 是开源免费、跨平台(支持 Windows、Mac OS X 及 Linux)的复杂网络分析软件，主要用于各种网络和复杂系统的动态和分层图的交互可视化与探测。其主要功能包括：

(1)数据导入与处理

支持多种数据格式，如 CSV、Excel、GEXF、GraphML 等，以及从数据库直接读取数据。

(2) 数据可视化

提供丰富的图表类型和可视化效果，如力导向图、树状图、地理图等，展示数据的不同特征和关系。

(3) 交互式操作

支持拖拽、缩放、隐藏/显示节点等交互操作，用户可灵活探索和分析数据。

(4) 统计分析

内置多种算法，可计算节点度、模块度、社区划分、PageRank 等指标，帮助用户深入理解网络结构。

(5) 模块化扩展

基于 Netbeans 平台，支持模块化扩展及插件开发，用户可通过 API 轻松扩展或重用。

3. 优势

(1) 易用性

无需编程知识，界面友好，类似 Photoshop 的图形处理界面。

(2) 跨平台

支持多种操作系统，满足不同用户需求。

(3) 强大功能

支持大规模网络的可视化与分析，能够处理多达百万个元素。

(4) 高度定制

提供丰富的布局和可视化算法，用户可根据需求自定义图表。

下载 Gephi 软件并安装后，其主界面如图 5.4 所示。

第 5 章 面向行为分析的高校馆用户画像应用

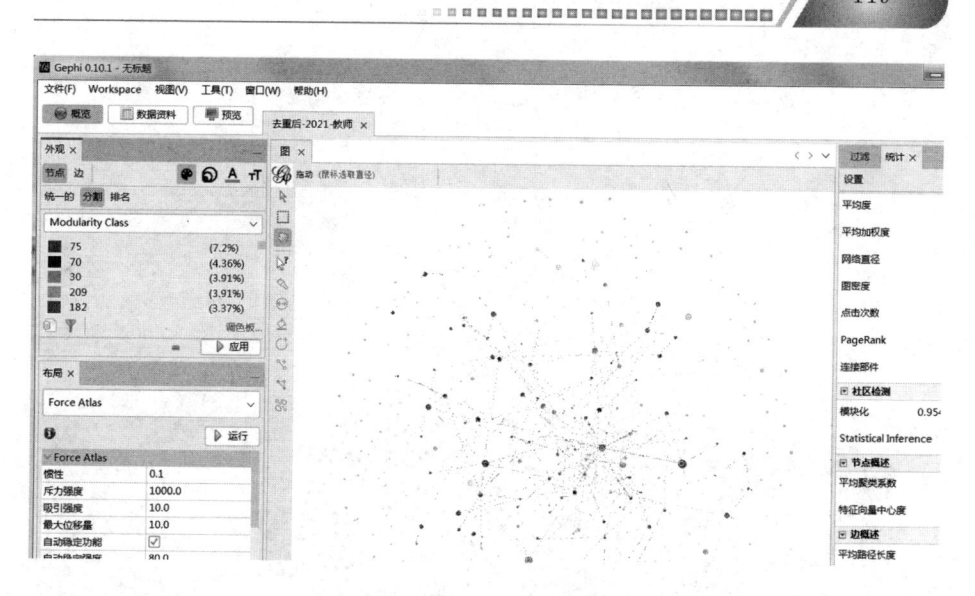

图 5.4 Gephi 分析界面

从菜单栏文件可以导入网络文件，如 Excel 或文本文件等多种格式文件，以 Excel 为例，可以用列（两或三列）表示网络的源节点和目标节点，行表示网络的边。界面左侧可以改变网络参数（节点的大小、颜色和边的颜色等），以及网络的布局算法（如力导向-ForceAtlas 或 Fruchterman Reingold 等），右侧有"过滤"和"统计"选项，"过滤"用于选择网络的规模，"统计"能对社交网络进行平均度、平均路径长度、网络直径、模块等统计。如图 5.5 所示。

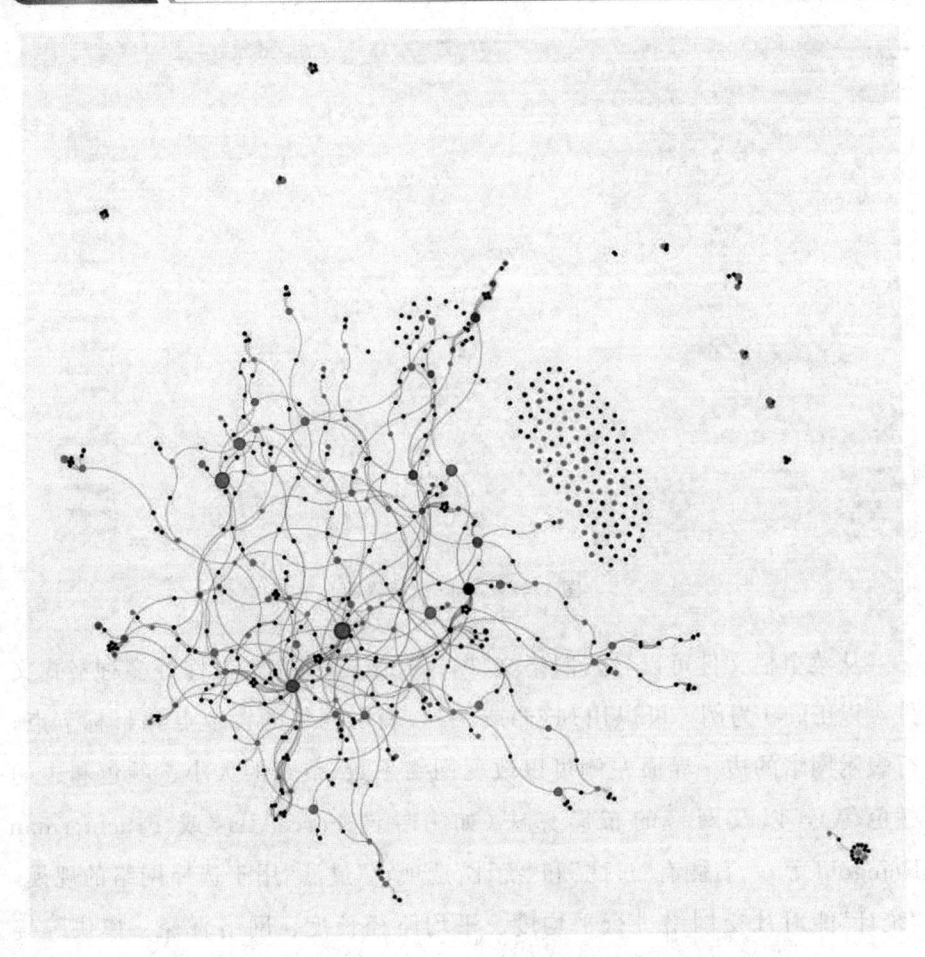

图 5.5　通过算法 ForceAtlas 对社交网络可视化布局的结果

图 5.5 中形状较大的节点表示节点度的值较大(连接边数较多),为了区分不同的模块,系统自动设置节点的颜色,规则是同一模块标记为相同颜色,不同模块标记为不同颜色。

图 5.6 是 Gephi 中的自动生成的网络直径(diameter)、平均路径长度(average path length)报告。

网络直径和平均路径长度是网络拓扑结构分析中的两个重要概念,分别反映了网络的规模和连通性,对于网络的设计、优化和维护具有重要意义。

第 5 章　面向行为分析的高校馆用户画像应用

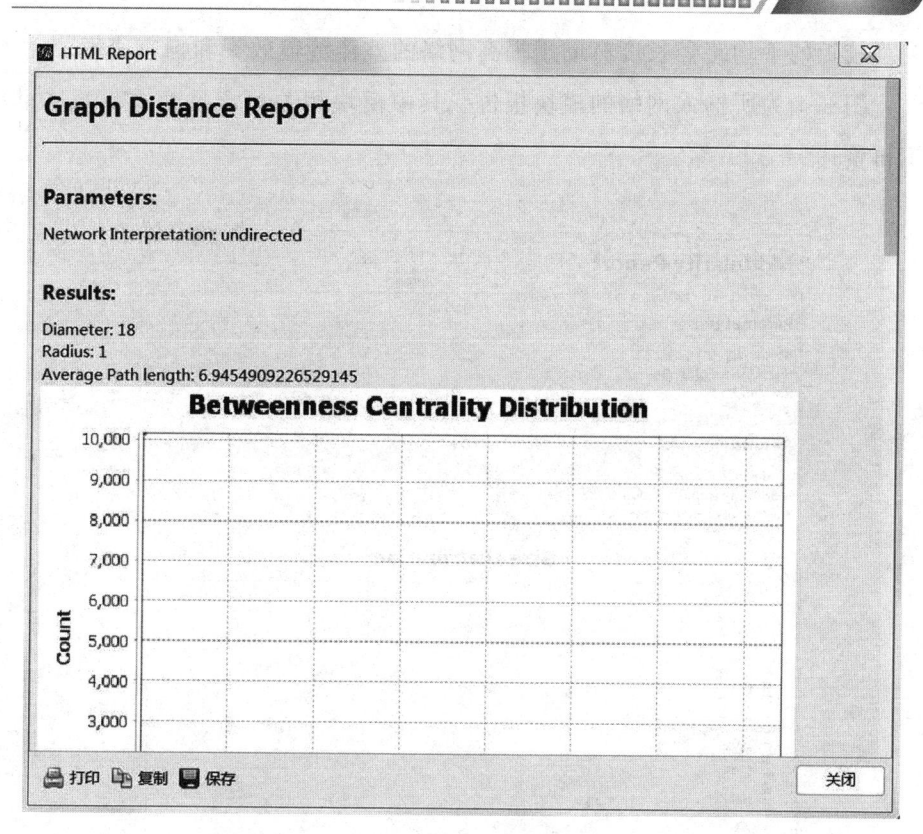

[图：HTML Report - Graph Distance Report
Parameters:
Network Interpretation: undirected
Results:
Diameter: 18
Radius: 1
Average Path length: 6.9454909226529145
Betweenness Centrality Distribution]

图 5.6　网络直径(diameter)、平均路径长度(average path length)

相关概念解释如下：

(1)网络直径

指网络中任意两节点间距离的最大值。网络直径越大，网络的规模越大，节点间最大距离越远，在应用中对网络的整体效率和稳定性产生影响。

(2)平均路径长度

也称特征路径长度或平均距离，指在网络中，所有节点对之间最短路径长度的平均值。平均路径长度是反映网络连通性的重要指标。较短的平均路径长度通常意味着网络中的节点更加紧密地连接在一起，信息或资源在网络中的传播可能更加迅速和高效；平均路径长度与网络效率密切相关。较短的平均路径长度有助于提高网络的整体传输效率和响应速度。

图 5.7 为所输入网络的模块报告。其中模块相关概念见 2.4 节，这里不再赘述。

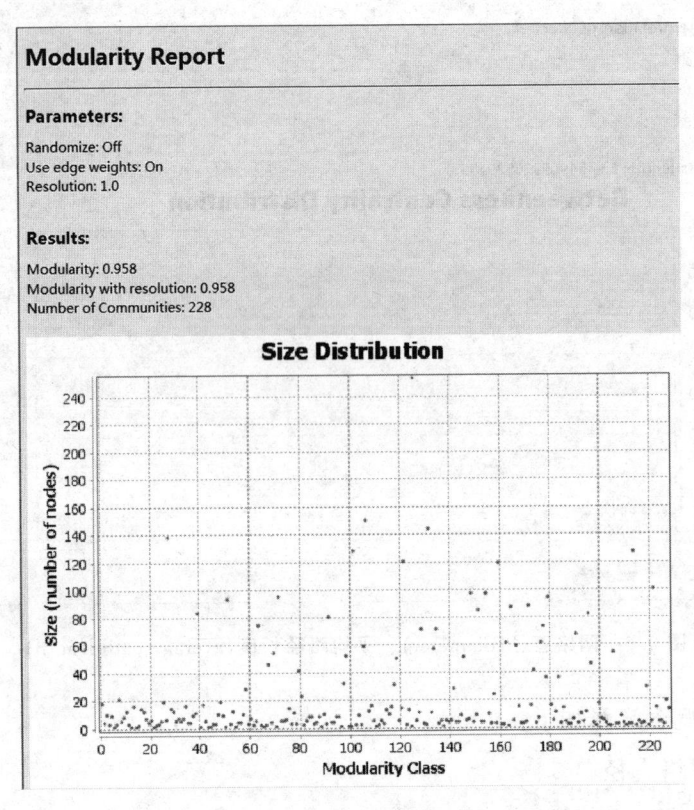

Modularity Report

Parameters:
Randomize: Off
Use edge weights: On
Resolution: 1.0

Results:
Modularity: 0.958
Modularity with resolution: 0.958
Number of Communities: 228

Size Distribution

图 5.7 Gephi 输出的社交网络的模块度报告

图 5.7 中，横坐标轴为模块的编号，纵坐标轴为该编号对应的节点数，注意，因为图聚类结果不唯一性，模块的编号每次输出结果可能不一样，注意基本的模块结构（每个模块包含的节点）虽有微小差别，但基本相似。

4. Gephi 工具在图情领域的应用

(1) 分析用户借阅行为

① 热门图书分析：通过 Gephi 导入用户借阅记录数据，以图书为节

第5章 面向行为分析的高校馆用户画像应用

点，借阅关系为边，构建网络图。

使用力导向图布局算法，直观展示图书之间的借阅关联。

根据节点大小（表示借阅次数）和颜色（表示借阅热度）对图书进行排序，快速识别热门图书。

② 关键用户发现：分析用户借阅行为数据，以用户为节点，借阅关系为边构建网络。

计算用户的中心性指标（如度中心性、接近中心性等），识别在网络中起关键作用的用户。

通过社区划分算法，发现具有相似借阅行为的用户群体，进一步分析关键用户特征。

③ 相似爱好群体分析：利用 Gephi 的社区探测算法（如模块度优化算法），对用户借阅网络进行社区划分。分析不同社区内的图书类型和借阅模式，识别具有相似爱好的用户群体。

通过可视化展示不同社区结构和特征，为图书馆资源推荐和个性化服务提供依据。

(2) 用户兴趣预测

① 兴趣模型构建：基于用户借阅历史数据，构建用户兴趣模型。将用户借阅的图书类型、作者、主题等作为特征。

使用 Gephi 分析用户兴趣网络的拓扑结构，识别用户兴趣的变化趋势和关联特征。

② 兴趣预测：结合用户兴趣模型和社交网络分析技术（如链路预测算法），预测用户未来的借阅兴趣。

利用 Gephi 的可视化功能，展示预测结果与用户当前兴趣的关联程度，评估预测准确性。

根据预测结果，为图书馆提供个性化推荐服务，提高用户满意度和借阅率。

5. Gephi 中的工具

(1) 介数中心性

在社交网络中,"介数中心性"(betweenness centrality)是一种衡量节点重要性的指标。表示网络中所有最短路径中经过该节点的路径的数目占最短路径总数的比例,简言之,即节点在网络中充当"桥梁"角色的程度:如果某节点位于其他很多节点对的最短路径上,那么该节点就具有较高的介数中心性,因为其在信息传递、资源流通等方面起着重要的作用。

介数中心性值的大小反映了节点在一定程度上的影响力和控制力。例如,在社交网络中,如果某用户的介数中心性很高,说明其在社交网络中的信息传播中扮演着重要角色,其他节点之间的信息交流需要通过该用户来实现。因此,介数中心性是衡量节点在网络中的重要性和影响力的关键指标之一。

介数中心性的概念不仅仅应用于社交网络分析,在图论、复杂网络等领域都有广泛的应用。例如,在交通网络中,节点的介数中心性可以用来衡量交通枢纽的重要程度;在生物信息学中,介数中心性可以用来分析蛋白质相互作用网络中蛋白质的重要性等。需要注意,介数中心性的计算可能需要相对复杂的算法和较高的计算资源,因此在实际应用中需要综合考虑计算的准确性和效率。

(2) 度中心性

在社交网络中,度中心性(degree centrality)是衡量某节点(如个人或用户)在网络中连接数量的指标,表示与某节点直接相连的边数量,反映该节点在网络中的直接影响力。具有高度中心性的节点通常在网络中占据重要地位,因为它们与更多的其他节点直接相连。

度中心性可以分为入度和出度两种。在社交网络中,入度代表有多少其他节点关注或连接到该节点,出度代表该节点关注或连接其他节点的数量。例如,在社交媒体平台上,某用户的粉丝数可以看作是入度的一种体现,而该用户关注的人数则是出度的体现。

第5章 面向行为分析的高校馆用户画像应用

度中心性的意义在于它能够帮助研究者快速识别网络中的关键节点，这些节点由于拥有众多的连接，因此在信息传播、影响力扩散等方面具有显著优势。在社交网络中，高度中心性的节点可能是意见领袖、网红或重要人物，其言论和行为往往能影响大量其他用户。

度中心性也是网络分析中一个重要的基础指标，与其他中心性指标（如中介中心性、紧密中心性等）共同构成评估节点在网络中地位和角色的综合体系。通过对度中心性的分析，研究者可以更好地理解网络的结构和功能，以及节点之间的相互关系。

6. 图聚类算法

(1) Gephi 中使用的图聚类算法概述

社区发现是网络分析的核心，Gephi 实现了 Louvain 算法，该算法是基于模块度的社区发现算法（也称为"fast unfolding of communities in large networks"），因其简洁高效，被认为是性能最好的社区发现算法之一，尤其适用于大型网络中的社区检测。该算法基于模块度（modularity）的多层次优化，致力于将网络（图）分解为多个社区，这些社区内的节点存在稠密的连接，而与社区外的节点连接相对稀疏。该算法通过将网络中所有的节点视为独立的社区开始，逐步合并相似的节点或社区。

Louvain 算法通过模块度来衡量社区内和社区间的密度，定义如下：

$$\Delta Q = \frac{1}{2m} \sum\nolimits_{i,j} \left[A_{ij} - \frac{k_i k_j}{2m} \right] \delta(C_i, C_j)$$

其中，A_{ij} 表示节点 i 和 j 链接边的权重，$k_i = \sum\nolimits_j A_{ij}$ 表示与节点 i 相关联边的权重和，C_i 表示节点 i 划分的社区，δ 函数是个阶跃函数，判断节点 i 和 j 是否属于同一个社区，$m = \frac{1}{2} \sum\nolimits_{ij} A_{ij}$ 表示所有边的权重之和。

(2) 算法介绍

Louvain 算法能在短时间内检测到高模块度的社区并呈现完整的分层社区结构，算法思想简述如下：

假设有一个包含 N 个节点的权重图，算法分为两个阶段，重复迭代执行以下操作直至模块度没有提升，或者提升小于某个阈值：

① 模块度优化：输入加权图（初始化时将社区中的每个节点视作一个社区），并在所有的节点上执行以下操作以评估模块度并选择局部最优方式进行移动操作：考虑节点 i 的邻居节点 j，通过将节点 i 从原本的社区移至节点 j 所在的社区评估模块化的增益，并选择增益最大的社区进行移动，如果没有产生正增益则不移动。将节点 i 移动至社区 C 带来的模块化增益 ΔQ 公式如下：

$$\Delta Q = \left[\frac{\sum_{in} + k_{i,in}}{2m} - \left(\frac{\sum_{tot} + k_i}{2m}\right)^2\right] - \left[\frac{\sum_{in}}{2m} - \left(\frac{\sum_{tot}}{2m}\right)^2 - \left(\frac{k_i}{2m}\right)^2\right]$$

其中，$\sum_{in}$ 表示社区 C 内的边权重之和，$\sum_{tot}$ 表示社区 C 内任一节点链接其他社区节点的边权重和，k_i 表示链接到节点 i 的所有边的权重之和，$k_{i,in}$ 表示从节点 i 链接到社区 C 中的节点的权重之和，m 表示加权图中的所有权重之和。

② 社区聚合：将第一阶段操作结束后的社区当作新的节点，社区节点的权重转化为新节点的权重，为了最大化全局模块度，将不同节点进行合并构建新的网络，并跳转到第一步，重复迭代计算直到满足停止迭代的条件。

(3) 算法优点

① 步骤简单易于实现，且为无监督学习；

② 算法收敛速度快，计算复杂度是线性的；

③ 提供分层的社区结果。

(4) 算法代码

以下是使用 Python 实现的 Fast Unfolding（Louvain 方法）社区发现算法的代码。

Python 实现
import numpy as np # numpy 支持度数组与矩阵运算

class Graph：
    def __init__(self)：
        # 使用字典存储节点信息，键为节点 ID，值为一个字典，包括社区 ID 和邻居集合
        self.nodes = {}
        # 使用字典存储社区信息，键为社区 ID，值为一个字典，包括成员节点集、内部链接数和总度数
        self.communities = {}
        # 总边数（对于加权图，即所有边权重的总和）
        self.m = 0
    def add_node(self, node_id, community_id)：
        """添加一个节点到图中，给定社区 ID"""
        self.nodes[node_id] = {'community': community_id, 'neighbors': set()}
        # 如果社区不存在，则创建一个新的社区
        self.communities.setdefault(community_id, {'nodes': set(), 'internal_links': 0, 'degree': 0})
        # 添加节点到社区
        self.communities[community_id]['nodes'].add(node_id)
        # 增加社区总度数
        self.communities[community_id]['degree'] += 1

    def add_edge(self, node1, node2)：
        """添加一条无向边到图中"""

```
self.nodes[node1]['neighbors'].add(node2)
self.nodes[node2]['neighbors'].add(node1)
# 边数增加
self.m += 1


def calculate_modularity_gain(self, node, new_community_id):
    """计算如果节点移动到新社区,模块度的变化量"""
    # 获取旧社区 ID
    old_community_id = self.nodes[node]['community']
    # 节点的度数
    k_i = len(self.nodes[node]['neighbors'])
    # 计算节点与其新社区内部的链接数
    e_ij = sum(1 for neighbor in self.nodes[node]['neighbors'] if self.nodes[neighbor]['community'] == new_community_id)
    # 新社区的总度数加上当前节点的度数
    d_i = self.communities[new_community_id]['degree'] + k_i
    # 计算模块度变化,参照文中公式
    delta_Q = e_ij / (2 * self.m) - ((d_i / (2 * self.m)) ** 2)
    # 减去节点对其旧社区贡献的模块度
    d_i_old = self.communities[old_community_id]['degree']
    e_ij_old = self.communities[old_community_id]['internal_links']
    delta_Q -= e_ij / (2 * self.m) - ((d_i_old / (2 * self.m)) ** 2)

    return delta_Q


def fast_unfolding(graph):
    "执行 Fast Unfolding 算法"
```

```
improved = True
while improved：
    improved = False
    #遍历图中的每个节点
    for node in graph.nodes：
        #初始化最佳社区ID为当前节点所在的社区
        best_community_id = graph.nodes[node]['community']
        #初始化最大收益为负无穷
        max_gain = -np.inf
        #尝试将节点移动到每个邻居所在的社区
        for neighbor in graph.nodes[node]['neighbors']：
            #获取邻居所在的社区ID
            new_community_id = graph.nodes[neighbor]['community']
            #计算收益
            gain = graph.calculate_modularity_gain(node, new_community_id)
            #如果收益更高,则更新最佳社区ID
            if gain > max_gain：
                max_gain = gain
                best_community_id = new_community_id
        #如果移动到新社区能提高模块度,则移动
        if max_gain > 0 and best_community_id != graph.nodes[node]['community']：
            #更新旧社区
            graph.communities[graph.nodes[node]['community']]['nodes'].remove(node)
```

```
                graph.communities[graph.nodes[node]['community']]['
degree'] -= 1
                #更新新社区
                graph.communities[best_community_id]['nodes'].add
(node)
                graph.communities[best_community_id]['degree'] += 1
                for neighbor in graph.nodes[node]['neighbors']:
                    if graph.nodes[neighbor]['community'] == best_
community_id:
                        graph.communities[best_community_id]['
internal_links'] += 1
                #更新节点的社区ID
                graph.nodes[node]['community'] = best_community_id
                #设置标志为True,表示基于模块度的社区优化度发生
了改善
                improved = True
    return graph
def print_communities(graph):
    "打印最终的社区划分"
    for community_id, data in graph.communities.items():
        print(f"社区 {community_id}: {data['nodes']}")
if __name__ == "__main__":
    #创建一个简单的图
    g = Graph()
    g.add_node(1, 1)
    g.add_node(2, 1)
    g.add_node(3, 2)
```

第5章 面向行为分析的高校馆用户画像应用

```
g.add_node(4,2)
g.add_edge(1,2)
g.add_edge(1,3)
g.add_edge(2,3)
g.add_edge(3,4)
#应用 Fast Unfolding 算法
g = fast_unfolding(g)
#打印最终的社区划分
print_communities(g)
```

在上述代码中,一些类的含义、算法参数及变量解释如下:

1. Graph 类

① nodes:存储节点信息的字典,其中键为节点 ID,值为包含社区 ID 和邻居集合的字典。

② communities:存储社区信息的字典,其中键为社区 ID,值为包含成员节点集、内部链接数和总度数的字典。

③ m:图中的边总数。

④ add_node 和 add_edge 方法用于构建图结构。

⑤ calculate_modularity_gain 方法计算如果节点移动到另一个社区后模块度的变化。

2. fast_unfolding 函数

① 该函数实现 Fast Unfolding 算法的核心逻辑。

② 遍历图中的每一个节点,并尝试将其移动到邻居所在的社区,如果模块度提高,则保存为中间结果。

③ 算法会重复执行上述过程,直到没有更多的改善或优化为止。

3. print_communities 函数

打印最终的社区划分。

注意事项：

① 算法中假设是无向图。

②每次迭代都尽可能地优化模块度，但并不保证全局最优解。

③ 为了提高效率，实际应用中可能还需要对算法进行一些优化。

5.4.3 基于 Gephi 的用户借阅行为分析

1. 借阅数据收集

收集某本科院校 2021 全年学生和教师的借阅日志数据，从中分离出教师的借阅数据，作为用户画像和行为分析的基础数据(Excel 格式)，如图 5.8 所示，包括“读者证件号”“财产号”“馆藏地”“借出日期”“还书日期”“续借日期”“MARC 记录号”“索书号”等列。

	A	B	C	D	E	F	G	H	I
1	读者证件号	财产号	馆藏地	借出日期	还书日期	续借日期	续借次数	MARC记录号	索书号
2	2018352***	21628390	00802	2021-01-0209:24:31	2021-05-0414:50:09	2021-03-0615:44:05	1	0000616906	U463.1/62
3	2018352***	21628391	00802	2021-01-0209:24:46	2021-05-0414:49:51	2021-03-0615:44:09	1	0000616906	U463.1/62
4	2018352***	21492487	00802	2021-01-0209:24:57	2021-05-0414:50:01	2021-03-0615:43:53	1	0000558433	U463.1/57
5	2020232***	20693661	00802	2021-01-0210:56:46	2021-01-1617:41:32		0	0000215482	0172/77
6	2020232***	21496768	00802	2021-01-0210:56:55	2021-01-1617:41:45		0	0000557362	0172/313
7	2020232***	21353872	00802	2021-01-0210:57:01	2021-01-1617:41:38		0	0000500827	0172/108=2
8	2018133***	21003356	00801	2021-01-0210:58:05	2021-04-1114:12:42	2021-02-2822:31:37	1	0000369072	H369.4:K/2
9	2020216***	21483584	00801	2021-01-0211:08:15	2021-01-0211:08:23		0	0000556521	D917.2/43
10	2008500***	20424987	00801	2021-01-0211:23:20	2021-01-0312:34:35		0	0000123158	I516.4/20
11	2018232***	21700553	00801	2021-01-0211:42:59	2021-05-1111:41:09	2021-03-0816:08:45	1	0000641923	B84-44/12
12	2018232***	21479889	00801	2021-01-0211:43:13	2021-05-1111:40:58	2021-03-0816:08:24	1	0000551455	B841.4/29
13	2018232***	21394646	00801	2021-01-0211:43:21	2021-05-1021:31:01	2021-03-0816:08:21	1	0000516484	B841.4/23
14	2018232***	21568691	00801	2021-01-0211:43:28	2021-05-1121:32:57	2021-03-0816:08:41	1	0000582562	B842.7/54
15	2018232***	20972614	00801	2021-01-0211:43:39	2021-05-1021:31:06	2021-03-0816:08:11	1	0000344885	B848/111
16	2018232***	21144404	00801	2021-01-0211:43:48	2021-03-0216:16:10		0	0000417914	B848.4/916
17	2018232***	21150224	00801	2021-01-0211:43:55	2021-05-1021:31:17	2021-03-0816:08:17	1	0000417930	B849/54
18	2019217***	21495566	00801	2021-01-0211:56:56	2021-01-0718:56:40		0	0000557840	H152.3/706
19	2019217***	21478382	00801	2021-01-0211:57:07	2021-01-0718:56:28		0	0000551954	H152.3/703
20	2018134***	21567328	00801	2021-01-0212:09:00	2021-03-0318:01:56		0	0000585976	H315.9/744:3
21	2018134***	21536942	00801	2021-01-0212:09:17	2021-03-0318:01:29		0	0000572840	H315.9/738=3
22	2019121***	21570305	00802	2021-01-0212:33:16	2021-03-0912:50:37		0	0000583207	017/238:3
23	2017213***	21466377	00801	2021-01-0212:45:54	2021-01-0912:59:42		0	0000547787	F224.0/291
24	2018332***	21452938	00802	2021-01-0212:52:23	2021-01-0313:46:20		0	0000541936	X76/27
25	2018332***	21530208	00802	2021-01-0212:52:36	2021-01-0313:46:11		0	0000565987	X76/31
26	2018332***	21567687	00802	2021-01-0212:52:59	2021-01-0313:46:52		0	0000583239	X783.205/9
27	2018332***	21108331	00802	2021-01-0212:53:08	2021-01-0313:46:45		0	0000407752	X783.205/2
28	2018332***	21141085	00802	2021-01-0212:53:15	2021-01-0313:46:58		0	0000410532	X783.25/4

图 5.8 2021 年度某高校图书馆学生和教师的借阅数据

①第 1 列“读者证件号”经过脱敏处理(除前 7 位外，证件号其它部分用“＊”替代)；

②“MARC 记录号”和“索书号”唯一标记，不同的编号表示不同的书名，本书中选择“索书号”代替书籍 ID。

2. 数据清洗

①删除了 Excel 中"借书地""还书地""复印外借标志""借书经手人""还书经手人""借阅规则""超期时间"等列，因为这些列与本节用户行为分析相关度不高。

②去重处理。遴选"读者证件号"和"索书号"两列，使用 Python 程序对 Excel 表格中的重复数据进行去重。

去重关键代码如图 5.9 所示，首先需要引入 xlsxwriter、pandas 以及 numpy 等 python 基础数据应用包，以支撑数组处理、Excel 表格处理等，注意 drop_duplicates 为专用的去重函数，无需重写复杂代码，结果保存为 new.xlsx。

```
#去重代码
import os
import xlsxwriter as xw
import pandas as pd
import numpy as np
import openpyxl    # 写入 Excel 表所用

# pd.read_excel 参数'教师借阅数据.xlsx'注意添加文件所在的绝对路径；
# usecols 的参数['A', 'B']含义：A、B 分别为 excel 表格中需要去重的数据列号，
#需要加单引号，本例中即 "读者证件号"（A）和 "索书号"（B）；
df = pd.read_excel('教师借阅数据.xlsx', dtype=str,usecols=['A', 'B'], engine='openpyxl')

# 函数 drop_duplicates 为 python 中的专用去重函数
df = df.drop_duplicates(subset=['A','B'], keep='first')

# 将结果保存到新的 Excel 文件'new.xlsx'
df.to_excel('new.xlsx', index=False,na_rep='',engine='openpyxl')
```

图 5.9 Excel 去重关键代码

去重后存放在 Excel 表格中的数据 4894 条，用于 Gephi 平台原始的输入数据。

3. Gephi 分析用户借阅日志步骤

以下利用 Gephi 分析"图书馆用户借阅日志"的流程。

数据导入：将清洗和转换后的数据导入 Gephi。从清洗后的表格中选取取所需的两列数据（如"读者证件号"和"索书号"），每一行借阅记录或关系作为边，构建社交网络模型，通过界面中的"导入图"功能导入。

初步可视化：导入数据后，Gephi 自动生成初步的网络图。选择使用"Force Atlas 2"力导向布局算法来调整节点的位置，生成网络布局图展示该网络拓扑结构。

节点和边过滤：为突出重要信息，使用 Gephi 的过滤功能来隐藏或突出显示特定的节点和边，如可以过滤出借阅次数最多的用户或最受欢迎的图书。

社区检测：使用 Gephi 的社区检测算法（即 Louvain）识别网络中的社区结构，发现具有相似借阅行为的用户群体或经常被一起借阅的图书群体。

网络指标分析：利用 Gephi 提供的网络指标（如度、介数中心性等）分析节点和边的重要性，识别关键用户、热门图书以及它们在网络中的角色。

可视化界面优化：调整节点的大小、颜色、标签等属性以及边的粗细、颜色等属性来优化可视化效果。

生成结果报告：列出（各学科/各群体）最受欢迎的图书类别、需要增加库存的图书、具有影响力的关键用户等。这些发现可以为图书馆的决策提供支持。

4. 用户借阅行为分析结果

(1) 社交网络构建

在去重后的 Excel 表格 new.xlsx 中选择"读者证件号"（标志用户）和"索书号"（标志书籍）两列，作为社交网络的源节点和目标节点，每一行对应该社交网络的一条边，表示用户和书籍之间的借阅关系。

第 5 章 面向行为分析的高校馆用户画像应用

以 15 条边的借阅记录为例,如图 5.10 所示。

	A	B
1	198650****	K248.09/27:7
2	198650****	K248.09/27:5
3	199350****	I561.45/334
4	200350****	I267/2226
5	200350****	I247.55/110:3
6	200650****	I247.7/1132
7	200650****	I247.55/110:3
8	200650****	I267/2226
9	200650****	K248.09/27:5
10	200650****	K248.09/27:7
11	200650****	I561.45/334
12	201156****	I247.7/1132
13	201250****	K248.09/27:5
14	201250****	K248.09/27:7
15	201531****	I247.55/110:3

图 5.10 社交网络模型构建

图 5.10 中,第 1 行工号"198650＊＊＊＊"借阅图书,其索书号"K248.09/27:7",由此以"198650＊＊＊＊"和"K248。09/27:7"为节点,因为存在借阅关系,二者之间以边连接。其他行以此类推,构建社交网络模型。在 Gephi 网络中,应用力导向布局算法可视化结果如图 5.11 所示。

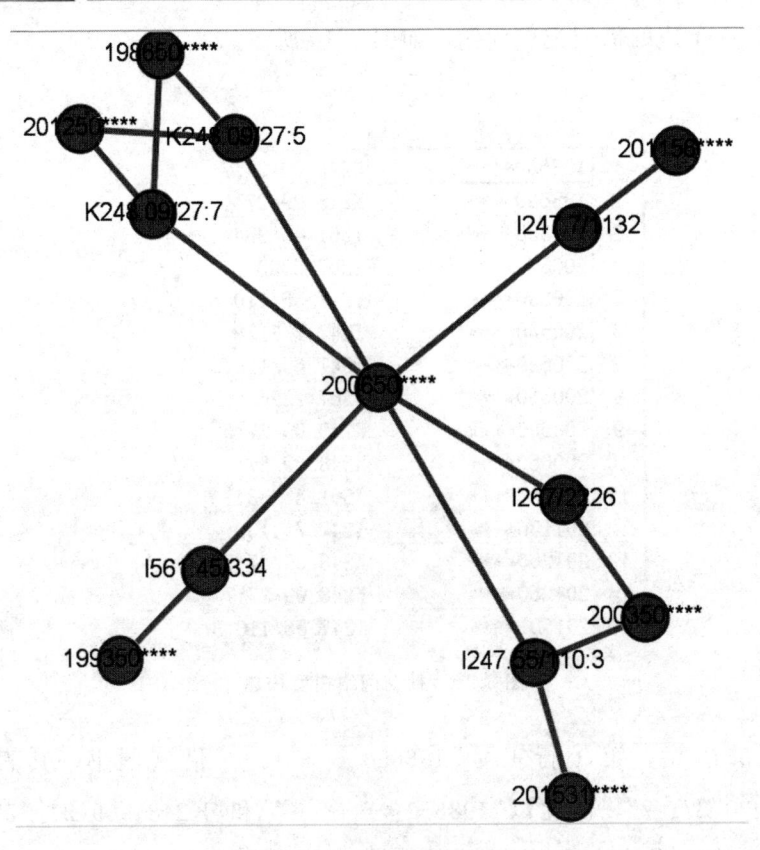

图 5.11 网络可视化结果

进一步调节 Gephi 参数:"节点大小"和"节点标签字体大小"绑定"节点度"(即节点度越高,节点越大)、"节点和边颜色"按模块区分(不同模块的节点和边标记为不同颜色)、"边连接"由直线边改为曲线,网络可视化如图 5.12 所示,对比模型图 5.10,图 5.11 已显示节点度,模块集团(部分节点的位置已经积聚在一起,如图 5.11 的左上角);图 5.12 呈现更清晰的可视化效果,其中不同的模块用不同的颜色标记,相同模块的内部节点颜色相同。

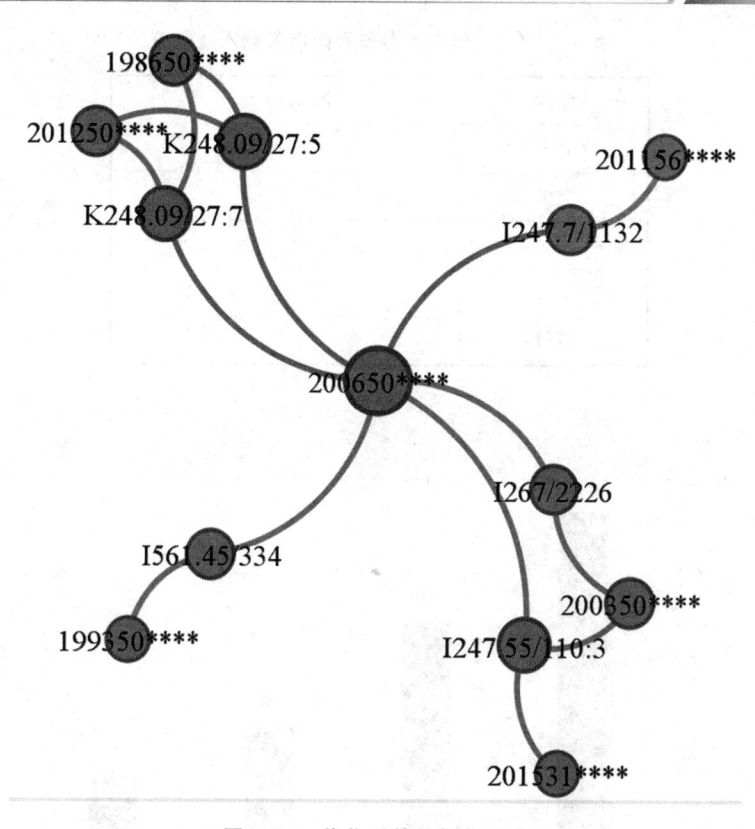

第 5 章　面向行为分析的高校馆用户画像应用

图 5.12　优化后的可视化结果

（2）借阅行为分析

① 基本情况。依据 2021 全年教师的借阅数据的 Excel 文件，应用 Excel 中的基本统计功能及可视化功能分析，得到如下结果：

从所借阅的图书角度统计，表 5.3 为 2021 年度图书被教师借阅频次，例如有 4283 本图书该年度仅有 1 次借阅记录，263 本图书该年度有 2 次借阅记录，以此类推，其柱状图如图 5.13 所示。注意，因为图书有借阅—归还期限，每本图书每年被借不能超过 4 次。

表 5.3　2021 年度图书被教师借阅频次统计表

频次	图书册数
1 次	4283
2 次	263
3 次	20
4 次	6
总计	4572

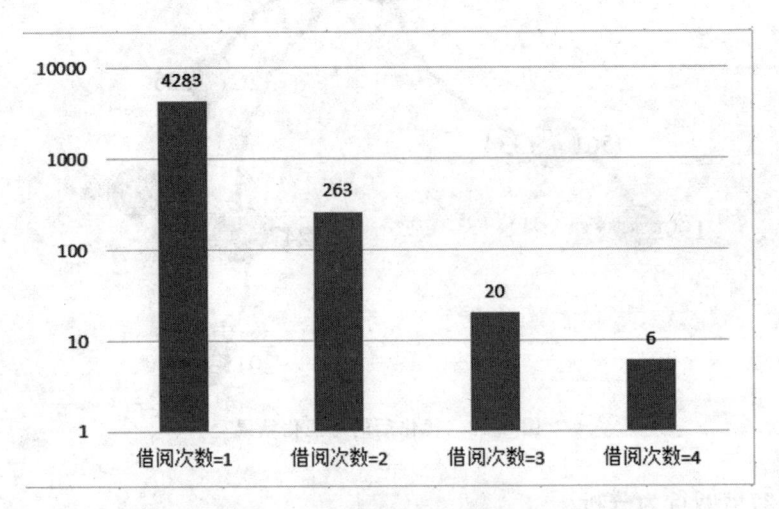

图 5.13　2021 年度图书被教师借阅频次统计柱状图

从该年度参与借阅图书的教师角度统计，表 5.4 为 2021 年教师借阅册数概况：如借阅 100 册图书以上的教师有 3 人，借阅数 50~90 册图书的教师人数为 12 人，以此类推。从表中看出，该年度共有 348 名教师借阅图书，其柱状图如图 5.14 所示，由图可以看出，该年度平均每位教师借阅数：4572/348＝13.1 本。

第 5 章 面向行为分析的高校馆用户画像应用

表 5.4 2021 年度教师借阅频次统计表

借阅册数	教师人数
100 本以上	3
50—90	12
30—50	31
20—30	27
10—20	88
5—10	74
5 本以下	113

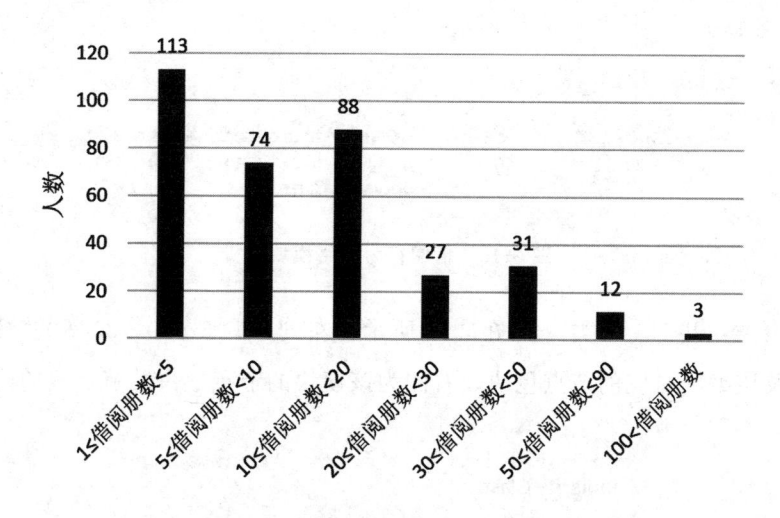

图 5.14 2021 年度教师借阅图书册数统计柱状图

② 社交网络分析

Ⅰ模块化：点击菜单"窗口"→"统计"，使用"社区检测"功能中"模块化"，通过聚类算法，结果如图 5.15 所示。横坐标轴（modularity class）对应社团编号，纵坐标轴对应每个社团的节点数目。由图 5.15 可知，共得到社团 211 个，最大社团节点数为 384 个；大部分社团节点数在 30 个节点以下。

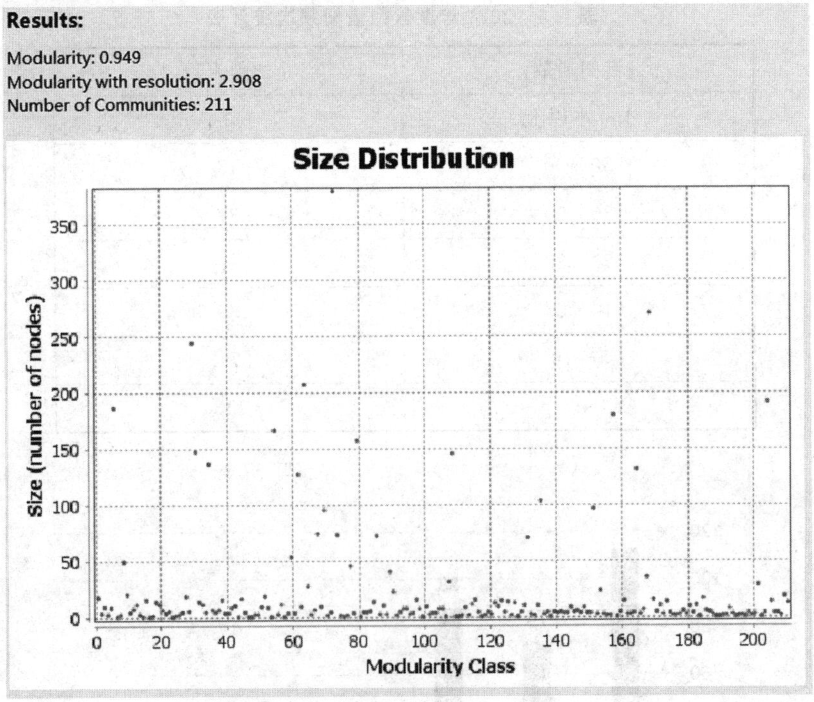
Results:
Modularity: 0.949
Modularity with resolution: 2.908
Number of Communities: 211
Size Distribution
Size (number of nodes)
0
50
100
150
200
250
300
350
0
20
40
60
80
100
120
140
160
180
200
Modularity Class

图 5.15 借阅行为网络模块分析

聚类：共 221 个类，如图 5.16 所示，左列(如 75、70，30 等)为模块编码以及该编码对应的节点色块，右侧为该模块的节点数占总节点数的比例。

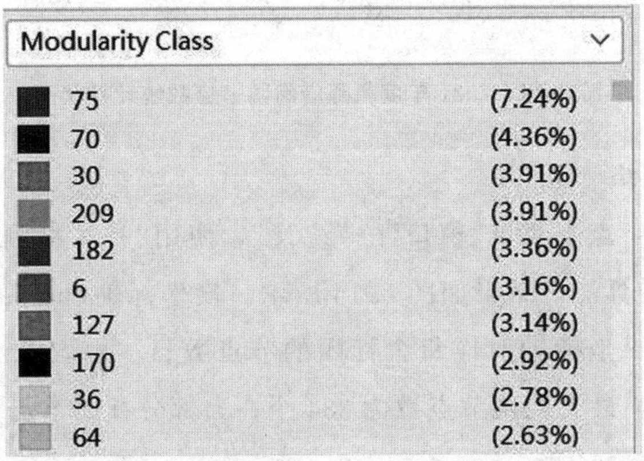
Modularity Class
75 (7.24%)
70 (4.36%)
30 (3.91%)
209 (3.91%)
182 (3.36%)
6 (3.16%)
127 (3.14%)
170 (2.92%)
36 (2.78%)
64 (2.63%)

图 5.16 借阅行为网络模块节点分布

第 5 章　面向行为分析的高校馆用户画像应用

Ⅱ网络可视化总图。如图 5.17 所示为社交网络可视化结果，共包括节点数 4920，其中教师节点 348 个，图书（索书号）节点数 4572 个，边数 4894。从图 5.17 中可以看出，大量的模块相互连接，但在图的边缘地区也存在不少的孤岛模块（灰色的点，即该模块只有少量节点，且不与其他模块有任何连接的边），这些孤岛意味着该模块中的教师借阅兴趣不与其他任何教师相同。因为网络节点数目多，连接复杂，图中 A 块的放大图如图 5.18 所示，能更清晰展示模块结构，例如：其中的"球状结构体"意味着某位教师借的书较多，使用布局算法后，图书节点环绕位于中心点的教师节点构成球形，相同颜色的节点和边的集团构成模块，模块内部的节点共享相似的兴趣（针对教师节点）和有共同的借阅者（针对图书节点）。

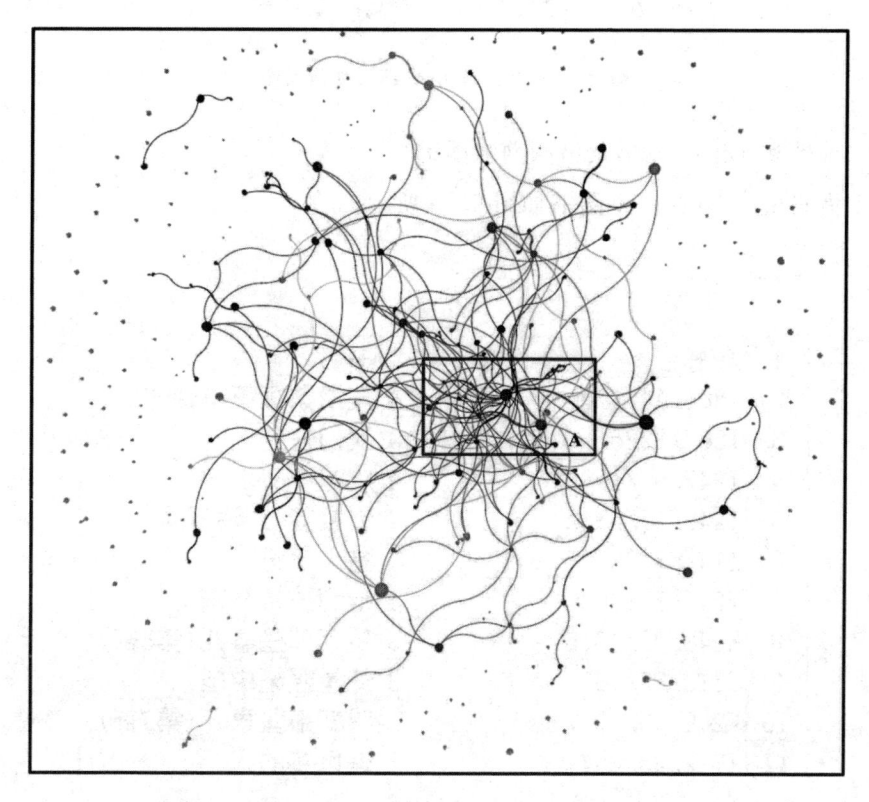

图 5.17　借阅行为网络可视化总图

图 5.17 可视化参数：节点大小(按节点度的大小)，节点颜色(区分不同模块)：Force Altas 算法：斥力强度＝1000.0。

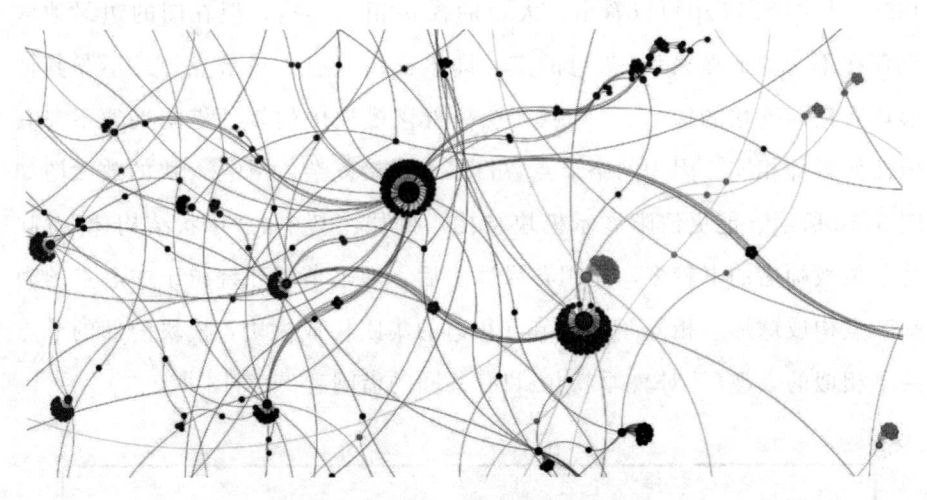

图 5.18　图 5.17 中局部 A 块放大图

Ⅲ 借阅 Top10 图书及借阅网络图谱

借阅量最大的 10 本图书如图 5.19 所示。

	A	B	C
1	索书号	借阅数	书名
2	I565.44/190	4	莫泊桑短篇小说选
3	I267/2226	4	我们仨
4	I247.57/1989	4	废都
5	I242.47/53:2	4	红楼梦：注解本
6	I14/57:38	4	猎人笔记
7	I247.5/1203	4	哈利波特与密室
8	K248.09/27:5	3	明朝那些事儿(第5部)
9	I712.55/107	3	红星照耀中国
10	K248.09/27:7	3	明朝那些事儿(第7部)
11	I712.45/404	3	追风筝的人

图 5.19　借阅量 Top10 图书列表

第5章 面向行为分析的高校馆用户画像应用

基于借阅量 Top10 图书与借阅者(工号)构建的网络模型如图 5.20 所示,共有 36 位教师参与。

	A	B	C
1	工号	书名	索书号
2	199350****	莫泊桑短篇小说选	I565.44/190
3	199950****	莫泊桑短篇小说选	I565.44/190
4	200350****	莫泊桑短篇小说选	I565.44/190
5	201050****	莫泊桑短篇小说选	I565.44/190
6	198650****	追风筝的人	I712.45/404
7	198650****	明朝那些事儿(第7部)	K248.09/27:7
8	198650****	明朝那些事儿(第5部)	K248.09/27:5
9	199950****	追风筝的人	I712.45/404
10	199950****	红星照耀中国	I712.55/107
11	200050****	废都	I247.57/1989
12	200250****	红楼梦	I242.47/53:2
13	200350****	我们仨	I267/2226
14	200350****	猎人笔记	I14/57:38
15	200450****	红星照耀中国	I712.55/107
16	200550****	红楼梦	I242.47/53:2
17	200550****	红楼梦	I242.47/53:2
18	200650****	我们仨	I267/2226
19	200650****	猎人笔记	I14/57:38
20	200650****	哈利波特与密室	I247.5/1203
21	200650****	我们仨	I267/2226
22	200650****	明朝那些事儿(第5部)	K248.09/27:5
23	200650****	明朝那些事儿(第7部)	K248.09/27:7
24	200650****	哈利波特与密室	I247.5/1203
25	200750****	废都	I247.57/1989
26	200850****	哈利波特与密室	I247.5/1203
27	200850****	废都	I247.57/1989
28	201156****	猎人笔记	I14/57:38
29	201250****	明朝那些事儿(第5部)	K248.09/27:5
30	201250****	明朝那些事儿(第7部)	K248.09/27:7
31	201250****	追风筝的人	I712.45/404
32	201356****	哈利波特与密室	I247.5/1203
33	201359****	红星照耀中国	I712.55/107
34	201450****	红楼梦	I242.47/53:2
35	201450****	猎人笔记	I14/57:38
36	201550****	我们仨	I267/2226
37	201651****	废都	I247.57/1989

图 5.20 借阅量 Top10 图书—借阅者网络

使用 Gephi 可视化"借阅量 Top10 网络",结果如图 5.21 所示。图中呈现的清晰模块结构直观展示了借阅者之间的关联(图书节点作为借阅者与另一借阅者之间的中介节点)以及图书之间的关联(借阅者节点作为图书与另一图书之间的中介节点)。

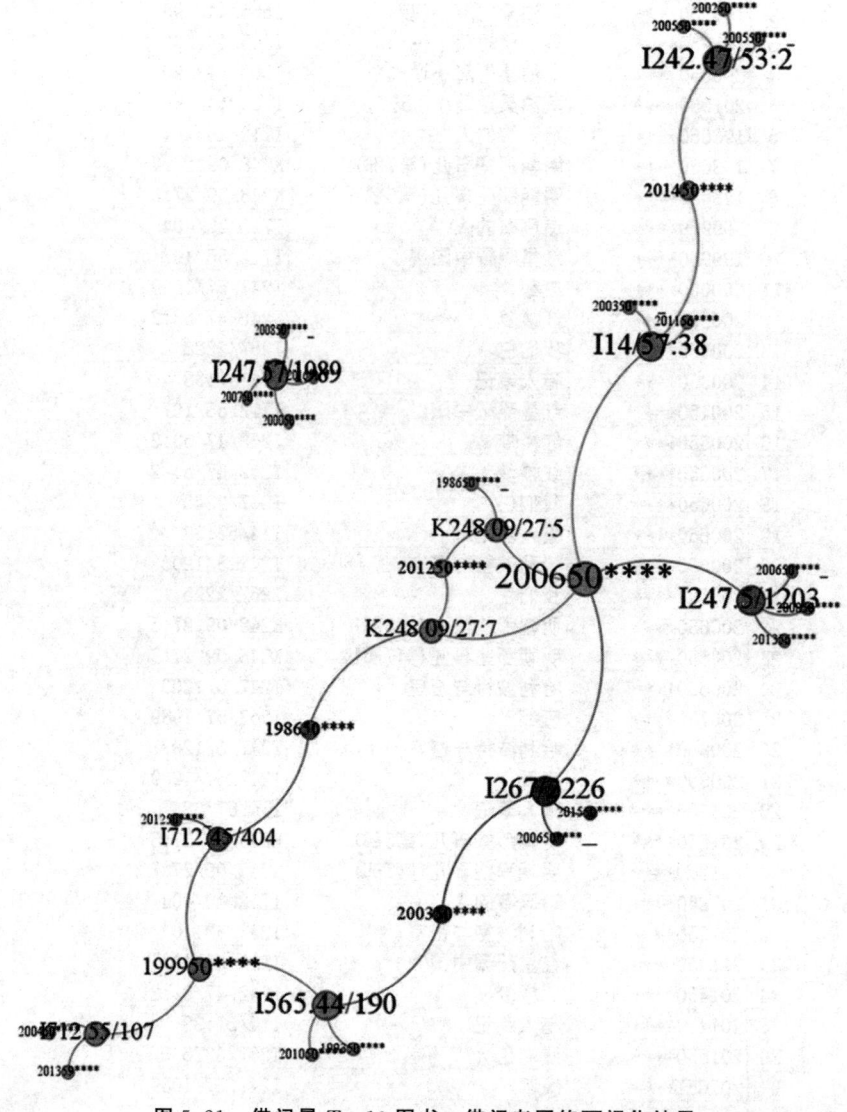

图 5.21 借阅量 Top10 图书—借阅者网络可视化结果

第 5 章 面向行为分析的高校馆用户画像应用

Ⅳ 借阅书籍最多的教师 Top10 网络模型如图 5.22 所示，涉及 10 位教师 922 条记录（即借阅图书记录），其中借阅数超 100 本图书的有 3 位教师，分别为 107、126、144 本（可同时参考表 5.4）。

	A	B
1	索书号	借阅数
2	200750****	144
3	200650****	126
4	200650****	107
5	201050****	90
6	200450****	88
7	200550****	83
8	199850****	83
9	198650****	72
10	200750****	65
11	200250****	64

图 5.22 借阅量 Top10 图书－借阅数

借阅书籍最多的教师 Top10 社交网络（借阅者－图书）可视化图 5.23 所示，在 Gephi 平台上，可以基于链接分析预测教师兴趣。图中展示了 5 个链接（共同借阅兴趣），例如，在图中左上角可视化图显示，借阅者 200650＊＊＊与借阅者 200450＊＊＊有基于共同节点（图书节点，索书号为 I217 2/267 116/223）连接的"桥梁"，说明二者有共同的兴趣，根据 4.2.1 节的理论分析，借阅者 200650＊＊＊可以将自己借阅的其他图书推荐给借阅者 200450＊＊＊，反之亦然。

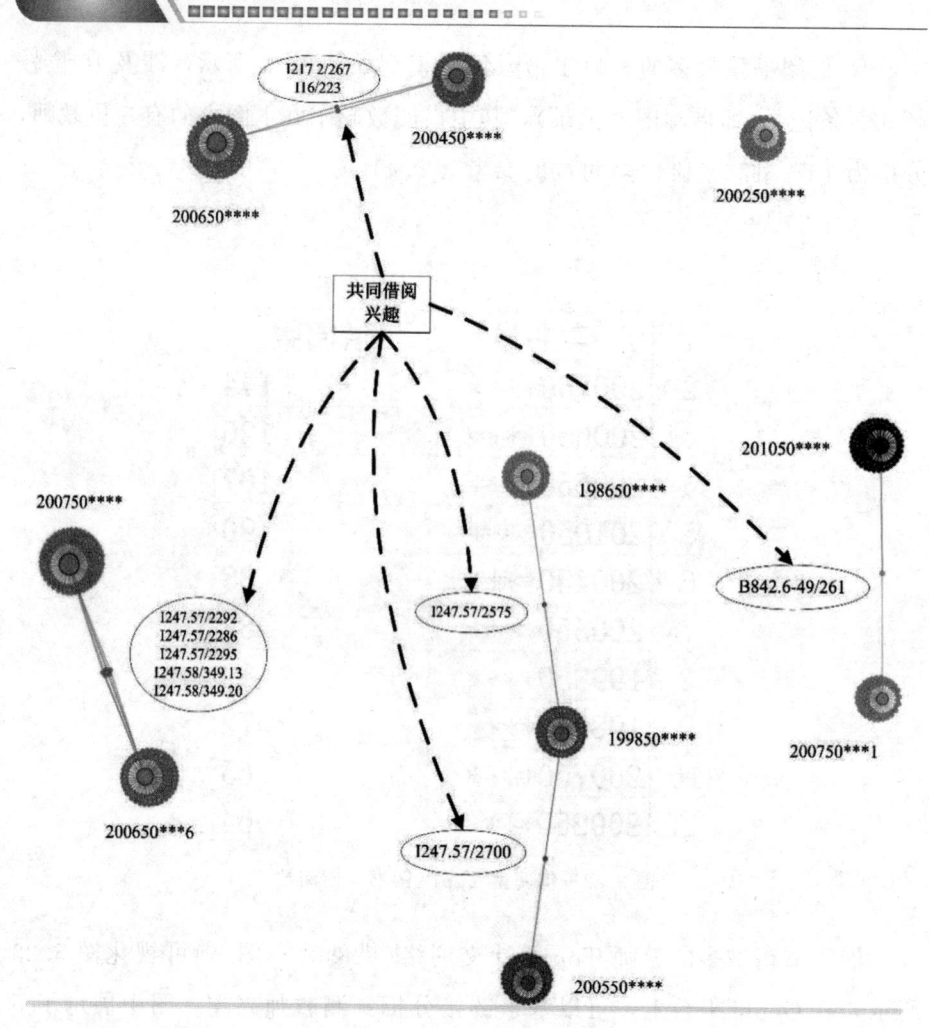

图 5.23　借阅书籍最多的教师 Top10 社交网络可视化结果

V 借阅量 Top10 的图书及借阅网络图谱

在社交网络中，作为衡量节点在网络中重要性和影响力的指标，中介中心度表示网络中任意两个节点的最短路径中经过该节点的数量比例之和。中介中心度数值越大，表明节点的位置越趋于网络中心，该节点对网络中其他节点之间的关系的控制程度越强，在该网络中的影响力越大。

中介中心度高意味着这个节点在网络中起到重要的"桥梁"作用，大量最短路径都会经过这个节点。在社交网络中，可理解为该节点（如个人、组织或群体)在信息传播、资源流动等方面具有较大的控制力和影响力，从而使得该节点在网络中具有不可替代性，如果移除该节点，可能会导致网络中的许多最短路径变长或中断，从而影响网络的连通性和效率。因此，中介中心度是评估节点在社交网络中的重要性和影响力的一个关键指标，辅助识别和理解网络中哪些节点扮演着核心角色，对于网络整体结构和功能具有重要影响。

在以上分析基础上，本研究选择借阅网络中介中心度最高的10本图书，作为图书馆未来需要补充的图书。由Gephi得到的中介中心度最高的10本图书如表5.5所示。

表5.5 借阅网络中介中心度最高的10本图书(节点)

	索书号	书名	中介中心度
1	I267/2226	我们仨	383758.44
2	I247.5/1203	哈利波特与密室	281764.68
3	F831.9/17	坚定不移	277288.00
4	K25/83	中国近代史	274701.68
5	I217.2/267	林语堂作品	262226.78
6	K109/61	历史悬案	252804.83
7	I14/57:38	猎人笔记	251092.91
8	I267/3128	上海的风花雪月	239541.31
9	G423/45＝2	教学设计原理.第2版	237016.25
10	I247.57/3509	司令的女人	236976.07

5. Gephi利用链接进行兴趣预测

链接预测是网络分析重要任务，致力于预测网络中尚未建立但可能存在的链接。本研究使用Gephi利用链接预测分析方法预测用户兴趣。链接预测的一般步骤阐述如下：

①从数据库中提取所需的数据，包括用户ID、图书ISBN和借阅

日期。

②创建两个节点文件：一个包含用户信息，另一个包含图书信息。每个节点文件应包含唯一的标识符（如用户 ID 或 ISBN）和其它相关属性。

③创建一个边文件，描述用户与图书之间的借阅关系。每条边应包含源节点（用户 ID）和目标节点（图书 ISBN 或索书号），以及边的权重（如借阅次数，也可不设置）。

④导入数据到 Gephi：将节点和边文件导入 Gephi 中，确保正确设置节点和边的类型及属性。

⑤网络可视化：使用 Gephi 的布局算法（如 Force Atlas 2）对网络布局，以清晰展示节点和边的关系，调整节点和边的视觉属性（如大小、颜色、粗细等），以提高可视化的清晰度。

⑥链接预测分析：通过聚类分析算法计算节点相似性，识别节点之间可能存在的潜在链接，然后在此基础上进行链接预测。

6. 兴趣预测分析结果

通过聚类算法找到有相似借阅行为的 3 个群体（集群中包括借阅者和借阅书籍），在 Gephi 平台上，可以自动导出聚类结果，存放到 Excel 中。

通过"窗口"→"过滤"→"拓扑"→"度范围"，过滤社交网络图，可以分离出借阅兴趣相似的社交网络子图，进行教师兴趣预测。

如图 5.24 所示，将模块分离后，进行可视化。图示中以借阅者 19855＊＊＊＊0 为研究对象，因为其与借阅者 20075＊＊＊＊1 和借阅者 20065＊＊＊＊6 各自形成的集群有相似（相同）借阅行为（即共同借阅兴趣）：

①将来自借阅者 20075＊＊＊＊1 的另一途径借阅的图书（索书号 I247.7/1239:3）推荐给借阅者 19855＊＊＊＊0，注意该图书与另一借阅者 20045＊＊＊＊4 共享，说明其作为桥梁，较其他图书有更大的影响力，同理，将借阅者 20075＊＊＊＊1 与 20065＊＊＊＊6 共享的 5 本图书（ I247.57/2292、 I247.57/2286、 I247.57/2295、 I247.58/349.13、I247.58/349.20）也推荐给 19855＊＊＊＊0（即作为 19855＊＊＊＊0 的兴

第 5 章　面向行为分析的高校馆用户画像应用　　149

趣预测）；

②将来自借阅者 20065＊＊＊＊6 的其他途径借阅的图书作为 19855＊＊＊＊0 的兴趣预测同理，不再赘述，如图 5.24 所示。

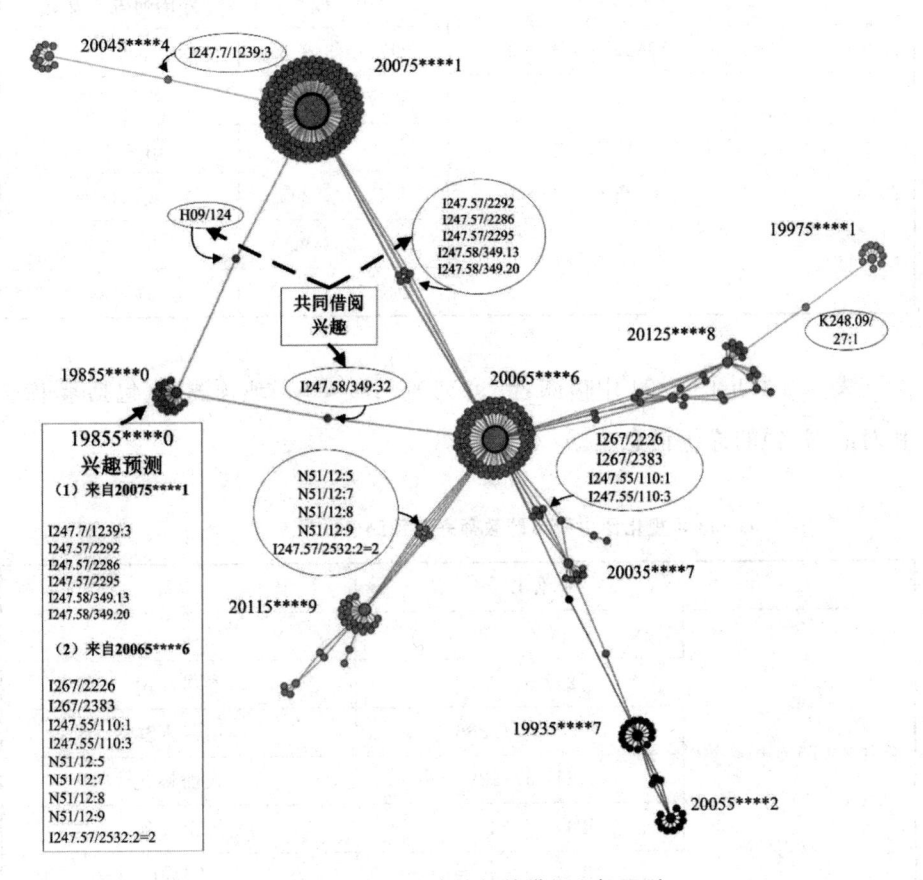

图 5.24　基于聚类分析的借阅兴趣预测

基于聚类分析兴趣预测能洞察作为"桥梁"的"中介中心度"节点，因而提高推荐效率。表 5.6 给出图 5.24 借阅者共同兴趣图书（包括索书号和对应书名）的详细信息。

表 5.6　Gephi 可视化图中析出的教师共同兴趣(部分)

工号 1	工号 2	索书号	书名
20045****4	20075****1	I247.7/1239:3	星球大战
19855****0	20075****1	H09/124	外语研究方法论
20065****6	19855****0	I247.58/349:32	鹿鼎记
20065****6	20075****1	I247.57/2292	春尽江南
		I247.57/2286	山河入梦
		I247.57/2295	人面桃花
		I247.58/349.13	雪山飞狐
		I247.58/349.20	连城诀

表 5.7 给出图 5.24 中借阅者 19855****0 兴趣预测表(包括索书号和对应书名)的详细信息。

表 5.7　Gephi 可视化图中析出的教师兴趣预测表(以 19855****0 为例)

	索书号	书名
来自 20075****1	I247.7/1239:3	星球大战
	I247.57/2292	春尽江南
	I247.57/2286	山河入梦
	I247.57/2295	人面桃花
	I247.58/349.13	雪山飞狐
	I247.58/349.20	连城诀
注意要加上自身借阅的 100 多本图书,但共同兴趣优先		

续表

	索书号	书名
来自 20065＊＊＊＊6	I267/2226	我们仨
	I267/2383	干校六记
	I247.55/110:1	三体
	I247.55/110:3	三体.Ⅲ.Ⅲ，死神永生，Dead end
	N51/12:5	植物王国：与人类共享阳光
	N51/12:7	动物世界：共享生命的凯歌
	N51/12:8	物理化学：探索物质世界
	N51/12:9	地球地理：认识永久的家园
	I247.57/2532:2=2	平凡的世界
注意要加上自身借阅的 100 多本图书，但共同兴趣优先		

5.4.4 基于 Hadoop+Spark+GraphX 的用户借阅行为分析

1. 数据收集

在图 5.8 中，抽取读者"证件号"（变量名设为 userId）、"索书号"（变量名设为 bookId）和借出日期（变量名为 borrowDate），每一行代表一条借阅记录，并将 Excel 文件保存为 csv 文件格式，将数据存到 HDFS（Hadoop Distributed File System）上，文件名为：borrow_records.csv。

2. 使用 Hadoop 进行数据清洗和初步处理

Hadoop 可以用来进行大规模数据的分布式存储和处理。使用 Hadoop MapReduce 框架来进行数据清洗和初步处理，统计每个用户的借阅次数等。

3. 使用 Spark 进行数据加载和特征提取

使用 Apache Spark 来加载和处理经过初步处理的数据。Spark 提供了 RDD（弹性分布式数据集）和 DataFrame API，使数据处理变得更加简单高效。

4. 使用 GraphX 进行图形分析

使用 Spark 的 GraphX 组件来构建用户与图书之间的借阅关系图，并进行进一步的分析。以下给出 python 关键代码，展示用 Spark 和 GraphX 来构建"用户－图书"借阅图，并进行一些基本的操作步骤：

Step 1：设置 Spark 环境

```python
from pyspark import SparkConf, SparkContext
from graphframes import GraphFrame

conf = SparkConf().setAppName("Library Borrow Analysis")
sc = SparkContext(conf=conf)
```

Step 2：加载数据

```python
#假设数据集位于 HDFS 或其它文件系统中
borrow_records = sc.textFile("hdfs://localhost:9000/user/library/borrow_records.csv")

#将 CSV 数据转换成 RDD[(userId, bookId, borrowDate)]
borrow_records = borrow_records.map(lambda line: (line.split(',')[0], line.split(',')[1], line.split(',')[2]))
```

Step 3：构建图

```python
#提取用户节点
users = borrow_records.map(lambda x: (x[0],)).distinct().map(lambda x: (x[0], "User"))
users_df = users.toDF(["id", "type"])
```

第5章 面向行为分析的高校馆用户画像应用

```
# 提取图书节点
books = borrow_records.map(lambda x：(x[1],)).distinct().map(lambda x：(x[0], "Book"))
books_df = books.toDF(["id", "type"])

# 合并用户和图书节点
vertices = users_df.union(books_df)

# 构建边
edges = borrow_records.map(lambda x：(x[0], x[1])).distinct()
edges_df = edges.toDF(["src", "dst"])

# 创建 GraphFrame
library_graph = GraphFrame(vertices, edges_df)
```

Step 4：图形分析

```
# 计算每个用户的借阅次数
borrow_counts = library_graph.degrees.filter(library_graph.degrees.id.isin(users.select("id")))

# 计算每个图书的被借阅次数
book_popularity = library_graph.degrees.filter(library_graph.degrees.id.isin(books.select("id")))
```

使用 Louvain 方法进行社区检测。Louvain 方法是一种用于大型网络的快速社区检测算法。# 需确保环境中已经安装了 pyspark 和 graphframes 库。

```
from graphframes import *
from graphframes.lib import GraphStats

#使用Louvain方法进行社区检测
community_result = library_graph.approxNewman()

#输出社区成员
print("Community Members:")
community_members = community_result.vertices.rdd.collect()
for member in community_members:
    print(member)

#统计社区数量
num_communities = community_result.vertices.groupBy("community").count().count()
print(f"Number of communities detected:{num_communities}")

#使用Breadth-First Search(BFS)算法来查找两个节点之间的最短路径。
#假设要查找用户A到用户B之间通过借阅图书形成的最短路径。
from pyspark.sql.functions import lit

#假设要查找的用户A和用户B的ID
source_user_id = "UserA"
target_user_id = "UserB"

#创建源节点
source_node = spark.createDataFrame([(source_user_id,)], ["id"])
```

```
source_node = source_node.withColumn("distance", lit(0))

#执行 BFS
bfs_result = GraphFrame(library_graph.vertices, library_graph.edges).connectedComponent(source_node)

#查找目标节点的距离
target_distance = bfs_result.where(bfs_result.id == target_user_id).select("component").collect()
if target_distance:
    print(f"The shortest path from {source_user_id} to {target_user_id} is {target_distance[0][0]} steps.")
else:
    print(f"No path found between {source_user_id} and {target_user_id}.")
```

5.5 小结

本章概述"Gephi工具",包括开发者、功能及其优势,并重点介绍Gephi工具以及图聚类算法,分析了用户借阅行为(包括:热门图书分析、关键用户发现、相似爱好群体分析)以及用户兴趣预测方面的作用。

通过使用Gephi对"图书馆用户借阅日志"数据库进行链接预测分析,可以识别出用户与图书之间可能存在的潜在链接。这些链接代表了未来可能发生的借阅行为,对于图书馆的图书推荐、用户个性化服务和采购决策等方面具有重要的参考价值。然而,需要注意的是,Gephi本身并不直接支持链接预测功能,因此需要将Gephi与其他工具结合使用来完成整个分析过程。

面向行为分析的高校图书馆用户画像应用有助于提升图书馆的服务质

量和效率，增强用户体验。通过不断的技术创新和实践探索，图书馆可以更好地满足用户多元化、个性化的需求，成为高校教学科研不可或缺的支持平台。

应用"用户画像"方法开展"用户行为分析"在高校图书馆中具有多方面的优势。这些优势不仅有助于图书馆提升服务质量、优化资源配置，还有助于推动服务创新、增强用户黏性，为图书馆事业的持续发展提供有力支持。

第6章　面向图书推荐的高校馆用户画像应用

高校图书馆作为知识传播与学术研究的重要场所，图书推荐扮演着连接读者与文献资源的桥梁角色，其重要性不言而喻。然而，该系统在实际运行过程中常遭遇两大难题："冷启动"问题与"推荐精准度不足"问题。用户画像能通过收集并分析用户的多维度信息，构建用户兴趣与需求的动态模型，不仅能够利用基本信息为新用户提供推荐，缓解冷启动难题，还能通过对用户行为的持续跟踪与学习，不断优化和完善用户画像，从而提高推荐的精准度与个性化程度。用户画像技术能极大提升高校图书馆资源的利用效率与用户满意度，为学术研究与知识探索开辟更加个性化的路径。

6.1　高校馆图书推荐面临挑战

高校图书馆图书推荐以提升服务质量和用户体验为目标，当前面临着多重挑战，特别是在"冷启动"问题、推荐精准度不足、特征标签融合问题等方面，这些挑战制约了推荐系统的有效性和用户满意度。

"冷启动"是图书推荐的首要问题。是指新用户或新图书加入系统时，由于在构建用户画像或内容特征模型的过程中，缺乏足够的历史数据，导致推荐系统效率低下。在高校图书馆场景中，新生入学或新图书上架时，这一问题尤为突出。缺乏个人阅读历史和偏好信息的新用户，以及没有用户评价和借阅记录的新图书，使得系统难以精准匹配用户需求，影响推荐效果。

推荐精准度不足是困扰着图书推荐领域的另一关键问题。尽管推荐算法不断进步，但确保高度个性化和精准的推荐仍值得深入研究。高校图书馆用户群体具有高度多样性，不同学科背景、研究方向和阅读偏好的学生及教师对图书的需求差异显著。当前推荐系统往往基于统计模型或机器学习算法，可能因数据稀疏性、模型泛化能力有限或忽视用户长期兴趣变化等因素，导致推荐结果偏离用户实际需求，降低推荐满意度。

另外，特征标签融合问题的解决存在技术壁垒。有效的推荐依赖于准确的用户兴趣标签和图书特征标签，如果通过信息技术搭建起沟通用户兴趣与图书特征匹配的桥梁，如何使二者深度融合则决定推荐的成败。一方面，用户兴趣标签的生成可能基于粗略的借阅记录或简单的用户自定义，难以全面反映用户的深层次需求和潜在兴趣；另一方面，图书特征标签的标注可能受限于分类体系的局限性或标签标准化程度不高，导致图书的多维度特性无法被充分表达。这种不一致性限制了推荐系统对用户需求的深入理解和精准匹配。

6.2 面向图书推荐的用户画像解决方案

1. 冷启动问题及其一般应对方法

在高校图书馆图书推荐领域，解决用户冷启动问题是指当新用户首次使用推荐系统时，如何克服因缺乏历史行为数据，提供有效的个性化推荐。

（1）问卷调查与用户注册信息

在用户初次注册或首次使用图书馆服务时，要求用户提供一些基本信息，如专业、年级、研究方向、兴趣爱好等。基于这些初始信息，图书馆可以采用基于内容的推荐策略，推荐与其学术背景或兴趣相符的热门图书或经典读物。

（2）基于群体偏好推荐

对于新用户，可以先按照大多数相似背景用户的喜好进行推荐，例

第6章 面向图书推荐的高校馆用户画像应用

如,新生可以接收到对应院系前一年度最受欢迎的图书列表或者根据新生常见课程推荐相关的教科书和参考书。

(3) 通用热门图书推荐

首次推荐阶段,可以推荐一段时间内被借阅次数多、评分高的图书,作为冷启动时期的过渡推荐。

(4) 基于社交网络信息

可结合用户社交网络数据,如好友的读书清单或者兴趣群组的热门书籍初步构建用户可能感兴趣图书集合。

(5) 引导用户快速产生行为数据

设计互动环节,鼓励新用户填写个人阅读偏好、参与图书打分或评论,甚至快速完成一次图书借阅,以便更快收集到用户行为数据。

基于用户画像方法为解决冷启动问题提供思路。系统在用户注册时就可设计一系列引导性的问答,帮助建立初步的用户画像,比如询问学生的主修课程、感兴趣的研究领域、近期的学习计划等。然后,系统基于已有的用户群体特征数据,通过机器学习算法生成一个临时的个性化推荐列表,随着用户在图书馆的实际借阅和浏览行为逐渐增多,推荐系统会不断优化和调整推荐内容。

2. 精准度不足问题及其一般应对方法

一般而言,基于"用户画像"方法,可以从以下几个方面采取措施。确保推荐系统能够更准确地理解用户需求并提供高度个性化的图书推荐:

(1) 深化用户画像构建

多维度数据采集:除基本的阅读历史外,还需收集用户的搜索关键词、浏览行为、评价与反馈、社交媒体兴趣点、参与的讨论组或论坛主题等,形成全面的用户行为数据集。

情感与偏好分析:利用自然语言处理技术分析用户评论的情感倾向和具体内容,识别用户对不同书籍类型的喜好程度及潜在需求。

动态更新用户标签:基于用户的实时互动,自动调整和新增用户画像中的标签，确保用户兴趣模型的时效性。

（2）社交网络影响分析

好友推荐系统：引入社交网络分析，识别用户社交圈中的阅读趋势和热门书籍，因为人们往往受到其社交圈阅读偏好的影响。

社群聚类：将用户按照共同的兴趣和行为模式聚类，分析每个群体的特色阅读偏好，为用户推荐所在群体内受欢迎但尚未阅读的书籍。

（3）内容与协同过滤混合模型

内容推荐：分析图书的元数据（如类别、作者、关键词等）与用户画像中的标签匹配度，推荐内容相似的书籍。

协同过滤：结合用户－物品交互矩阵，识别具有相似阅读行为的用户群体，为每位用户推荐这些相似用户喜欢的但未被当前用户接触过的书籍。

混合模型：结合上述两种方法的优势，既能挖掘用户的潜在兴趣，又能避免因用户行为数据稀疏导致的推荐局限性。

（4）上下文感知推荐

时间与场景因素：考虑用户阅读的时间（如工作日、周末、假期）、地点（如图书馆、居家、旅行途中）等上下文信息，适时调整推荐内容。

用户状态推测：通过分析用户的活跃时段、阅读速度等，推测用户当前可能的需求状态（如休闲阅读、研究学习等），提供相应的图书推荐。

（5）持续反馈循环

主动反馈收集：设计便捷的反馈机制，鼓励用户对推荐书籍进行评价，无论是正面还是负面反馈都视为优化推荐算法的有用信息。

机器学习优化：利用收集到的反馈数据，不断训练和优化推荐算法模型，实现自我学习与迭代，提升推荐的精准度。

3. 特征标签融合问题及一般应对方法

（1）标签映射与标准化

建立统一标签体系：首先，需要构建一个综合的标签体系，将用户兴趣标签与图书特征标签进行映射整合。这要求对现有标签进行归一化处理，比如通过词根还原、同义词合并等方式，确保用户和图书标签在概念

第6章 面向图书推荐的高校馆用户画像应用

上的一致性和兼容性。

（2）深度语义分析

利用 NLP 技术：运用自然语言处理（NLP）技术，如词嵌入（Word Embedding）、BERT 等模型，对用户行为描述和图书内容进行深度语义分析，即使标签字面不同，也能识别出它们之间的内在关联，提升匹配精度。

综合上述分析，面对高校图书馆图书推荐系统所面临的"冷启动"、推荐精准度不足以及特征标签融合问题等挑战，经过深入调研和思考，本章提出一种基于用户画像的综合性的解决方案——"面向图书推荐的用户画像解决方案"，该方案旨在通过多维度策略优化推荐流程，提升用户体验与推荐效果，其关键措施如下所述：

①解决"冷启动"问题：新生注册时的兴趣采集。针对"冷启动"难题，在新生注册阶段即引入个人兴趣采集机制。通过仔细设计的问卷或交互式界面，鼓励新生详细填写个人学术兴趣、阅读偏好乃至潜在的研究方向。这些初始数据虽然简单，却能为每个新用户提供初步的个性化标签，作为构建用户画像的基石。结合智能推荐算法，即便在用户行为数据积累不足的情况下，也能依据这些兴趣信息推荐相关图书，有效缓解冷启动困境。

②提升推荐精准度：社交网络聚类与关联规则分析。为了解决推荐精准度不足的问题，方案融合了"社交网络聚类分析"与"关联规则分析"两大技术手段。社交网络聚类分析能够识别用户之间的关系网及其共性，通过分析同专业、同兴趣小组或高互动度用户群的阅读偏好，为相似背景的新生提供更为贴合的图书推荐。而关联规则分析则深入挖掘图书借阅记录中的隐藏模式，识别哪些图书经常被同一用户群体借阅，通过发现书籍间的隐性关联，进一步细化推荐内容，提升推荐的个性化水平和精准度。

③统一标签库：消除标签不一致性。基于语义计算方法，构建统一的用户兴趣标签与图书特征标签库是解决标签不一致性的关键。通过构建一套标准化、细致且兼容性强的标签体系。这包括对图书进行深度元数据标注，确保每本图书的学科、主题关键词、作者等多维度信息得到精确描述；同时，建立动态更新的用户兴趣标签库，通过用户反馈机制不断丰富

和完善标签内容。通过统一标签体系，增强用户画像与图书特征的匹配度，从根本上减少推荐过程中的误解与偏差。

基于上述分析，提出以下包括用户画像和图书画像的标签模型构建方法：

6.3 画像模型构建

画像模型包括用户画像模型和图书模型两个部分，用于描述用户端用户画像和图书端用户画像。

1. 用户画像模型构建

结合社交网络分析和语义计算方法，提出的用户画像概念模型如图6.1所示。

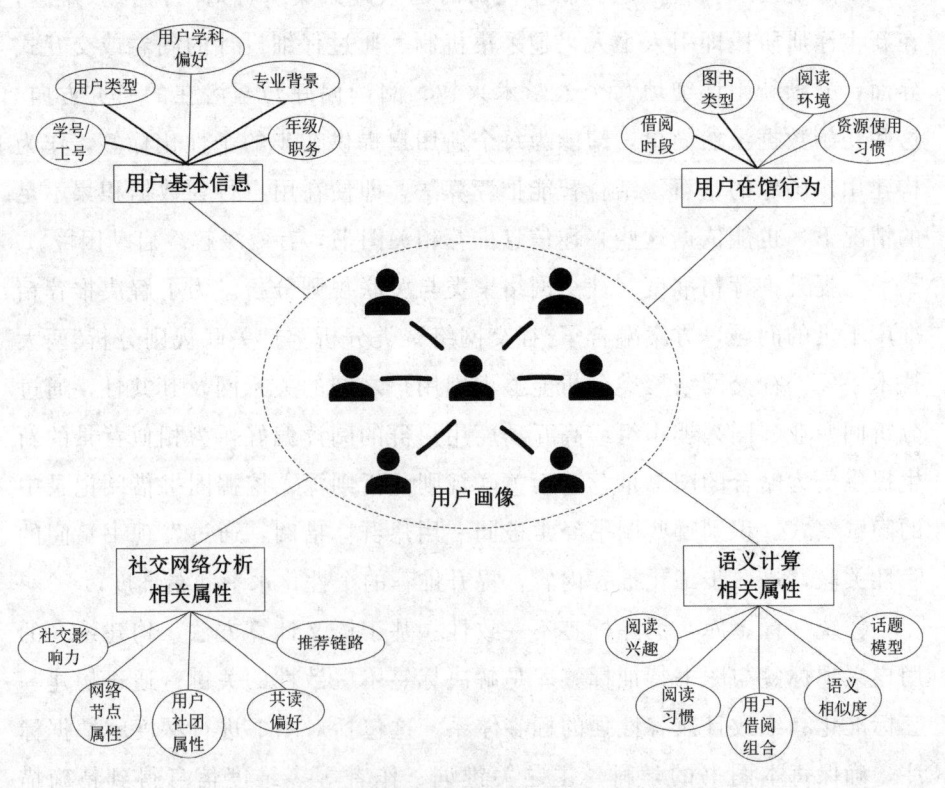

图 6.1　面向图书推荐的用户画像构建概念模型

第6章 面向图书推荐的高校馆用户画像应用

用户画像概念模型包括：用户基本信息、用户在馆行为、社交网络分析相关属性、语义计算相关属性四个标签，围绕图书推荐目标，每个标签又分为若干子标签。

用户画像标签体系及标签注释如图6.2所示。其中"社交网络分析相关属性"标签的子标签"用户社团属性"，与"语义计算相关属性"标签的子标签"用户借阅组合"，将在图书推荐案例中重点分析，见图6.2中的带方格背景的标签。

一级标签	二级标签	标签注释	应用方法
用户基本信息	学号/工号	学生学号/教师、研究人员、行政人员等工号	
	用户类型	用户分类：学生、教师、研究人员、行政人员	
	用户学科偏好	用户在系统注册时从下拉列表选取的学科偏好	
	专业背景	用户所学专业或研究领域	
	年级/职务	本科生、硕士生、博士生、讲师、教授等	
用户在馆行为	借阅时段	用户倾向于借阅图书的时段	
	图书类型	用户倾向于借阅图书类型（如小说或教科书等）	
	阅读环境	倾向于馆内阅读或回家阅读	
	资源使用习惯	使用数字资源（如电子图书、期刊）频度	社交网络分析： *网络模型构建 *聚类分析 *网络分析 *…… 语义计算： *语义标注 *本体构建 *相似度计算 *……
社交网络分析相关属性	社交影响力	在社交网络对他人的推荐影响力评价	
	网络节点属性	社交网络指标：如度中心性、接近中心性、中间中心性等，反映用户在学术讨论或图书分享中的活跃程度或连接广泛度	
	用户社团属性	通过图聚类等算法发现的用户社团	
	共读偏好	用户社交群体内最常被讨论或分享的图书主题	
	推荐链路	从其它用户处获取图书推荐频次和质量评价	
语义计算相关属性	阅读兴趣	通过用户借阅记录、搜索历史等，利用语义计算技术分析得出用户的阅读兴趣点，如"文学""历史""科学"等	
	阅读习惯	通过借阅时间、借阅频率等数据，分析用户的阅读习惯，如"定期借阅"、"偶尔借阅"或"频繁借阅"	
	用户借阅组合	通过关联算法发现的用户共同借阅组合	
	语义相似度	利用语义相似度计算技术，分析用户之间（借阅或搜索图书对应的学科关键词）语义相似度	
	话题模型	使用算法LDA等模型输出主题分布，展示用户在不同学术话题上的关注度和深度	

面向图书推荐的高校馆用户画像标签体系

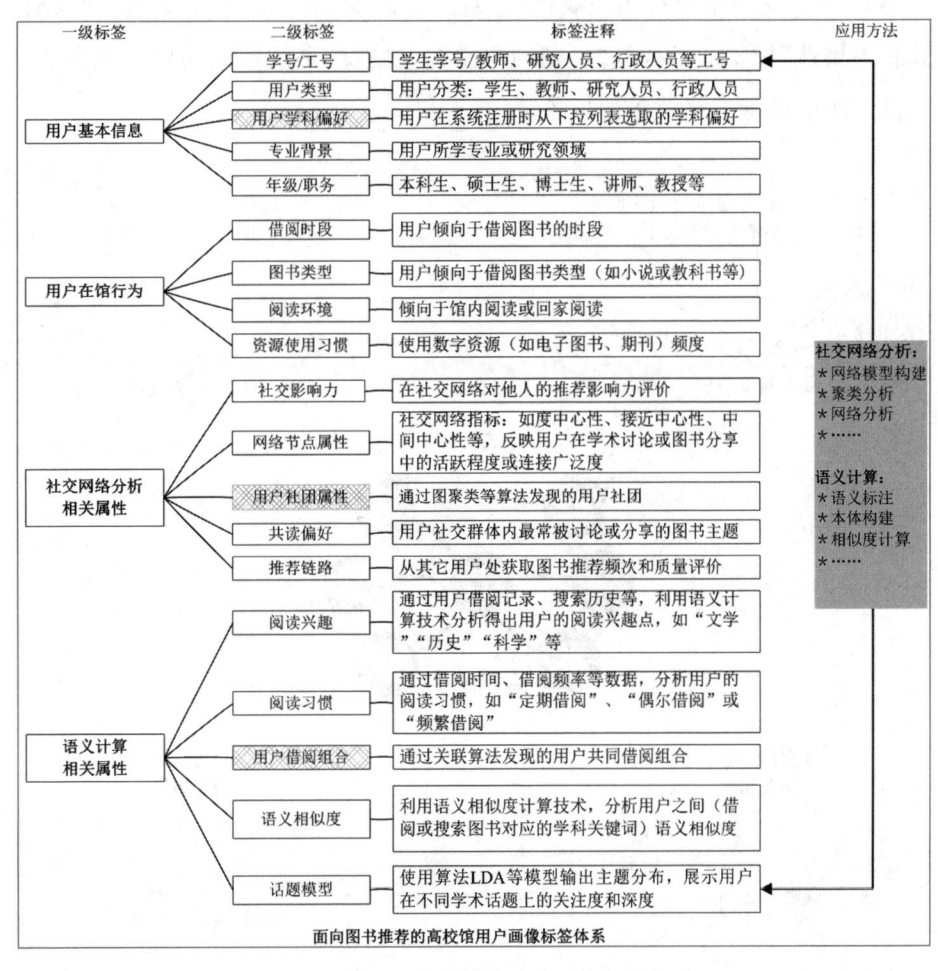

图6.2 面向图书推荐的用户画像标签体系

2. 图书画像模型构建

图 6.3 给出图书画像概念模型，注重与用户画像标签相对应，包括：图书基本信息、用户行为关联、社交网络分析相关属性、语义计算相关属性四个标签，围绕图书推荐目标和图书特征，每个标签也分为若干子标签。

用户画像标签体系及标签注释如图 6.4 所示。其中"图书基本信息"标签的子标签"学科主题关键词"（用于匹配用户画像中的"用户学科偏好"子标签）、"社交网络分析相关属性"标签的子标签"图书影响力"，与"语义计算相关属性"标签的子标签"关键词权重"，将在图书推荐案例中重点分析，见图 6.4 中的带方格背景的标签。

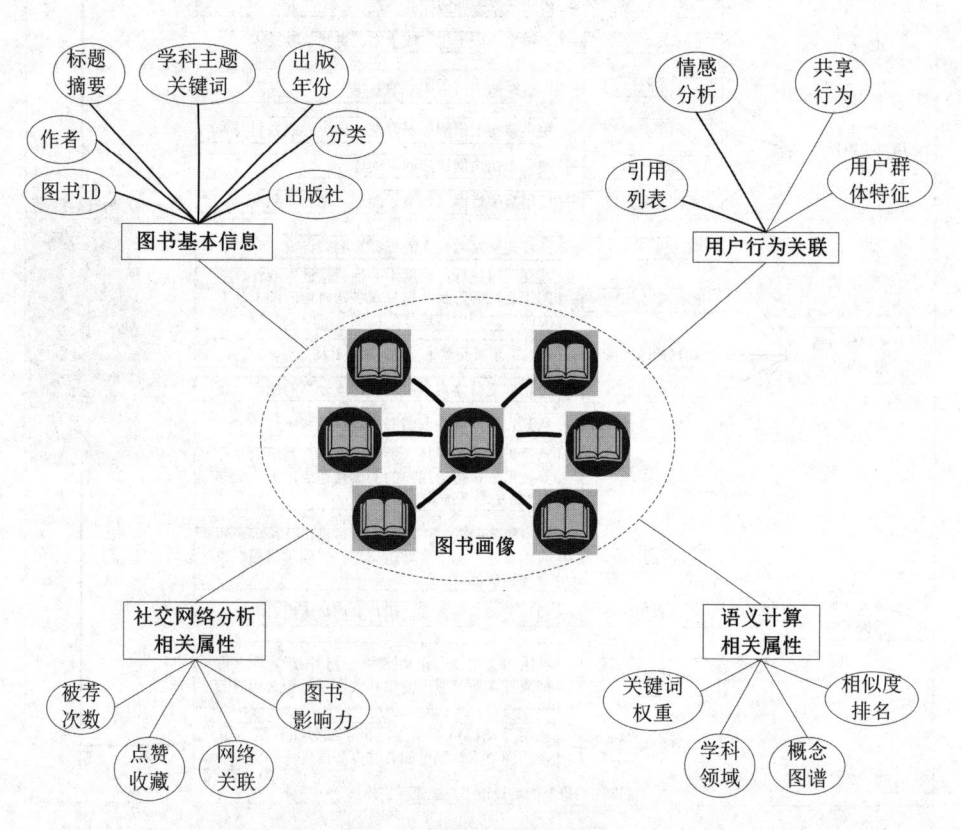

图 6.3　图书画像概念模型

第 6 章　面向图书推荐的高校馆用户画像应用　　165

一级标签	二级标签	标签注释	应用方法
图书基本信息	图书ID	ISBN号/借阅号/MARC编号等	
	作者	作者与合著者	
	标题摘要	标题与副标题，图书摘要等	
	学科主题关键词	图书入库时管理员从下拉列表中选取的主题词	
	出版年份	出版年份相关信息	
	分类	分类号/学科分类	
	出版社	出版社信息	
用户行为关联	用户群体特征	经常阅读此书的用户群体特征概要	社交网络分析： *网络模型构建 *聚类分析 *网络分析 *……
	共享行为	图书在社交网络中被分享和转发的情况统计	
	引用列表	在学术论文中频繁引用该图书的研究者	
	情感分析	用户对图书的正面、负面及中性评价比例	
社交网络分析相关属性	被荐次数	图书在网络平台上的推荐次数	语义计算： *语义标注 *本体构建 *相似度计算 *……
	网络关联	与其他热门图书的联系紧密度，通过共同被推荐、讨论或引用建立的链接强度	
	点赞收藏	用户对图书的正面反馈数量	
	图书影响力	图书在特定学术社群或兴趣小组内影响力排名	
语义计算相关属性	关键词权重	通过TF-IDF、LSI或其他算法提取的核心关键词及其重要程度	
	相似度排名	与其它图书在内容语义上的相似度分数	
	学科领域	基于图书内容自动标注的学科类别	
	概念图谱	使用算法LDA等模型输出主题分布，展示用户在不同学术话题上的关注度和深度	

面向图书推荐的高校馆图书画像标签体系

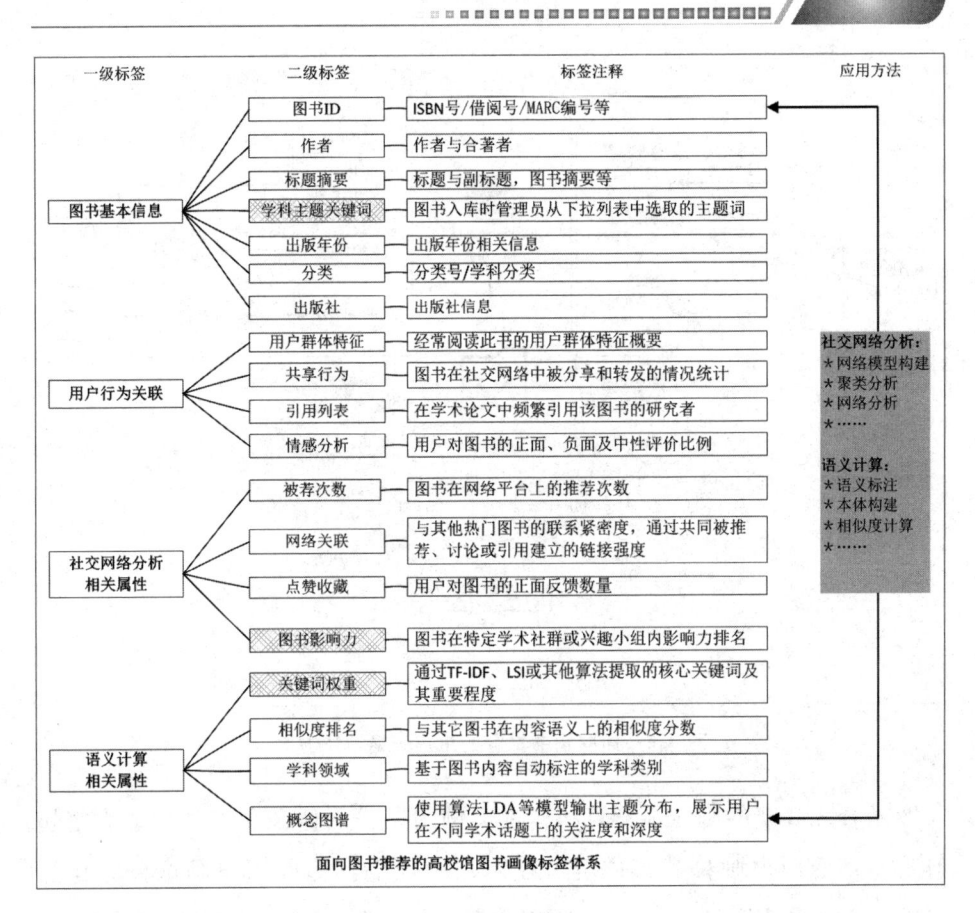

图 6.4　图书画像标签

6.4　图书推荐案例

在用户画像和图书画像建模的基础上，遵循 6.2 节的思路，设计的图书推荐的流程如图 6.5 所示。首先依托用户信息数据库、用户行为数据库、图书资源数据库，构建用户画像和图书画像模型，接着构建学科主题知识图谱，提供统一的学科主题标签库(用于为用户的"学科偏好"和图书的"学科主题关键词"打上标签，使得标签库统一)，然后融合用户画像和图书画像模型，并进行用户兴趣和图书特征标注，二者基于统一的标签库，开展标签相似度计算，最后在此基础上开展图书推荐。

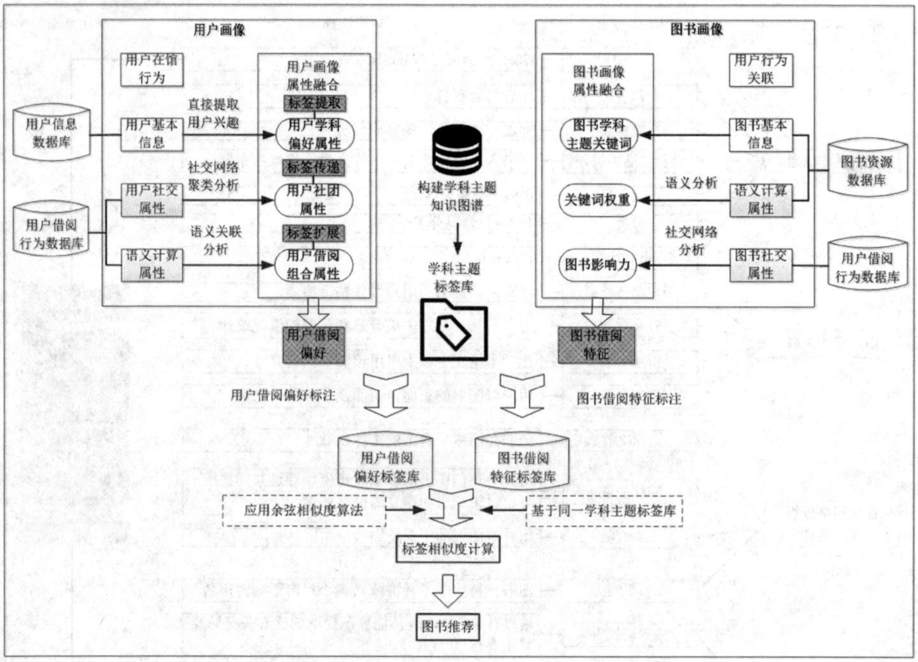

图 6.5 面向图书推荐的用户画像解决方案

结合 6.3 节的画像模型，构建本案例的用户画像和图书画像。为密切呼应本章的用户画像建模内容，在用户画像端，选取用户画像概念模型（图 6.1）中的"用户基本信息""用户学科偏好""社交网络相关属性"中的"用户社团属性"，以及"语义计算属性"中的"用户借阅组合属性"，进行用户借阅偏好融合；而在图书画像端，选取图书画像概念模型（图 6.3）"图书基本信息"的"学科主题关键词""社交网络相关属性"中的"图书影响力"，以及"语义计算属性"中的"关键词权重"，进行图书借阅属性融合。

6.4.1 数据收集与清洗

按照图 6.5 的流程，需要收集用户信息、用户借阅行为和图书资源三类数据。

1. 用户信息数据库

用户信息数据表如图 6.6 所示，其中"用户学科偏好"由用户登录系统时，从以下列表中选取。

第6章 面向图书推荐的高校馆用户画像应用

1	学号/工号	姓名	性别	出生日期	院系	专业	兴趣偏好
2	2018****03	张**	男	2000/1/25	计算机工程学院	人工智能	软件工程、计算机体系结构、信息资源管理
3	2003****91	赵**	女	1980/4/23	电气信息工程学院	电子信息工程	无线通信、室内空间设计、数据科学与数据分析
4	2017****45	丁**	男	1999/9/18	机械工程学院	机器人工程	机器学习与人工智能、伦理法规与标准化、服装史与文化
5	2018****33	张**	男	2000/12/24	化学化工学院	储能科学与工程	储能原理、电化学储能、城市设计与规划
6	2017****21	臧**	女	1999/11/23	管理学院	信息管理	数据科学与数据分析、信息安全管理
7	2019****96	由**	女	2001/3/19	电气信息工程学院	通信工程	网络安全、通信信号处理
8	2018****11	常**	男	2000/4/17	艺术设计学院	服装与服饰设计	服装史与文化、服装结构与制版
9	2017****06	张**	女	1999/8/14	外国语学院	商务英语	商务英语口语、商务翻译
10	2017****59	赵**	男	1999/9/18	机械工程学院	机械电子工程	机器人技术、自动化生产线与装备
11	2018****44	吴**	男	2000/4/17	艺术设计学院	环境设计	环境心理学、可持续设计
12	2018****82	刘**	男	2000/12/24	化学化工学院	应用化学	药物化学、环境化学

图 6.6 用户信息数据

各字段解释如下：

学号/工号（用户 ID）：唯一标识每个用户的编号。

姓名：用户的真实姓名或昵称。

性别：用户的性别（例如：男、女）。

出生日期：从中分析出用户年龄，可用于分析不同年龄段的阅读偏好。

院系：用户所在学院或系所，分析不同学科背景的用户阅读需求。

专业：用户所学专业，进一步细分学科背景。

兴趣偏好：用户自己描述的阅读兴趣或偏好，在用户初次登录系统时选择，内容严格从"图书"本体库中"学科主题"中提取，供用户选择，可以是3个标签或关键词。

类似5.4.3节，对收集到的数据进行清洗和预处理，为后续的分析和推荐做准备，数据清洗和预处理不再赘述。

2. 用户借阅行为数据库

收集用户的借阅记录，包括借阅的图书、借阅时间、借阅频率等。参考 5.4.3 节图 5.8，此处从略。

3. 图书资源数据库

	责任者	书名	学科主题	内容提要	出版社	版本说明	出版年份	中图法分类号	ISBN	定价	评分
1											
2	(美)布莱恩·W.克尼汉,丹尼斯·M.里奇著	C程序设计语言	C语言,程序设计	本书全面、系统地讲述了C语言的各个特性及程序设计的基本方法。包括基本概念、类型和表达式、控制流、函数与程序结构、指针与数组、结构、输入与输出、UNIX系统接口、标准库等内容。	机械工业出版社	第2版	2019	TP312C	978-7-111-61794-5	69	87
3	李磊,陈静主编	计算机网络	计算机网络,教材,高等学校	本书在介绍计算机网络基本原理和体系结构的基础上，系统讲述了应用层、传输层、网络层和数据链路层的重要协议，并介绍了计算机网络研究和应用领域的一些最新主题，包括第6版互联网协议(IPv6)和IP多播技术。本书的特点是利用Wireshark截获真实的网络数据，通过对真实数据的解析，直观形象的讲述网络协议。通过对这些内容的学习，读者可以更深...	清华大学出版社		2022.08	TP393	978-7-302-60892-9	75	83
4	(美) Donald E. Knuth著	计算机程序设计艺术	程序设计	本册计算机科学组合算法领域的一个部分。作者在本册中全面讨论了生成所有树和组合生成的历史。作者在本册中全面讨论了生成所有有这个著名的主题，提供了124个新的练习，继续为程序设计打下坚实的基础。	机械工业出版社	第4卷.第4册	2007	TP311.1	978-7-111-20825-9	42	81
5	吴灿铭,胡昭民著	算法图解	计算机算法,图解,软件工具,程序设计	本书从算法的基本概念开始讲解，介绍各个经典的算法，包括分治法、递归法、贪心法、动态规划法、迭代法、枚举法、回溯法等。随后讲述核心的数据结构，即数组、链表、栈、队列、树、图、散列、哈希表等。最后展示面向大数据应用的实际算法。本书收录算法全基础解析、堆排列及应用相关算法、树结构相关算法、图结构相关算法、人工智能基础算法...	清华大学出版社	第2版	2022	TP301.6	978-7-302-53989-6	69	75
6	(美) Kay A. Robbins, Steven Robbins著	Unix系统编程	UNIX操作系统,程序设计	本书是基于新UNIX标准的完备参考书，对UNIX编程要点进行介绍，从说明系统调用的短小代码开始，逐步深入到了通信、并发和线程的实际环境中，复杂概念(如信号和原语)通过全面解读，覆盖信号、信号量、POSIX线程和客户机-服务器通信等内容；提供大量实例、练习，以及针对性项目及其参考答案。	电子工业出版社		2018	TP316.81	978-7-121-34035-2	198	79

图 6.7 图书资源数据

如图 6.7 所示，图书资源数据共 1,259,061 条。各个字段含义如下：

责任者：指书籍的作者、编者、译者或校对者等主要负责人的姓名。在多人合作的情况下，列出主要贡献者的名字或以"等"表示多人合作。

书名：书籍的正式名称，应准确反映书籍的内容和主题。

学科主题：书籍所涉及的主要学科领域或主题分类，如文学、历史、科学、艺术等。用于读者根据兴趣或研究领域快速定位相关书籍。

内容提要：对书籍内容的简要概括，包括书籍的主要观点、故事情节、知识点等，用以吸引读者并提供对书籍内容的初步了解。

出版社：出版该书籍的出版社名称，表示书籍的出版来源和质量保证。

第6章 面向图书推荐的高校馆用户画像应用

版本说明：对书籍版本的描述，如第一版、第二版、修订版、精装版等，有助于读者了解书籍的更新情况和版本特点。

出版年份：书籍的出版日期，通常以年份表示。这有助于读者了解书籍的时效性和历史背景。

中图法分类号：中国图书馆分类法下的分类号，用于图书馆和文献机构的分类和编目，便于读者和图书馆员查找和归档书籍。

ISBN：国际标准书号（International Standard Book Number），是书籍的唯一标识符，用于在全球范围内唯一标识一本书籍。

定价：书籍的市场售价，通常以货币单位（如元、美元等）表示。这有助于读者了解购买成本。

评分：通常是由读者或评论家给出的对书籍的评价分数，用于反映书籍的质量和受欢迎程度。评分可以是百分制、五星制或其它评分体系。这个字段可以是空值，等待读者评分后填充。

其中"学科主题"是图书管理员在图书入库录入时，严格依照"图书"本体的"学科主题"人工录入的关键词，每本图书从库中选择2-5条，准确性较高，作为相似性计算的关键词库如图6.8所示，显示图书"C程序设计语言"的学科主题关键词为："C语言"和"程序设计"。在图书资源数据中，"学科主题"作为重要关键词用于相似度计算。

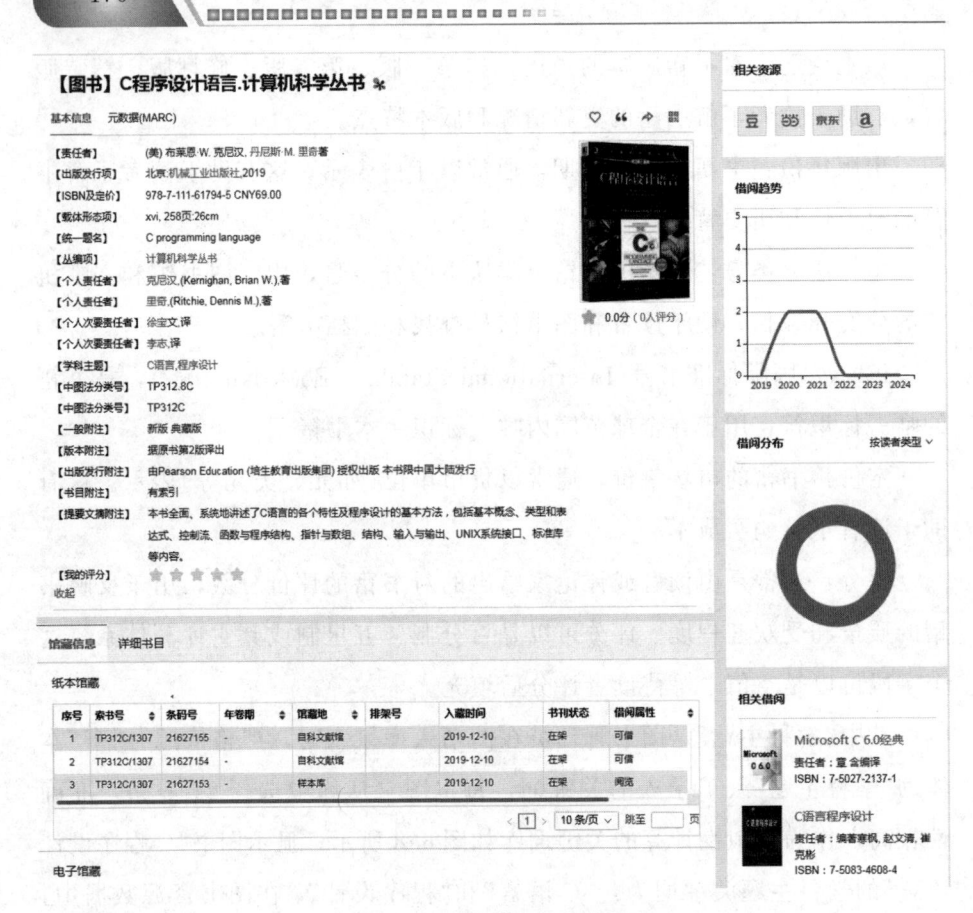

图 6.8　图书资源数据举例

6.4.2　用户画像和图书画像

如图 6.5 所示，结合 6.3 节的画像模型，构建本案例的用户画像和图书画像。

1. 用户画像建模

(1) 标签提取

从用户信息数据库提取"用户基本信息"中的用户学科偏好属性，该属性直接反映用户兴趣。

(2) 标签传递

依托用户借阅数据库，对用户社交属性进行聚类分析，析出用户社团属性,即具有同样兴趣的用户群体,然后在群体中进行标签传递,将群体中个体的"兴趣",传递给同一群体的其他成员。

(3)标签扩展

依托用户借阅数据库,对用户借阅行为进行关联分析,采用关联算法,析出"用户借阅组合属性",对标签进行扩展。

最后,按照一定的数值比例对上述三方面标签进行用户画像融合,形成用户借阅偏好(系列标签表示)的定量数值。

2. 图书画像建模

(1)标签提取

从图书资源数据库提取"图书基本信息"中的图书"学科主题关键词"属性,该属性由图书管理人员在图书入库时手工录入,直接对应图书内容的特征。

(2)语义分析

依托图书资源数据库,对图书摘要进行语义分析,析出关键词属性,该关键词反映图书摘要的特征。

(3)社交网络分析

依托用户借阅行为数据库,对用户借阅行为进行分析,析出图书影响力参数。

最后,按照一定的数值比例对上述三方面标签进行图书画像融合,形成图书借阅特征(系列标签)的定量数值。

根据6.2节分析,为了使得推荐具有可行性,必须构建统一学科主题知识图谱。

6.4.3 学科主题知识图谱构建

本体是知识图谱构建的基础。本体为知识图谱提供了基础的概念框架和术语定义,使得知识图谱的构建更加规范、一致;而知识图谱则将本体中的知识以图形化的方式组织起来,形成网状的知识结构,便于进行知识的检索、推理和应用。

在学界，常常基于本体和知识图谱技术研究画像建模及应用。作为一种重要的画像模型，学术画像致力于为学术科研知识管理服务提供统一规范的数据库标准，服务内容涵盖可访问式数据服务和语义化的数据模块接口，以及面向各类学术支持管理服务系统平台，学术知识图谱①即为学术画像构建及其应用的重要支撑工具。国外方面，Costass等研究学者个体文献画像的相关指标，包括出版文献数量、全被引次数、单篇被引次数、高被引论文占比、h指数、出版文献的中位影响因子、标准化期刊位置值和非自引单篇被引率/领域引用分数均值指标，认为上述指标对深入全面理解学者科研工作具有重要意义，决策者和管理人员通过这些指标，能优化协作工作策略，识别出潜在的科研团队；②Uddin等利用元数据构建出学术知识库，结合学者之间的共著网络与主题网络关联关系，对特定领域或主题的专家开展排名与推荐服务，结果表明学术画像本体的嵌入有助于提高文献检索系统的查准率；③Amini B等融合学者学术背景，将学术知识划分为包含课程和学习概念的论文信息，研究项目和学术主页和博客，以及包括研究方向和人口属性的中间画像信息，实践表明，复用中间画像和融合多维度学术背景的本体结构对于提高学术特征选择任务的F1值具有优势；④除此之外，Amini B等整合多种领域本体知识，形成更完备的学

---

① Mezzanzanica M, Mercorio F, Cesarini M, et al. GraphDBLP: a system for analysing networks of computer scientists through graph databases[J]. Multimedia Tools and Applications, 2018, 77(14): 18657-18688.

② Costas R, Leeuwen T N V, María Bordons. A bibliometric classificatory approach for the study and assessment of research performance at the individual level: The effects of age on productivity and impact[J]. Journal of the Association for Information Science & Technology, 2010, 61(8): 1564-1581.

③ Uddin, M. N., Duong, T. H., Oh, K. J., et al. Experts search and rank with social network: an ontology-based approach[J]. International Journal of Software Engineering and Knowledge Engineering, 2013, 23(01): 31–50.

④ Amini B, Ibrahim R, Othman M S, et al. Capturing scholar's knowledge from heterogeneous resources for profiling in recommender systems[J]. Expert Systems with Applications, 2014, 41(17): 7945-7957.

者研究领域知识,实践证明该方法在完成推荐任务上的优越性;[1] 巴西圣保罗联合大学开发 Health 360 项目,致力于应用 LOD Cloud 构建独立科学工作者的全维度学术画像,采用多个 RDF 本体(AIISO、ORG、ROV)对学术活动中的科研角色、组织内部结构、实施项目描述,对个体属性、用户特征与参与时间的链接数据进行知识组织,该项目将学者个人主页进行划分,涵盖个人信息、职业信息、学术信息以及文献成果四种数据。[2] 国内方面,上海交通大学的 Acemap 团队整合国际计算机科学三大数据库 IEEE、ACM 和 DBLP,发布近 100G 的计算机科学领域学术知识图谱 AceKG;[3] 清华大学研发了面向科技情报的大型数据分析与服务平台 Aminer,实现了基于知识图谱数据的开放共享接口 SciKG(Science Knowledge Graph),其中集成了包含 1.55 亿篇论文的元数据信息和 6 千万多条语义关系的全球计算机科学领域的学术出版著作、专家资源档案和文献评价指标等多维度的学术画像,是国内典型的学术画像图谱。[4]

本研究根据教育部《普通高等学校本科专业目录》,[5] 从中提取学科分类框架结构,使用经典工具 Protégé 构建本体库。

1. 本体构建工具 Protégé

Protégé 由斯坦福大学医学院生物信息研究中心研制,是基于 Java 语

---

[1] Amini B, Ibrahim R, Othman M S, et al. A reference ontology for profiling scholar's background knowledge in recommender systems[J]. Expert Systems with Applications, 2015, 42(2): 913-928.

[2] Teixeira F, Araujo G D, Baptista R, et al. Applying the semantic web to represent an individual's academic and professional background[J]. Journal of Information Science, 2016, 42(5): 630-638.

[3] Wang, R., Yan, Y., Wang, J., Jia, Y., et al. AceKG: A Large-scale Knowledge Graph for Academic Data Mining[C]//Proceedings of the 27th ACM international conference on Information and knowledge management, CIKM'18. New York, NY, US: ACM, 2018, 1487-1490.

[4] Tang, J.. AMiner: Mining Deep Knowledge from Big Scholar Data[C]//Proceedings of the 25th International Conference Companion on World Wide Web, WWW '16 Companion. Republic and Canton of Geneva, Switzerland: International World Wide Web Conferences Steering Committee, 2016, 373-373.

[5] 普通高等学校本科专业目录,百度百科[EB/OL]. [2023-10-20]. https://baike.baidu.com/item/普通高等学校本科专业目录/2849128?fr=ge_ala.

言开发的开源本体编辑和知识获取软件。作为斯坦福大学的一个重要成果，Protégé 旨在支持本体的创建、编辑、共享、和重用，广泛应用于生命科学、医疗健康、信息技术、人工智能等多个领域。其开源性质鼓励了全球开发者和研究人员的参与和贡献，不断丰富和完善其功能。如图 6.9 所示，为 Protégé 官网主页面(https：//protege.stanford.edu/)，提供免费软件下载、软件支持等服务。

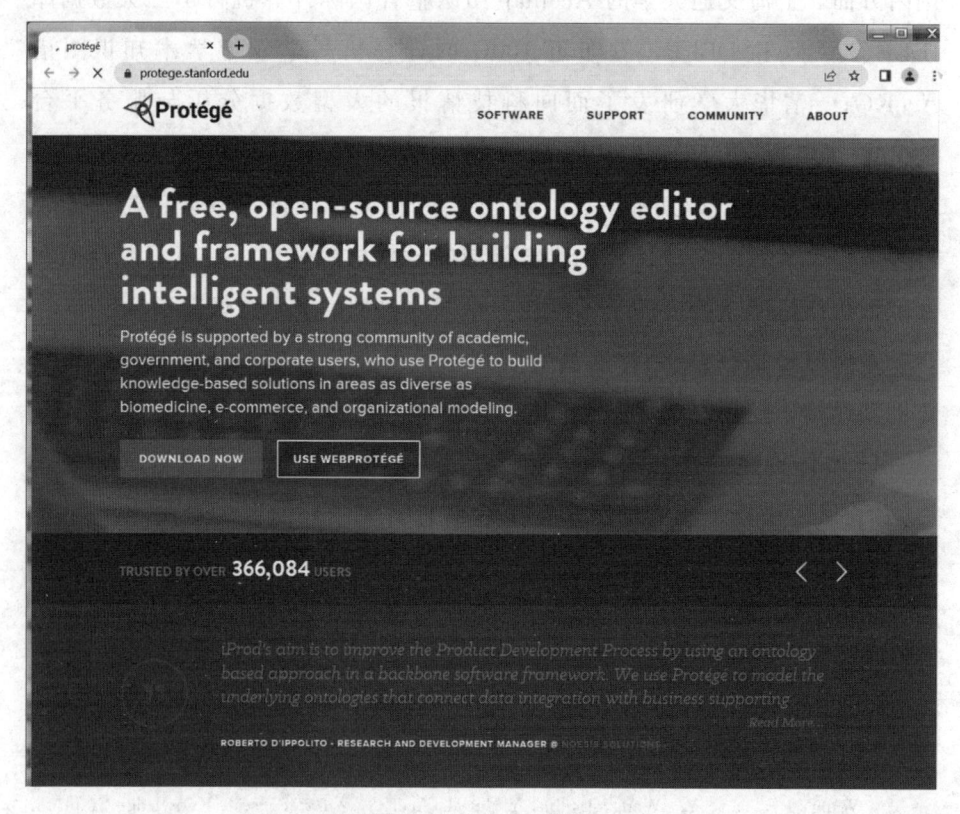

图 6.9　Protégé 官网

(1) 功能

本体构建与编辑：Protégé 允许用户直观地创建和编辑本体，包括定义概念(类)、属性、关系以及实例。用户可以方便地组织这些元素，形成复杂的知识结构。

逻辑推理支持：支持多种本体描述语言，如 RDF(S) 和 OWL，使用户能够利用这些语言的表达能力和逻辑推理功能，进行一致性检查和推断。

协作与共享：提供版本控制和团队协作功能，使得多个用户可以共同开发同一个本体项目，并且方便地导出或导入本体到不同的格式，促进知识的共享和交流。

插件扩展机制：Protégé 拥有强大插件生态系统，允许用户根据需要安装额外的功能模块，如用于语义验证、本体映射、文本注释等，极大地扩展了其基本功能。

数据可视化工具：内置的可视化工具帮助用户直观地查看本体结构，包括类层次、属性关系和实例数据，便于理解和维护大型本体。

(2) 特点

开放性与灵活性：作为开源软件，Protégé 提供了高度的可定制性和扩展性，用户可以根据具体需求调整和开发新的功能。

用户友好：界面直观，即便是没有编程背景的用户也能快速上手，开始构建简单的本体。

跨平台兼容：基于 Java 的实现使其可以在多种操作系统上运行，包括 Windows、Mac OS 和 Linux。

标准支持：遵循 W3C 推荐的标准，如 OWL 2，确保了与其他工具和服务的互操作性。

学术与工业界的桥梁：既适合学术研究中的知识建模，也适用于企业环境中复杂知识系统的开发和维护。

2. 学科主题本体构建

《普通高等学校本科专业目录》(简称目录)根据知识内容科学划分，将本科专业目录分为军事学、农学、医学、教育学、历史学、管理学等 13 大类，部分内容如图 6.10 所示。每个大类又分为若干小类，能够用于图书馆学科主题知识库框架。

序号	门类	专业类	专业代码	专业名称	学位授予门类	修业年限	增设年份
1	哲学	哲学类	010101	哲学	哲学	四年	
2	哲学	哲学类	010102	逻辑学	哲学	四年	
3	哲学	哲学类	010103K	宗教学	哲学	四年	
4	哲学	哲学类	010104T	伦理学	哲学	四年	
5	经济学	经济学类	020101	经济学	经济学	四年	
6	经济学	经济学类	020102	经济统计学	经济学	四年	
7	经济学	经济学类	020103T	国民经济管理	经济学	四年	
8	经济学	经济学类	020104T	资源与环境经济学	经济学	四年	
9	经济学	经济学类	020105T	商务经济学	经济学	四年	
10	经济学	经济学类	020106T	能源经济	经济学	四年	
11	经济学	经济学类	020107T	劳动经济学	经济学	四年	
12	经济学	经济学类	020108T	经济工程	经济学	四年	
13	经济学	经济学类	020109T	数字经济	经济学	四年	
14	经济学	财政学类	020201K	财政学	经济学	四年	
15	经济学	财政学类	020202	税收学	经济学	四年	
16	经济学	财政学类	020203TK	国际税收	经济学	四年	2021
17	经济学	金融学类	020301K	金融学	经济学	四年	
18	经济学	金融学类	020302	金融工程	经济学	四年	
19	经济学	金融学类	020303	保险学	经济学	四年	
20	经济学	金融学类	020304	投资学	经济学	四年	
21	经济学	金融学类	020305T	金融数学	经济学	四年	
22	经济学	金融学类	020306T	信用管理	管理学，经济学	四年	
23	经济学	金融学类	020307T	经济与金融	经济学	四年	
24	经济学	金融学类	020308T	精算学	理学，经济学	四年	
25	经济学	金融学类	020309T	互联网金融	经济学	四年	

图 6.10 普通高等学校本科专业目录部分内容

其中目录中的"门类"作为1级标签；"门类"又分为若干个"专业类"，将"专业类"作为2级标签；每个"专业类"又包括若干个"专业名称"，专业名称作为3级标签。3级标签以下需要根据具体情况提炼关键词。

例如，管理学门类（1级标签）包括管理科学与工程、工商管理类、公共管理类、图书情报与管理类、物流管理与工程类、工业工程类、电子商务类等（作为2级标签），而图书情报与管理类的门类包括对专业名称为图书馆学、档案学、信息资源管理（作为3级标签）。

3级以下标签在深入调研的前提下由课题组自行设计，例如3级标签信息资源管理，分为信息资源管理活动、信息资源管理策略、信息资源管理系统、信息资源管理者和信息资源类型等子类，如图6.11所示。其内涵及其相关主题词（关键词）阐述如下：

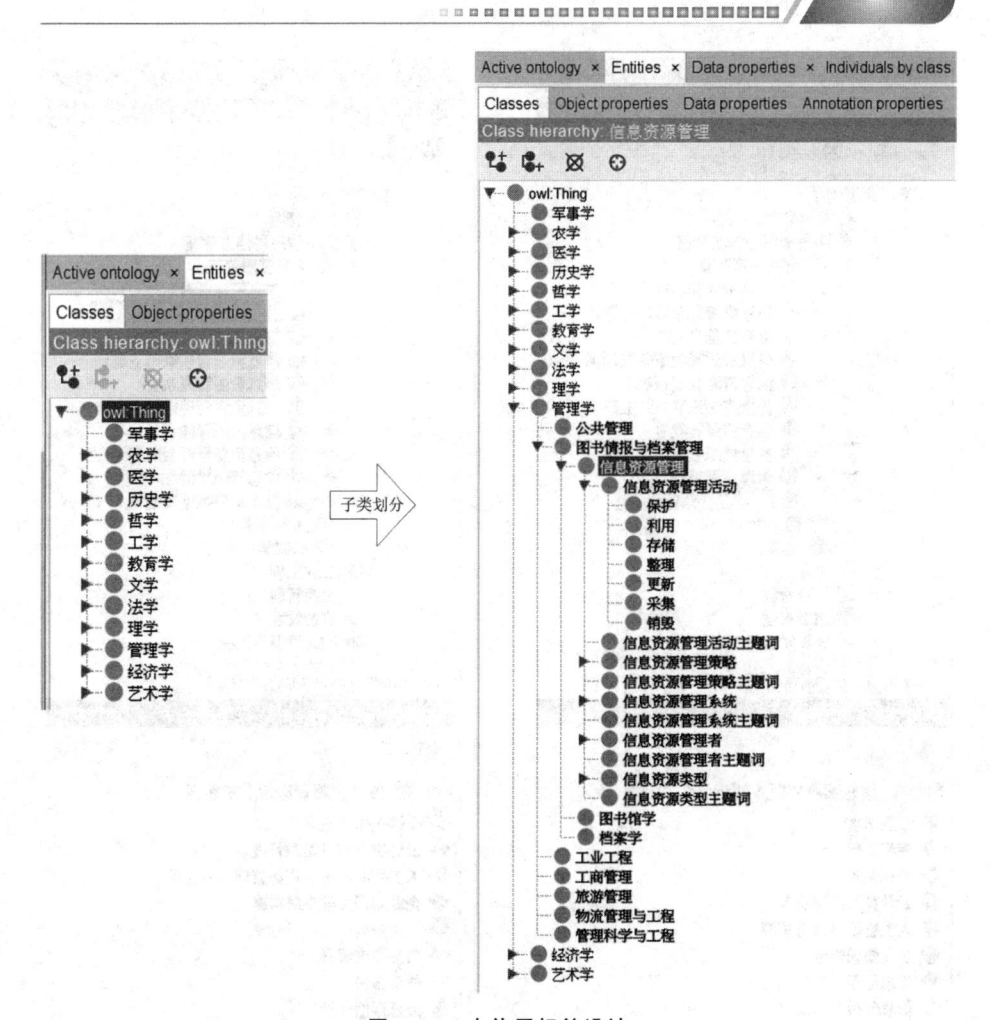

第 6 章 面向图书推荐的高校馆用户画像应用

图 6.11 本体子标签设计

例如，图 6.11 中，以"信息资源管理活动"为例，其子类分为"采集（collection），整理（organization），存储（storage），保护（protection），利用（utilization），更新（update），销毁（disposition）"。

除此之外，还设计了主题词子类及相关的主题词，如图 6.12 所示。例如，对于"信息资源类型"，其子类分为电子文档（electronic document），数据库（database），网页（web page），书籍（book），期刊文章（journal article），视频（video），音频（audio），图像（image）等，图中呈现其对应的主题词子类及主题词设计。

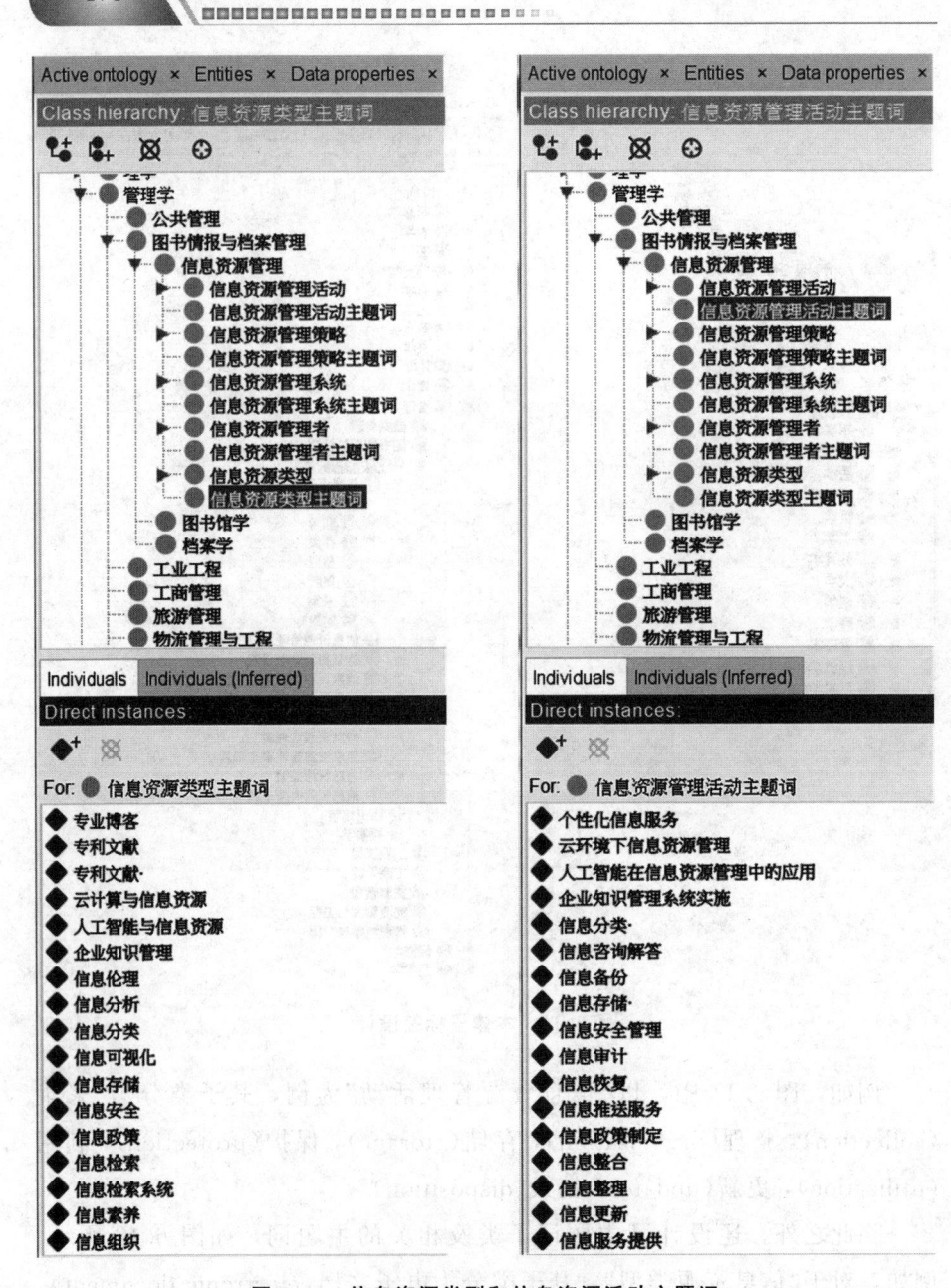

图 6.12　信息资源类型和信息资源活动主题词

在本体设计中，除了分类之外，还需定义数据属性。"信息资源管理活动"对应的数据属性：执行者(executor)，时间(time)，地点(location)，

第 6 章 面向图书推荐的高校馆用户画像应用

方法(method)。

"信息资源类型"数据属性：标题(title)，作者(author)，发布日期(publication date)，ISBN/DOI(identifier)，存储位置(storage location)，文件格式(file format)，关键词(keywords)，分类(category)，权限(access rights)。如图：数据属性中的"标题"属于"信息资源类型"，数据类型为xsd：string。

在 Protégé 工具中"信息资源类型"的数据设计界面如图 6.13 所示。

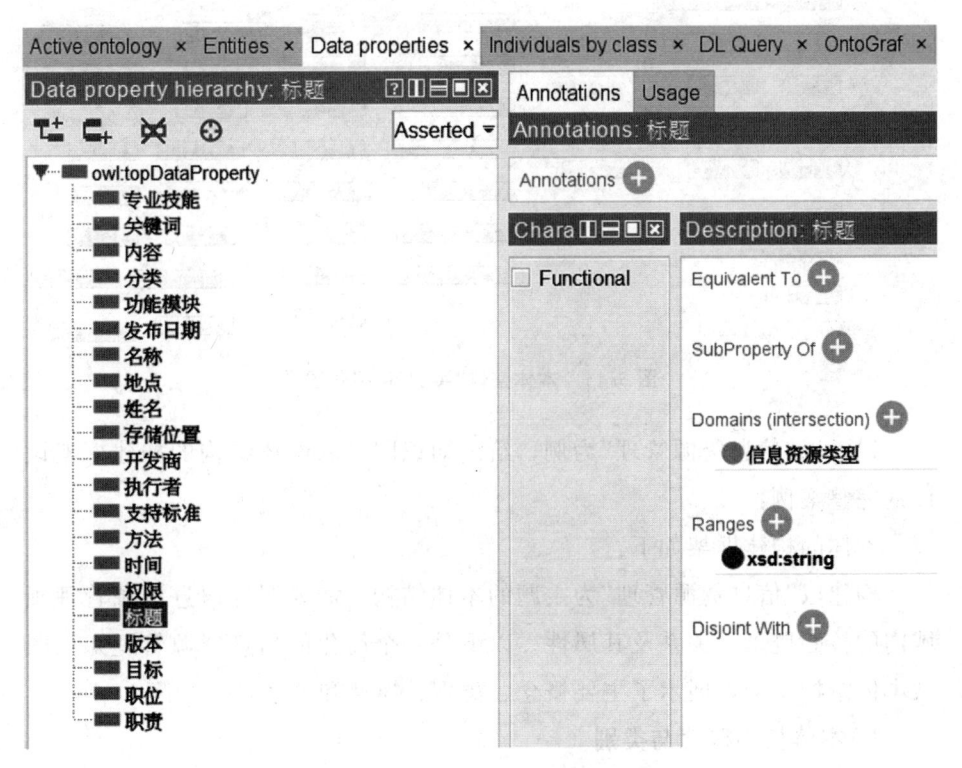

图 6.13　Protégé 工具中"信息资源类型"的数据设计界面

整体可视化图如图 6.14 所示，本体可视化类图，以"信息资源类型主题词"为例，展示了信息资源类型主题词的"实例图"。

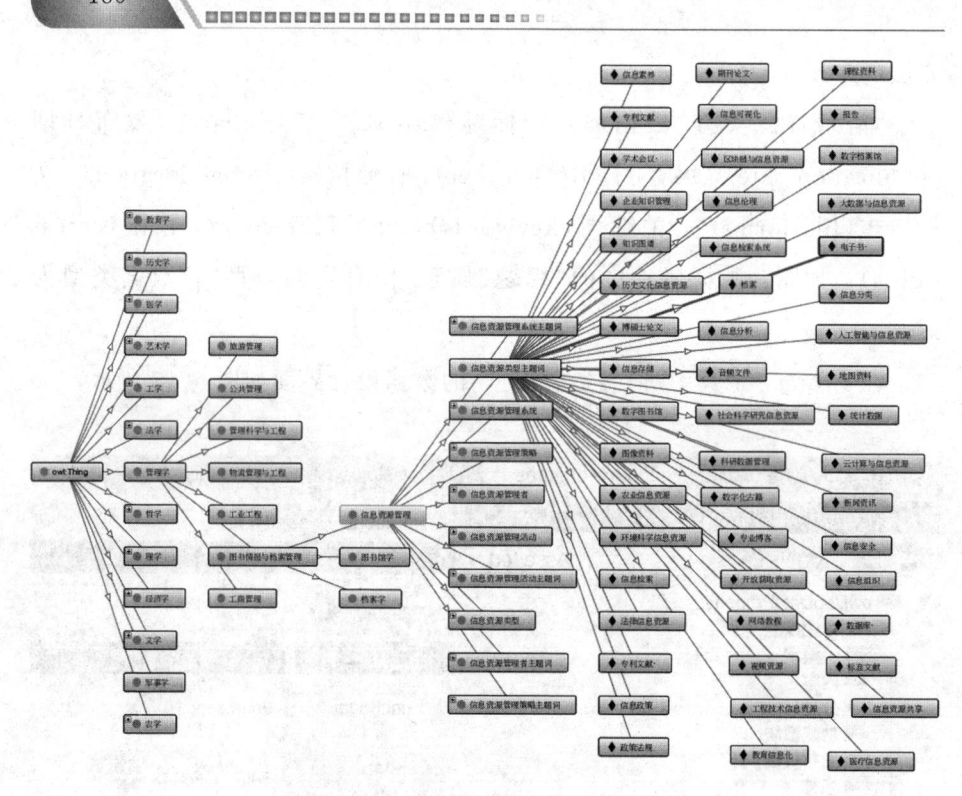

图 6.14　本体整体"实例"可视化图

以下以"信息资源管理"为例，给出知识图谱的本体结构的构建框架设计的完整案例：

本体的构建框架如下：

构建以"信息资源管理"为主题的本体结构，需要明确信息资源管理领域内的核心概念、关系及其属性。以下是一个简化的信息资源管理知识图谱本体结构示例，展示了主要概念、类别、属性和关系：

1. 本体核心概念与类别

（1）信息资源类型（information resource）

① 子类：电子文档（electronic document），数据库（database），网页（web page），书籍（book），期刊文章（journal article），视频（video），音频（audio），图像（image）。

② 属性：标题（title），作者（author），发布日期（publication date），

ISBN/DOI(identifier)，存储位置(storage location)，文件格式(file format)，关键词(keywords)，分类(category)，权限(access rights)。

(2)信息资源管理活动(information resource manager activity)

① 子类：采集(collection)，整理(organization)，存储(storage)，保护(protection)，利用(utilization)，更新(update)，销毁(disposition)。

② 属性：执行者(executor)，时间(time)，地点(location)，方法(method)。

(3)信息资源管理策略(information resource management policy)

① 子类：采集策略(collection policy)，存储策略(storage policy)，保护策略(protection policy)，利用策略(utilization policy)。

② 属性：发布日期(publication date)，版本(version)，内容(content)，目标(objective)。

(4)信息资源管理系统(information resource management system)

① 子类：文档管理系统(document management system)，企业内容管理系统(enterprise content management system)，数字资产管理平台(digital asset management platform)。

② 属性：名称(name)，版本(version)，开发商(developer)，支持标准(supported standards)，功能模块(functional modules)。

(5)信息资源管理者(information resource manager)

① 子类：图书馆员(librarian)，信息专员(information officer)，数据管理员(data administrator)。

② 属性：姓名(name)，职位(position)，职责(responsibilities)，专业技能(skills)。

2. 本体框架"关系"

(1)属于（belongs to）

①电子文档 属于 信息资源。

②信息资源类型属于信息资源。

③信息资源管理活动属于信息资源。

④信息资源管理策略属于信息资源。

⑤信息资源管理系统属于信息资源。

（2）包含（contains）

①信息资源 可以包含子资源。

②信息资源管理系统包含功能模块。

（3）实施（implements）

信息资源管理活动实施信息资源管理策略。

（4）由…执行（executed by）

信息资源管理活动由信息资源管理者执行。

（5）管理（manages）

信息资源管理者管理信息资源。

（6）存储于（stored in）

信息资源存储于信息资源管理系统。

3. 本体框架"属性"

每个类别的属性描述了该类别的特定特征。例如：

①电子文档 类别的 标题、作者、发布日期 属性，用于描述文档的基本信息。

②信息资源管理策略 类别的 发布日期、内容、目标 属性，用于描述策略的详细情况。

4. 本体框架"实例"

在知识图谱中，每个类别下还包含具体实例。例如：

①信息资源 类别下有实例《信息资源管理概论》，其属性包括：title 为"信息资源管理概论"，author 为"张三"，publication date 为"2020年"，file format 为"PDF"，category 为"教材"，access rights 为"公开"。

②信息资源管理系统 类别下有实例 阿里云企业内容管理平台，其属性包括：name 为"阿里云企业内容管理平台"，version 为"v3.0"，developer 为"阿里云"，functional nodules 包括"文档管理""权限控制""协同编辑"等。

5. 关于主题词

主题词(direct instances)是实例，提取实例即构成标签库，部分主题

第 6 章 面向图书推荐的高校馆用户画像应用

词如表 6.1 所示。

表 6.1 主题词库

分类	主题词	备注
信息资源管理类型主题词	数据库、电子书、期刊论文、学术会议、报告、档案、图像资料、视频资源、音频文件、数字化古籍、地图资料、专利文献、标准文献、统计数据、政策法规、新闻资讯、博硕士论文、课程资料、网络教程、开放获取资源、专业博客、知识图谱、信息检索、信息分类、信息组织、信息存储、信息检索系统、信息分析、信息可视化、信息资源共享、信息政策、信息安全、信息伦理、信息素养、数字图书馆、数字档案馆、云计算与信息资源、大数据与信息资源、人工智能与信息资源、区块链与信息资源、科研数据管理、企业知识管理、教育信息化、医疗信息资源、法律信息资源、历史文化信息资源、环境科学信息资源、农业信息资源、社会科学研究信息资源、工程技术信息资源	涵盖不同学科领域、类型、管理及利用等方面
信息资源管理活动主题词	信息采集、信息筛选、信息整理、信息分类、信息编目、信息索引、信息存储、信息备份、信息恢复、信息更新、信息淘汰、信息迁移、信息整合、信息标准化、信息质量管理、信息审计、信息政策制定、信息法规遵从、信息权限管理、信息访问控制、信息安全管理、信息隐私保护、信息生命周期管理、信息资源规划、信息需求分析、信息服务设计、信息服务提供、信息检索服务、信息咨询解答、信息推送服务、个性化信息服务、信息计量与评价、信息资源统计分析、信息资源经济效益评估、信息资源战略规划、信息资源合作与共享、跨系统信息资源整合、云环境下信息资源管理、大数据环境下信息资源管理、人工智能在信息资源管理中的应用、信息资源管理软件、信息管理系统开发、信息资源门户建设、信息资源数字化项目、数字图书馆建设、企业知识管理系统实施、科研数据管理平台搭建、电子档案管理系统开发、信息资源培训与教育、信息资源管理专业发展	这些主题词反映了信息资源管理活动中涉及的主要任务、技术和策略。在实际应用中,应根据具体的信息资源管理场景、组织机构性质、业务需求等进行针对性的选择和扩展。同时,也可以参考已有的信息资源管理理论、标准和最佳实践,以确保主题词的全面性和专业性

续表

分类	主题词	备注
信息资源管理系统	信息资源管理平台、信息资源目录系统、信息资源门户、信息资源搜索引擎、信息资源存储系统、信息资源备份系统、信息资源索引系统、信息资源分类系统、信息资源编目系统、信息资源审核系统、信息资源发布系统、信息资源权限管理系统、信息资源访问控制系统、信息资源安全管理系统、信息资源审计系统、信息资源统计分析系统、信息资源生命周期管理系统、信息资源整合系统、信息资源聚合系统、信息资源推荐系统、信息资源订阅系统、信息资源分享系统、信息资源社交网络系统、信息资源移动应用、信息资源API接口、信息资源Web服务、信息资源数据仓库、信息资源大数据平台、信息资源云计算平台、信息资源人工智能应用、信息资源区块链应用、信息资源管理系统定制开发、信息资源管理系统选型、信息资源管理系统部署、信息资源管理系统集成、信息资源管理系统升级、信息资源管理系统迁移、信息资源管理系统运维、信息资源管理系统性能优化、信息资源管理系统故障排查、信息资源管理系统用户培训、信息资源管理系统用户手册、信息资源管理系统技术支持、信息资源管理系统售后服务、信息资源管理系统评估与认证、信息资源管理系统合规性检查、信息资源管理系统安全加固、信息资源管理系统数据备份与恢复、信息资源管理系统灾难恢复计划	这些主题词反映了信息资源管理系统的核心组成部分、技术特点、实施与运维要点。在实际应用中，应根据组织的具体需求、技术条件、预算等因素进行系统选型、定制开发或集成。同时，也需要重视系统的运维与管理，确保系统的稳定运行和持续优化，以充分发挥信息资源管理系统的效能

6.4.4 画像属性融合及特征标注

1. 用户画像属性融合－用户借阅偏好

本节致力于挖掘用户借阅偏好，主要通过三种方式，即直接提取用户兴趣（标签提取）、社交网络聚类分析（标签传递）和语义关联分析（标签扩展），然后对三种方式赋予一定的权重进行融合，产生用户借阅偏好（标签表示）的定量数据。

（1）用户学科兴趣提取——第1类标签

目的是找到用户感兴趣的标签，以应对冷启动问题。在用户登录系统时，注册账号时，从本体库下拉框中，直接选择并填写"用户学科兴趣"存

第6章 面向图书推荐的高校馆用户画像应用

入数据库,每个用户可选择1到i个关键词:

$$\{Keyword(1), Keyword(2), \cdots Keyword(i) \cdots\}$$

将权重系数设为 α=0.5,因为这类由用户直接标注,反映了用户的兴趣,精准度较高。

(2)社交网络聚类分析——第2类标签

类似5.4.3节,通过用户借阅记录数据库构建社交网络,通过Gephi集成的聚类算法产生兴趣偏好相似的分类群体。针对各群体中的各个个体用户,进行标签传递。举例:

根据社团结构,在同一社团内部成员间进行标签传递:

通过聚类算法(结合图5.7的分析结果),编号为"20045＊＊＊4"、与"20075＊＊＊1"有共同兴趣,编号"20065＊＊＊6"、与"19855＊＊＊0"有共同兴趣,如表格6.2所示,将这些教师的学科兴趣主题词在社团内部成员间进行分享。

表6.2 社交网络聚类分析结果示例

序号	教工编号		兴趣标签
1	20045＊＊＊4	20075＊＊＊1	幻想小说,小说集,中国,当代(星球大战)
2	19855＊＊＊0	20075＊＊＊1	外语教学,教学研究,方法论(外语研究方法论)
3	20065＊＊＊6	19855＊＊＊0	侠义小说,中国,现代(鹿鼎记)
4	20065＊＊＊6	20075＊＊＊1	长篇小说,中国,当代(春尽江南)

将权重系数设为 $\beta=0.3$,这类传递标签,是基于协同推荐的原理,有助于推荐的多样性,系数值设为0.3。

(3)语义关联分析——第3类标签

利用Apriori或FP-Growth等算法,分析用户借阅图书之间的关联规则,找出经常被一起借阅的图书组合:每本图书都对应"学科主题词""图书组合"会形成"学科主题词"组合,这些通过语义关联分析挖掘得到的"学科主题词"

组合，蕴含了潜在的兴趣，对用户标签进行扩展，如图 6.15 所示。

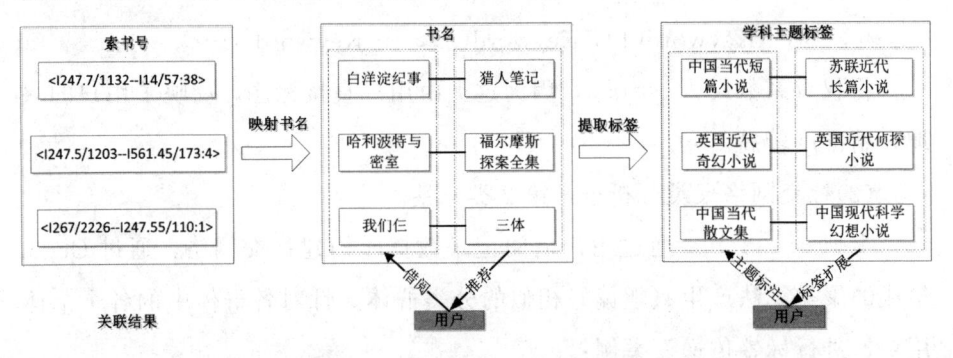

图 6.15 语义关联分析及其应用

将权重系数设为 $\gamma=0.2$，这类标签扩展，由于从图书组合链接到学科主题标签，因而其重要性有限，用于跳出图书推荐多样性，所以其系数略小，设为 0.2。

归纳上述分析过程，标签分类及权重设置如表 6.3 所示。

表 6.3 标签标注及权重设置

标签分类	权重值	理论依据	说明	标签融合规则（三类标签相互独立）
第一类	$\alpha=0.5$	用户直接标注	较高精准度	直接标注
第二类	$\beta=0.3$	社交网络分析（图聚类算法）	标签传递（协同推荐）	仅传递不重复标签
第三类	$\gamma=0.2$	语义计算（关联分析算法）	标签扩展	仅扩展不重复标签

将结果归一化，得到用户画像的各标注的关键词权重结果：

{ $Keyword_1(Weight_1)$，$Keyword_2(Weight_2)$，… $Keyword(Weight_i)$ …}

以下重点阐述第三类方式中的关联规则算法及其流程。

① 关联规则算法（基于伪代码）。Apriori 算法是一种经典的关联规则学习方法，用于从交易数据集中挖掘频繁项集，进而发现关联规则。

第6章 面向图书推荐的高校馆用户画像应用

Apriori算法的主要逻辑流程：

a. 初始化与初次扫描：首先生成大小为1的所有可能项集(C1)，并扫描数据集计算每个项的支持度，过滤出频繁1项集(L1)。

b. 迭代生成与评估：基于上一轮的频繁项集(Lk-1)，生成大小为k的候选项集(Ck)，再次扫描数据集计算支持度，保留满足最小支持度的项集作为新的频繁项集(Lk)。

c. 停止条件：当无法生成新的频繁项集时(Lk为空)，算法结束。

d. 辅助函数：scanDatabaseForSupport用于计算候选项集在数据集中的支持度；generateCandidateItemsets根据前一轮频繁项集生成新的候选项集，遵循Apriori性质，即所有非空子集也必须是频繁的。

以下是Apriori算法的伪代码：

```
//输入：数据集D，最小支持度minSupport
function Apriori(D, minSupport)：
    //初始化：第一次扫描数据集，计算单个项的支持度
    C1 <- generateCandidateItemsetsOfSizeOne(D)    //生成大小为1的所有候选项集
    frequentItemsets <- {}    //用于存储频繁项集的集合
    supportCounts <- scanDatabaseForSupport(D, C1)    //计算C1中每个项集的支持度

    //过滤掉不满足最小支持度的项集，得到频繁1项集L1
    L1 <- {itemSet for itemSet in C1 if supportCounts[itemSet] >= minSupport}

    frequentItemsets[L1.size] <- L1    //将L1存入frequentItemsets
```

```
k <- 2    //开始构建大小为 2 的候选项集

while Lk is not empty:
        Ck <- generateCandidateItemsets(Lk-1)    //根据上一轮
的频繁项集生成大小为 k 的候选项集

        //第二次及之后的扫描:计算 Ck 中候选项集的支持度
        supportCounts <- scanDatabaseForSupport(D, Ck)

        //过滤掉不满足最小支持度的项集
        Lk <- {itemSet for itemSet in Ck if supportCounts
[itemSet] >= minSupport}

        //如果找到频繁项集,则继续构建下一个大小的候选项集,否
则停止
        if Lk is not empty:
            frequentItemsets[k] <- Lk
            k <- k + 1
        else:
            break

    //返回所有频繁项集以及它们的支持度
    return frequentItemsets

//辅助函数:从数据集中扫描计算候选项集的支持度
function scanDatabaseForSupport(D, candidateItemsets):
    supportCounts <- {}
```

```
        for transaction in D:
            for candidate in candidateItemsets:
                if isSubset(candidate, transaction):  //检查候选集是否为事务的子集
                    supportCounts[candidate] = supportCounts.get(candidate, 0) + 1   //更新支持度计数
        return supportCounts


//辅助函数:生成大小为 k 的候选项集
function generateCandidateItemsets(previousLevelFrequentItemsets):
    candidates <- set()
    for i in range(len(previousLevelFrequentItemsets)):
        for j in range(i+1, len(previousLevelFrequentItemsets)):
            //合并两个频繁项集,前提是它们最后 k-2 个元素相同
            if previousLevelFrequentItemsets[i][:-1] == previousLevelFrequentItemsets[j][:-1]:
                candidate <- previousLevelFrequentItemsets[i] + previousLevelFrequentItemsets[j][-1]
                candidates.add(candidate)
    return candidates
```

② 关联规则中的 apriori 算法主函数(基于 Python 语言编写)。

主函数:

```
import pandas as pd    #导入用于处理 Excel 的包
from apriori import *    #导入 apriori 算法
inputdata = 'input.xlsx' #导入去重后的 Excel 表格
data = pd.read_excel(inputdata)
print(data.columns)
```

print('\n转换数据')

df = data[['索引号','工号','索书号']]

print('*****重构数据*****')

data = df.set_index(['工号','索书号']).unstack().replace(range(len(df) + 1), 1).fillna(0)

print('*****删除索引*****')

data = pd.DataFrame(data.values, columns=data.columns.levels[1])

support = 0.006 # 最小支持度

confidence = 0.4 # 最小置信度

ms = '---' # 连接符,默认'--',用来区分不同元素,如 A--B

find_rule(data, support, confidence).to_excel('my-rule.xlsx') # 调用 apriori 算法中的 find_rule 函数,输出关联规则到 Excel 表格

关联规则中的 apriori 算法函数:

```
# apriori 算法
from __future__ import print_function
import pandas as pd


# 自定义连接函数,用于实现 L_{k-1} 到 C_k 的连接
def connect_string(x, ms):
    x = list(map(lambda i: sorted(i.split(ms)), x))
    l = len(x[0])
    r = []
    for i in range(len(x)):
        for j in range(i, len(x)):
            if x[i][:l - 1] == x[j][:l - 1] and x[i][l - 1] != x[j][l - 1]:
                r.append(x[i][:l - 1] + sorted([x[j][l - 1], x
```

第 6 章 面向图书推荐的高校馆用户画像应用

```
            [i][l - 1]]))
        return r

    #寻找关联规则的函数
    def find_rule(d, support, confidence, ms=u'--'):
        result = pd.DataFrame(index=['support', 'confidence'])   #定义输出结果
        support_series = 1.0 * d.sum() / len(d)   #支持度序列
        column = list(support_series[support_series > support].index)   #初步根据支持度筛选
        k = 0
        while len(column) > 1:
            k = k + 1
            print(u'\n 正在进行第%s 次搜索...' % k)
            column = connect_string(column, ms)
            print(u'数目:%s...' % len(column))
            sf = lambda i: d[i].prod(axis=1, numeric_only=True)   #新一批支持度的计算函数

            #创建连接数据,这一步耗时、耗内存最严重。当数据集较大时,可以考虑并行运算优化。
            d_2 = pd.DataFrame(list(map(sf, column)), index=[ms.join(i) for i in column]).T

            support_series_2 = 1.0 * d_2[[ms.join(i) for i in column]].sum() / len(d)   #计算连接后的支持度
            column = list(support_series_2[support_series_2 > support].index)   #新一轮支持度筛选
            support_series = support_series.append(support_series_2)
```

```
column2 = []
for i in column:   #遍历可能的推理,如{A,B,C}究竟是A+
B-->C 还是 B+C-->A 还是 C+A-->B?
    i = i.split(ms)
    for j in range(len(i)):
        column2.append(i[:j] + i[j + 1:] + i[j:j + 1])
cofidence_series = pd.Series(index = [ms.join(i) for i in
column2])   #定义置信度序列
for i in column2:   #计算置信度序列
    cofidence_series[ms.join(i)] = support_series[ms.join
(sorted(i))] / support_series[ms.join(i[:len(i) - 1])]


for i in cofidence_series[cofidence_series > confidence].
index:   #置信度筛选
    result[i] = 0.0
    result[i]['confidence'] = cofidence_series[i]
    result[i]['support'] = support_series[ms.join(sorted(i.
split(ms)))]


result = result.T.sort_values(['confidence', 'support'], ascending
=False)   #结果整理,输出
print(u'\n 结果为:')
print(result)
return result
```

③ 关联结果。在support(支持度)＝0.005、confidence(置信度)＝0.4下，在Excel表格中共得到25540条关联结果，部分结果如图6.16所示。

第6章 面向图书推荐的高校馆用户画像应用

图6.16 关联规则计算结果

2. 图书画像属性融合－图书借阅特征

本节致力于挖掘图书借阅特征，主要通过3种方式，即直接提取图书学科主题关键词、语义计算获取关键词权重和社交网络分析获得图书影响力（见图6－5），然后对3种方式赋予一定的权重进行融合，产生图书借阅特征（标签标记）的定量数据。

(1)图书学科主题关键词标注

在图书入库时由图书管理员手工标注，关键词库来源于学科主题本体库。

$$\{Keyword_1(1), Keyword_2(2), \cdots Keyword(j)\cdots\}$$

(2)关键词权重分析

对图书摘要进行分析，统计计算关键词的权重。应用 TF-IDF 算法分析，过程如下：

TF-IDF(term frequency-inverse document frequency，词频－逆文档频率)算法是一种统计方法，用于评估一个词在一个文档或语料库中的重要程度。其基本思想是：如果一个词在某文档中出现的频率高(TF 高)，并且在整个文档集中很少出现(IDF 高)，那么这个词就越能代表该文档的特征，其权重就越大。TF-IDF 算法流程主要包括以下步骤：

①词频(TF，term frequency)：计算每个词在文档中出现的次数，然后通常会进行归一化处理，比如除以文档中总词数，得到词在文档中的相对频率。

②逆文档频率(IDF，inverse document frequency)：计算整个文档集中包含某个词的文档数量的倒数，公式为 $IDF(t) = \log(N/df(t))$，其中 N

是文档总数，df(t)是包含词 t 的文档数。如果一个词出现在许多文档中，则它的 IDF 值较低，因为它对区分文档的贡献较小。

③ TF-IDF 计算：将每个词的 TF 值与 IDF 值相乘，得到该词在文档中的 TF-IDF 权重。公式为 TF-IDF(t, d) = TF(t, d) * IDF(t)，其中 t 代表词，d 代表文档。

应用举例：设有一篇图书摘要，内容如下：

"在《时间的秩序》这本书中，作者卡洛罗韦利用诗意的语言探讨了时间的本质，从物理学、哲学等多个角度揭示了时间对我们生活的影响。书中提出，时间并非单一流逝的直线，而是有其复杂性和多维度特性。"

①分词：首先，将摘要分词处理，得到词汇列表，如：['在','时间','的','秩序','这','本','书','中','作者','卡洛罗韦利','利用','诗意','的','语言','探讨','了','时间','的','本质','从','物理学','哲学','等','多个','角度','揭示','了','时间','对','我们','生活','的','影响','书中','提出','时间','并','非','单一','流逝','的','直线','而是','有','其','复杂性','和','多维度','特性'。]

②计算 TF：简化处理，不进行归一化，仅计算词频。

"时间"出现了3次，因此 TF("时间") = 3。

其他词如"秩序""卡洛罗韦利"等各出现1次，TF 相应为1。

③计算 IDF：假设语料库包含多篇图书摘要，"时间"这个词在很多文档中都出现过，假设是 100 篇，那么 IDF("时间") = log(总文档数/包含时间的文档数) = log(100/100) = 0。

对于"秩序"，假定只在这篇文档中出现，IDF("秩序") = log(100/1) = 2。

④计算 TF-IDF：

TF-IDF("时间") = TF("时间") * IDF("时间") = 3 * 0 = 0。

TF-IDF("秩序") = TF("秩序") * IDF("秩序") = 1 * 2 = 2。

第6章 面向图书推荐的高校馆用户画像应用

在本例中,"秩序"由于在其它文档中较少出现,所以其 TF-IDF 值相对较高,表明它是这篇摘要中较为独特的关键词。而"时间"虽然在本摘要中频繁出现,但由于在整体语料库中也非常普遍,所以其 TF-IDF 值较低。通过这样的分析,可以识别出文档中的关键词,进而用于文本摘要、关键词提取、信息检索等任务。

必须注意,如果 TF-IDF 析出的关键词不在学科主题关键词库中,就将其剔除,因为为方便后续标签相似度计算,本研究仅分析在学科主题关键词库中的关键词 TF-IDF 权重。

(3)图书影响力分析

基于借阅数据库,统计出图书借阅排名,并提取这些图书的学科主题关键词,对应各图书的所有 Keyword。排名前 1—10 的图书,即 1—10(其权重值设为 $a=0.5$);排名 11—50 名的图书 11—50(其权重值设为 $b=0.3$);排名 51—100 名的图书 51—100(其权重值设为 $c=0.2$),其它权重值统一设为 0。

具体权重规则算法如下:

初始化为 1:set{ Keyword$_1$(Weight$_1$),Keyword$_2$(2),… Keyword(i)…}

For 循环(对每一本图书)

① 统计图书影响力因子:

规则:按排名设置权重值变量 a、b、c。

其中 1—10($a=0.5$);11—50($b=0.3$);51—100($c=0.2$)其他为 0。

得到集合{ Keyword$_1$(Weight$_1$),Keyword$_2$(Weight$_2$),… Keyword(Weight$_i$)…}。

② TF-IDF 计算所有图书关键词权重,提取本图书的对应的关键词权重,归一化后,与集合中{ Keyword$_1$(Weight$_1$),Keyword$_2$(Weight$_2$),… Keyword(Weight$_i$)…}对应变量相乘。

③ 归一化后得到最后结果,即图书借阅特征(标签标注)的定量数值

集合。

6.4.5 标签相似度计算

本研究采用标签相似度计算用户借阅偏好与图书借阅特征的相似度，选择高相似度进行推荐。

假设用户借阅偏好标签包括"区块链"（权重：0.45）；"人工智能"（权重：0.28）；"知识图谱"（权重：0.22）；"数字图书馆"（权重：0.05）。图书借阅特征标签包括"区块链"（权重：0.50）；"人工智能"（权重：0.25）；"知识图谱"（权重：0.15）；"知识发现"（权重：0.05）；"云计算"（权重：0.05）。

应用带权重的余弦相似度计算方法，其计算过程如下：

1. 用户借阅偏好向量构建

区块链：0.45

人工智能：0.28

知识图谱：0.22

数字图书馆：0.05

知识发现：0（未提及，故权重为0）

云计算：0（未提及，故权重为0）

2. 借阅特征向量构建

区块链：0.50

人工智能：0.25

知识图谱：0.15

数字图书馆：0

知识发现：0.05

云计算：0.05

计算点积（内积）：

点积 = (0.45 * 0.50) + (0.28 * 0.25) + (0.22 * 0.15) + (0 * 0) + (0 * 0.05) + (0 * 0.05) = 0.225 + 0.07 + 0.033 = 0.328

计算模长：

第6章 面向图书推荐的高校馆用户画像应用

用户借阅偏好的模长：

$$\sqrt{0.45*0.45+0.28*0.28+0.22*0.22+0.05*0.05+0*0+0*0}=0.576$$

图书借阅特征的模长：

$$\sqrt{0.50*0.50+0.25*0.25+0.15*0.15+0*0+0.05*0.05+0.05*0.05}=0.583$$

3. 余弦相似度

余弦相似度 ＝点积/(用户借阅偏好的模长 * 图书借阅特征的模长) ＝0.974

6.4.6 图书推荐系统

依照上述流程，开发图书推荐系统。管理员登录后，可分别进入画像建模和画像分析模块，如图 6.17 所示。

图 6.17 用户画像及推荐系统界面

图 6.17 中，点击导航栏按钮"用户画像－01"进入图书推荐系统的画像建模，点击导航栏按钮"用户画像－02"进入知识画像建模(见第 7 章)，"管理员 01"通过点击"画像建模"，设置图书馆用户标签，可操作(修改或删除)基础标签库。用户借阅偏好如图 6.18 所示，检索"用户 Id"，以可视化图结果显示该用户的借阅偏好，包括借阅时段、图书类型、用户阅读环境选择和用户资源使用习惯等。

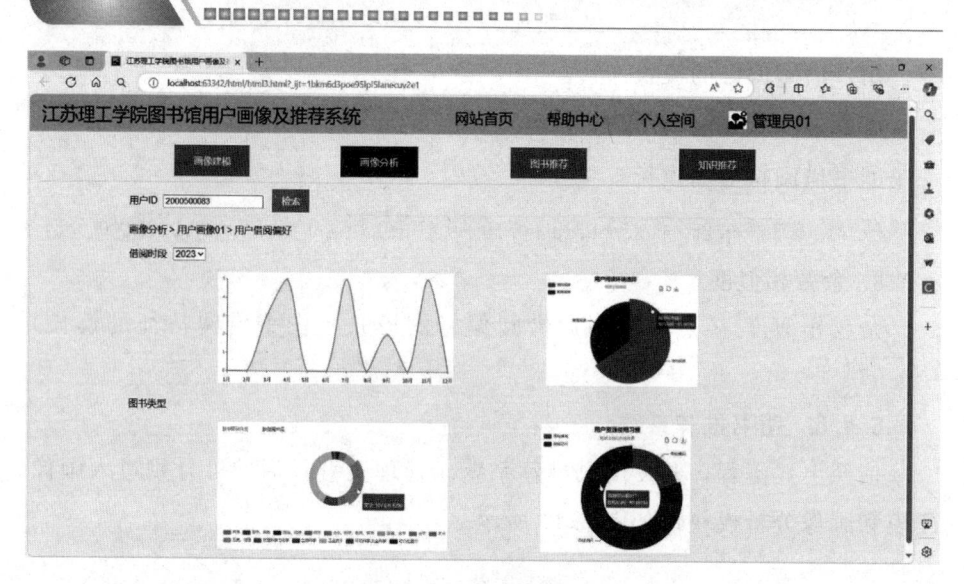

图 6.18　用户借阅偏好

用户学科偏好分析如图 6.19 所示，以云图方式展示用户学科偏好标签及其权重值。

图 6.19　用户学科偏好

图 6.20 为用户图书推荐结果界面，根据用户学科偏好和图书借阅特

第6章　面向图书推荐的高校馆用户画像应用

征的相似度计算后进行匹配，选取相似度值最高的10本图书推荐给该用户。

图6.20　用户图书推荐结果

6.5　小结

本章以图书推荐为目标，提出一种基于用户画像的综合性的解决方案——"面向图书推荐的用户画像解决方案"，该方案旨在通过多维度策略优化推荐流程，提升用户体验与推荐效果。

本章与上一章（第5章）的关系：用户行为分析的结果之一是用户兴趣画像，用户兴趣画像标签作为推荐的重要依据之一，为了优化推荐效果，使用关联分析强化和推广用户兴趣标签。本章不仅要分析用户画像，而且要分析图书画像，并实现二者有机融合。

值得注意的是，本章应用两种分析算法：聚类和关联规则，这两种算法为机器学习的常用算法，前者用于发现兴趣相同的社团群体，后者用于发现借阅结果的共现性，有关二者的联系和区别，以及适用范围分析如下：

关联规则和聚类方法都是数据挖掘和机器学习中用于发现数据内在结构和模式的技术，都可以应用于推荐系统的设计中，但它们的目标、原理及适用场景有所不同：

1. 关联规则

通过分析大量交易数据（如购物篮分析）发现不同商品之间的频繁模式和依赖关系，比如"买了商品 A 的人往往也会买商品 B"。在推荐系统中，关联规则主要用于基于用户过去的行为预测他们可能感兴趣的新商品。例如，"购买电影 A 的用户经常同时购买爆米花"，则可以据此推荐爆米花给购买了电影 A 的用户。

2. 聚类方法

聚类方法则是将用户或商品按照其特征进行分组，使得同一组内部成员之间具有较高的相似性，而不同组之间差异较大。在推荐系统中，聚类可以用来识别用户群体或商品类别，基于用户所在群体的偏好进行个性化推荐，或者是基于商品聚类实现同类商品的替代或互补推荐。

3. 二者联系

两者共性。①两者都基于数据集中的历史行为进行分析，关联规则也可作为聚类后进一步精细化推荐的补充手段。②同样依赖于用户或商品的属性和行为数据，聚类结果可用于指导关联规则的发现，比如针对某一类用户更精准地寻找关联规则。

二者区别。①关联规则强调的是物品之间的共现性和因果性，侧重于发现强关联的物品对或物品集，适合于交叉销售和捆绑销售类型的推荐。②聚类关注的是个体与个体之间的相似性，旨在划分出具有共同属性或行为模式的群体，而非具体的关系规则。

适用范围。①关联规则适用于大规模交易数据，特别是零售业、电商等领域，特别适用于"如果你喜欢 X，那么你可能也喜欢 Y"的推荐场景。②聚类适用于用户兴趣不明确或者需要进行细分市场分析的情况，如新闻推荐、电影推荐等，可以根据用户所在的集群推荐相应集群中其他用户喜欢的内容。

关联规则推荐更适合基于单个商品之间的相关性做出推荐，而聚类方法推荐则更偏向于基于整体用户行为模式或商品属性相似性来进行群体化的推荐。实际应用时，往往结合两种或多种方法，以提高推荐系统的准确性和覆盖率。

总而言之，聚类与用户有关（相当于协同推荐），同一个模块（或团体）中的作者或书籍，被相互关联在一起，可以相互推荐，需要知道用户资料。关联规则体现的是"项（所借的书）之间的关系，与哪个用户无关，某用户只要触碰哪个项，或者项集（可能借了好几本），就给他推荐关联规则中的书"。因而只需要知道某用户借的书（对应物），应用关联规则，在无需知道用户爱好（或查看用户历史记录）的情形下，仍可实现推荐。有利于缓解冷启动。

聚类关注的是用户社交网络属性，属于社交网络分析方法，其价值是用户画像中的标签传递，力图解决标签不全问题；而关联规则关注的是语义统计属性，力图统计和精准挖掘新的隐含特征，属于语义计算范畴，其价值是用户画像中的标签扩展，力图解决标签不准问题，二者融合使用，提高了图书推荐的有效性和精准性。

第7章 面向知识推荐的高校馆用户画像应用

由于知识规模庞大，知识更新迅速，高校馆知识推荐面临的挑战更加复杂，除了类似于高校馆图书推荐面临的冷启动、精准问题和标签融合问题相同问题外，高校图书馆在利用大数据进行知识推荐时，不仅要解决数据规模的挑战，还要充分利用信息技术，确保系统的实时性和智能性，同时深入理解和挖掘用户的真实需求，提供更加个性化、智能化的服务，促进图书馆服务理念和管理模式的深刻变革。用户画像能精准定位用户兴趣特征，知识画像能概述知识关键特征，将二者匹配开展知识推荐可以缓解冷启动和精准度问题，为学术研究与知识探索提供个性化的方案。[1]

相较于第 6 章图书推荐，本章针对知识推荐面临的海量数据问题，着重阐述面向知识推荐的高校馆用户画像应用。

7.1 高校馆知识推荐面临挑战

高校馆知识推荐面临挑战具体体现在以下几个方面：

1. 海量数据收集

高校图书馆每天都会产生大量的用户行为日志数据，如借阅记录、电子资源访问、在线查询、阅读时长等。这些数据的规模庞大，类型多样，

---

[1] 何胜，熊太纯，吴智勤. 基于标签计算的高校图书馆学者画像及知识推荐研究. 图书馆研究，2022，52(08)：89-97.

第7章 面向知识推荐的高校馆用户画像应用

且增长速度极快,给数据收集、存储和管理带来了巨大压力。图书馆需要高效的数据管理系统来确保数据的安全存储和快速访问,同时也要求有强大的数据处理能力来应对不断膨胀的数据量。

2. 实时处理

用户行为日志实时处理对于个性化推荐至关重要。图书馆需要能够即时分析用户的活动模式,如实时识别用户的阅读偏好、学习需求变化,迅速做出响应,推送相关资源或服务。这要求高度优化的数据处理架构。然而实时处理海量数据对计算资源和算法效率都提出了较高要求,给图书馆技术升级带来挑战。

3. 文本自动标注与知识理解

在互联网知识环境中,文本自动标注是实现精准推荐的关键,从海量文本资源中自动提取关键词、主题分类、情感倾向等信息,涉及自然语言处理(NLP)和机器学习技术。这一过程复杂且充满挑战,因为自然语言本身的模糊性、多意性和文化差异等因素,使得自动标注的准确性和有效性难以保证。图书馆推荐系统需要不断优化算法,提高语义理解能力,以确保推荐内容的相关性和质量。

7.2 面向知识推荐的用户画像解决方案

7.2.1 一般应对方法

针对高校图书馆知识推荐面临的"海量数据收集""实时处理""文本自动标注与知识理解"三大挑战,一般可采取以下应对方案:

1. 海量数据收集:使用爬虫技术高效抓取信息

分布式爬虫:针对海量数据收集的需求,可以开发分布式爬虫系统,利用多台服务器并行抓取互联网上的学术资源、新闻、开放课程等内容。如使用 Scrapy 框架结合 Redis 等中间件实现任务队列的分布式管理,提高数据抓取速度和效率。

2. 实时处理：采用 Hadoop+Spark 构建大数据处理平台

Hadoop 提供了一个分布式存储和处理框架，能够将大量数据分散存储在 HDFS(Hadoop Distributed File System)中，解决单机存储瓶颈问题。Hadoop MapReduce 可以并行处理这些数据，适合离线批处理任务，如定期分析用户行为模式、构建用户画像等。

Spark 是一个更高效的数据处理框架，相较于 MapReduce，支持内存计算，能够加速数据处理速度，适用于迭代计算和交互式数据分析。Spark 可以与 Hadoop 集成，利用 Hadoop 的存储能力，同时提供更快数据处理和高级分析能力，如机器学习模型的训练，进一步优化推荐算法。

利用 Hadoop 的 HDFS 分布式文件系统存储抓取的海量数据，确保数据的高可用性和可靠性。在 Hadoop 的基础上，引入 Spark 进行实时数据处理和分析。Spark Streaming 可以处理实时数据流，实现快速的知识更新和推荐。同时，使用 Spark 的 MLlib 机器学习库可以高效地进行用户行为分析、模式识别等，提升推荐算法的实时响应能力。

3. 文本自动标注与知识理解：应用自然语言处理技术

文本自动标注：利用自然语言处理技术，如命名实体识别(NER)、情感分析、关键词抽取等，对抓取的文本数据进行自动标注。这有助于快速识别文献的主题、作者、出版日期等元数据以及提取文章的关键概念和实体关系。

机器学习与深度学习：利用机器学习模型(如 SVM、随机森林)和深度学习网络(如 LSTM、Transformer)进行文本分类、聚类和主题模型分析(LDA、BERTopic)。这些模型能更准确地理解文本语境，提高推荐系统的语义匹配度。

知识图谱：构建领域特定的知识图谱，通过实体识别、关系抽取等技术，增强文本理解和语义搜索能力，为用户提供更精准的推荐。通过构建图书馆领域的知识图谱，将散乱的信息点连接起来，形成知识网络，进一步提升推荐的准确性和个性化程度。

7.2.2 面向知识推荐的用户画像解决方案

针对高校图书馆知识推荐系统面临的三大挑战：海量数据收集、实时处理以及文本自动标注与知识理解，本章结合用户画像、爬虫技术、Hadoop+Spark 大数据处理框架以及 TF-IDF 文本分析技术，提出一种综合性的解决方案。

1. 海量数据收集

使用爬虫技术：开发或利用现成的网络爬虫程序，针对重要的互联网知识资源、学术数据库、开放存取资源等进行爬取，确保数据来源的广泛性和时效性。遵循 robots.txt 协议，尊重版权和隐私政策。

2. 实时处理

Hadoop 分布式存储：利用 Hadoop 的 HDFS（hadoop distributed file system）存储海量数据，解决数据存储和扩展性问题。

Spark 流处理：结合 Spark streaming 或 Structured streaming 组件，实现数据的实时处理和分析，快速响应用户的查询请求和行为变化，提高推荐系统的即时反馈能力。

3. 文本自动标注与知识理解

用户画像构建：基于用户的浏览、搜索、借阅等历史行为，运用机器学习算法建立用户模型，包括兴趣偏好、学习领域、阅读习惯等，为个性化推荐打下基础。

TF-IDF 文本分析：

关键词提取：对收集到的文献元数据和全文内容应用 TF-IDF 算法，识别出文档中的关键主题词，用于文本的自动标注。

相似度计算：利用 TF-IDF 向量化后的文档，计算文档间的相似度，发现相关知识内容，优化推荐准确性。

4. 实施步骤

（1）数据采集阶段

部署爬虫策略，定期抓取并整合数据至 Hadoop 集群。

(2) 数据处理阶段

对获取的数据清洗、转换，利用 TF-IDF 提取关键词，构建文档索引。

(3) 用户画像构建

基于用户行为数据，通过算法构建用户模型，不断更新和完善。

(4) 知识推荐引擎

结合用户画像和内容分析结果，采用协同过滤、基于内容或混合推荐算法，实时生成个性化知识推荐列表。

7.3 画像模型构建

画像模型包括用户画像模型和知识画像模型两个部分，用于描述用户端和知识端的特征。

1. 用户画像模型构建

在上述分析基础上，结合社交网络分析和语义计算方法，[①] 提出的用户画像概念模型如图 7.1 所示，共包括用户基本信息、用户在馆行为、社交网络分析相关属性和语义计算相关属性，其标签的进一步分类及标签注释见图 7.2。其中"用户基本信息"标签的子标签"用户兴趣""社交网络分析相关属性"标签的子标签"用户社团属性"，将在知识推荐案例中重点分析，见图 7.2 中的带方格背景的标签。

[①] 何胜，李萍，史航，等. "破四唯"背景下科研人才画像标签模型的构建. 江苏理工学院学报，2021, 27(06): 115-120.

第 7 章　面向知识推荐的高校馆用户画像应用

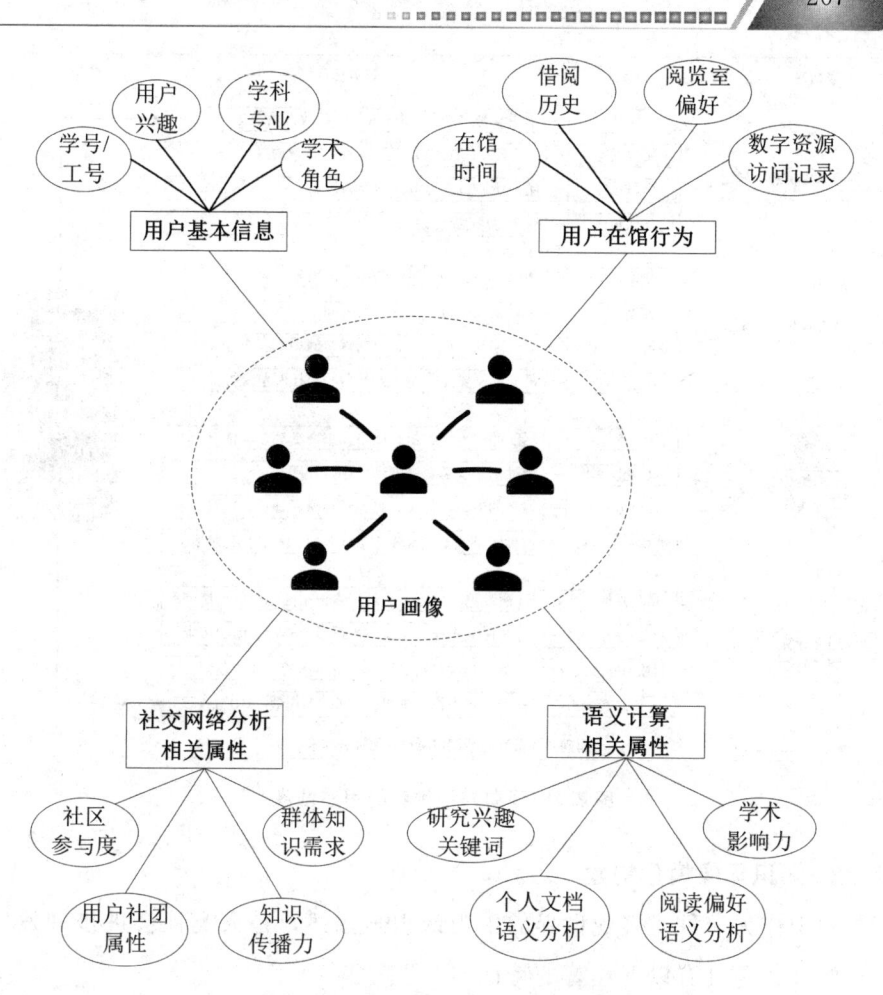

图 7.1　面向知识推荐的用户画像模型

基于社交网络分析和语义计算的高校图书馆用户画像构建与应用研究

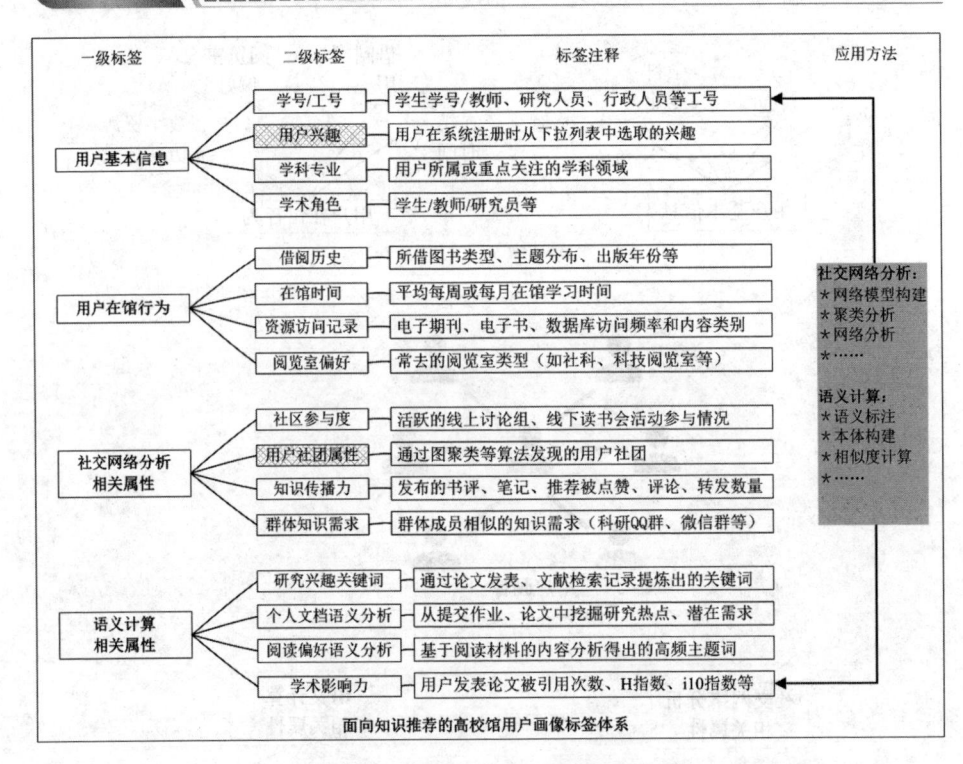

```
一级标签          二级标签           标签注释                                应用方法
                ┌─ 学号/工号      学生学号/教师、研究人员、行政人员等工号
   用户基本信息  ├─ 用户兴趣      用户在系统注册时从下拉列表中选取的兴趣
                ├─ 学科专业      用户所属或重点关注的学科领域
                └─ 学术角色      学生/教师/研究员等
                                                                      ┌──────────────┐
                ┌─ 借阅历史      所借图书类型、主题分布、出版年份等       │ 社交网络分析：│
   用户在馆行为 ├─ 在馆时间      平均每周或每月在馆学习时间                │ *网络模型构建│
                ├─ 资源访问记录  电子期刊、电子书、数据库访问频率和内容类别│ *聚类分析    │
                └─ 阅览室偏好    常去的阅览室类型（如社科、科技阅览室等）   │ *网络分析    │
                                                                      │ *……          │
                ┌─ 社区参与度    活跃的线上讨论组、线下读书会活动参与情况   │ 语义计算：    │
 社交网络分析    ├─ 用户社团属性  通过图聚类等算法发现的用户社团            │ *语义标注    │
   相关属性      ├─ 知识传播力    发布的书评、笔记、推荐被点赞、评论、转发数量│ *本体构建    │
                └─ 群体知识需求  群体成员相似的知识需求（科研QQ群、微信群等）│ *相似度计算  │
                                                                      │ *……          │
                ┌─ 研究兴趣关键词 通过论文发表、文献检索记录提炼出的关键词   └──────────────┘
   语义计算      ├─ 个人文档语义分析 从提交作业、论文中挖掘研究热点、潜在需求
   相关属性      ├─ 阅读偏好语义分析 基于阅读材料的内容分析得出的高频主题词
                └─ 学术影响力    用户发表论文被引用次数、H指数、i10指数等

              面向知识推荐的高校馆用户画像标签体系
```

图 7.2 面向知识推荐的用户画像

2. 知识画像模型构建

知识作为一种对客观世界的主观认识与描述，是人类社会进步和发展的重要基石。具有以下显著的特征：

(1) 客观性

知识是基于对客观事物、现象或规律的观察、实验、推理等方法获得的，反映事物的本质属性和内在联系。尽管知识的获取和表达受到主观因素的影响，但其内容本身是客观的，具有普遍性和可验证性。

(2) 系统性

知识并非孤立信息，而是相互关联和作用的系统。领域内知识往往构成一个复杂的网络，各个知识点之间通过逻辑关系、因果关系等相互链接，形成有机整体。

(3) 动态性

知识随着人类社会发展和科学技术进步不断发展和变化。新发现、新理论、新技术不断涌现，推动着知识更新和升级。

(4)主观性

尽管知识内容是客观的，但其获取、整理、传播和应用过程却受到主观因素的影响。不同的个体或群体由于背景、经验、价值观等方面差异，对同一事物的认识和理解存在差异，从而形成不同的知识体系或知识观。

(5)可传递性

知识可以通过语言、文字、图像等形式进行传递和分享。这种可传递性使得知识能够跨越时间和空间的限制，被更多的人所掌握和应用。

(6)价值性

知识是人类社会进步和发展的重要动力。能够提高人们的认知能力和实践能力，推动科学技术的进步和社会的发展。因此，知识具有极高的价值性，是国家和民族核心竞争力的重要组成部分。

(7)累积性

知识的积累是一个长期的过程。每一代人在继承前人知识的基础上，通过不断地学习和实践，不断地丰富和发展人类的知识宝库。这种累积性使得人类的知识体系得以不断壮大和完善。

结合本书的理论分析，以及知识推荐的目标，本研究设计的知识画像概念模型如图7.3所示。

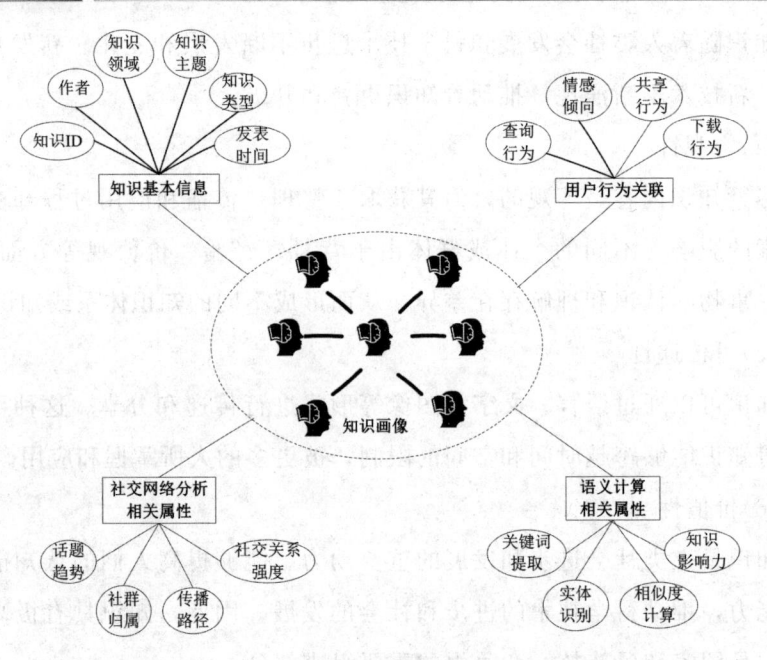

图 7.3 知识画像概念模型

共包括知识基本信息、用户行为关联、社交网络分析相关属性和语义计算相关属性。其标签的进一步分类及标签注释见图 7.4。其中"语义计算相关属性"标签的子标签"知识影响力"和"关键词提取",将在知识推荐案例中重点分析,见图 7.4 中的带方格背景的标签。

第7章 面向知识推荐的高校馆用户画像应用

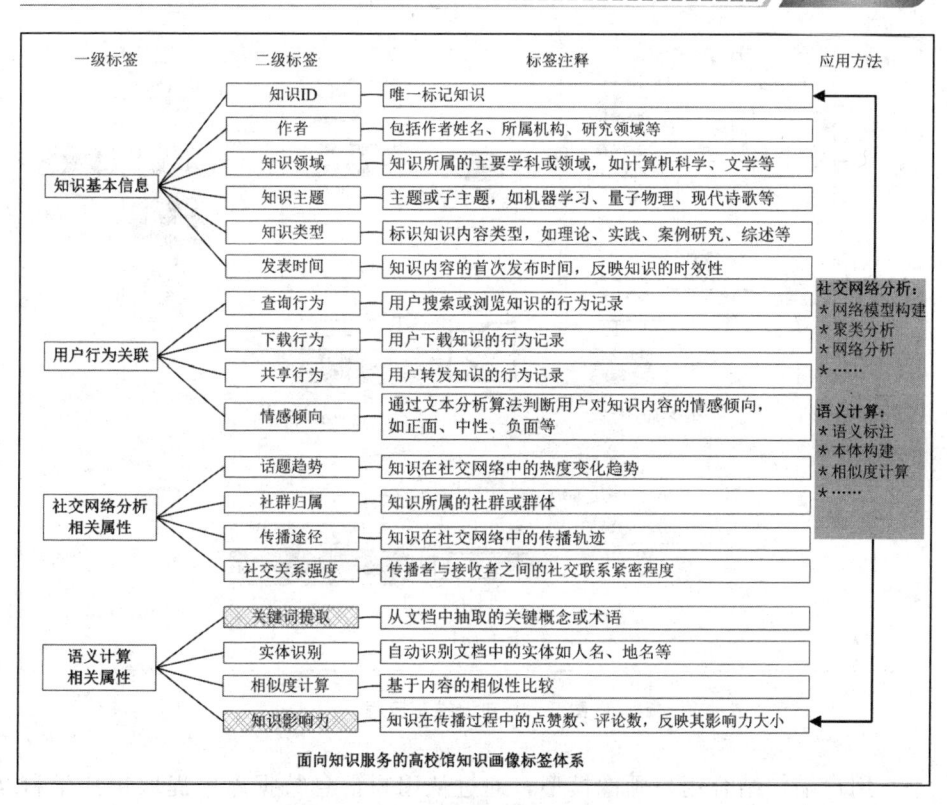

```
一级标签         二级标签              标签注释                                      应用方法

              ┌─ 知识ID      ── 唯一标记知识
              ├─ 作者        ── 包括作者姓名、所属机构、研究领域等
知识基本信息 ──┼─ 知识领域    ── 知识所属的主要学科或领域,如计算机科学、文学等
              ├─ 知识主题    ── 主题或子主题,如机器学习、量子物理、现代诗歌等
              ├─ 知识类型    ── 标识知识内容类型,如理论、实践、案例研究、综述等
              └─ 发表时间    ── 知识内容的首次发布时间,反映知识的时效性
                                                                              社交网络分析:
              ┌─ 查询行为    ── 用户搜索或浏览知识的行为记录                     *网络模型构建
用户行为关联 ──┼─ 下载行为    ── 用户下载知识的行为记录                          *聚类分析
              ├─ 共享行为    ── 用户转发知识的行为记录                          *网络分析
              └─ 情感倾向    ── 通过文本分析算法判断用户对知识内容的情感倾向,    *……
                              如正面、中性、负面等
                                                                              语义计算:
              ┌─ 话题趋势    ── 知识在社交网络中的热度变化趋势                   *语义标注
社交网络分析 ──┼─ 社群归属    ── 知识所属的社群或群体                            *本体构建
相关属性       ├─ 传播途径    ── 知识在社交网络中的传播轨迹                      *相似度计算
              └─ 社交关系强度 ── 传播者与接收者之间的社交联系紧密程度             *……

              ┌─ 关键词提取  ── 从文档中抽取的关键概念或术语
语义计算     ──┼─ 实体识别    ── 自动识别文档中的实体如人名、地名等
相关属性       ├─ 相似度计算  ── 基于内容的相似性比较
              └─ 知识影响力  ── 知识在传播过程中的点赞数、评论数,反映其影响力大小

                    面向知识服务的高校馆知识画像标签体系
```

图 7.4 面向知识推荐的知识画像标签

7.4 知识推荐案例

在用户画像和知识画像建模的基础上,遵循 7.2 节的思路,设计的知识推荐的流程如图 7.5 所示。首先依托构建用户信息数据库、用户行为日志数据库、知识资源数据库,构建用户画像和知识画像模型,接着依托上一章构建的学科主题知识图谱和学科主题标签库,融合用户画像和知识画像模型,并进行用户兴趣和知识内容特征标注,二者基于统一的标签库,开展标签相似度计算,最后在此基础上开展知识推荐。

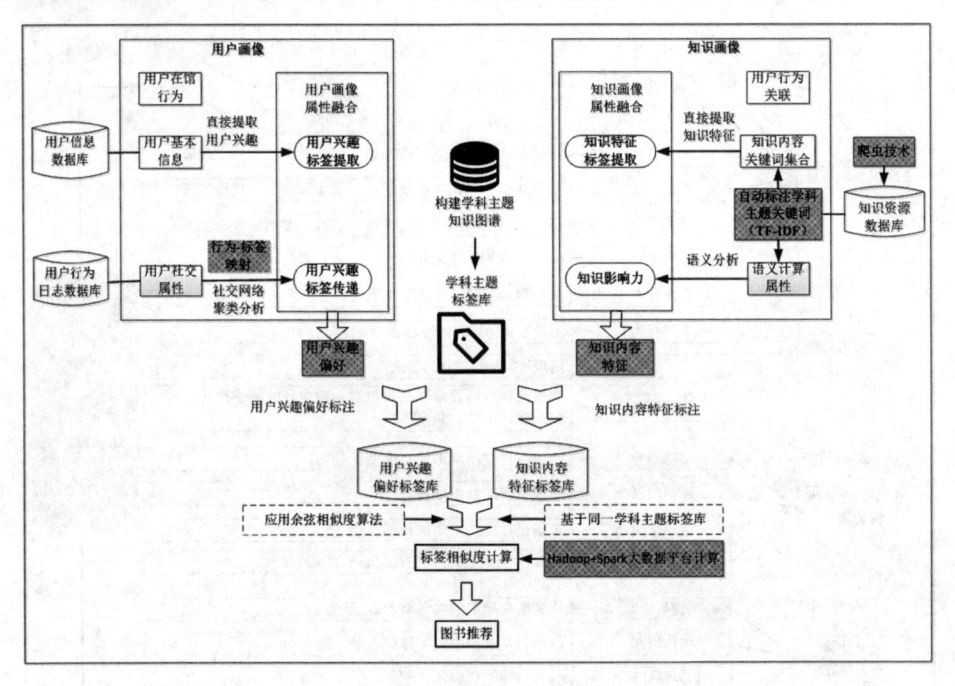

图 7.5 知识推荐流程

用户端：结合用户画像模型，通过从用户信息数据库中提取用户学科兴趣；从用户访问日志数据库，应用大数据实时计算技术分析用户日志，提取用户社团结构信息，转换为用户学科标签，将二者融合为用户兴趣偏好，体现用户标签的实时性和动态性。

知识端：编写爬虫程序，从互联网获取知识，清洗去重后存入知识资源数据库，对其中的知识内容（摘要、评论等），应用 TF-IDF 算法，基于给定的学科标签库，自动标注学科主题关键词；应用语义计算方法，计算知识影响力，将二者融合为知识内容特征。

特别值得指出，区别图书推荐流程，本章的知识推荐主要表现在以下四个方面：

1. 注重从互联网中收集知识资源

互联网知识资源具有量大、更新快的特点，是知识资源的主要来源，因此开发爬虫程序对相关资源进行收集。

2. 强化用户行为标签在推荐中的角色

考虑到用户行为随时间变迁的特性，需要及时反映用户行为的时间特性，因此结合用户日志系统中的反映"用户社交属性"的浏览、检索、收藏、评论和借阅记录特征，设计"行为－标签"映射流程，提取特征后进行用户兴趣标签传递。

3. 实现对知识资源标签的自动标注

收集到的互联网知识资源非常庞大且更新迅速，无法像图书资源那样，在图书入库时由管理员实现人工标注，必须设计新的算法，基于统一的学科主题标签库进行自动标注，以便在此基础上实现相似度计算。

4. 引入大数据平台强化实时计算

传统的计算方式，无法处理海量的知识资源数据，必须引入大数据平台，以提高计算效能。

7.4.1 数据收集与清洗

如图 7.5 所示，用户端数据收集类似于第 6 章，此处从略。以下着重阐述知识端数据收集过程：

作为著名社交问答平台，"知乎"社区（https：//www.zhihu.com/）由于用户量大、问题回答质量高、互动性强日益成为用户获取知识的重要途径。知乎平台主界面如图 7.6 所示：知乎网站内容结构：划分为很多话题、每个话题下又有很多问题，每个问题包含大量的问答。

基于社交网络分析和语义计算的高校图书馆用户画像构建与应用研究

图 7.6 知乎平台

每个话题下对应大量的问题和问答，如图 7.7 所示。例如，知乎链接

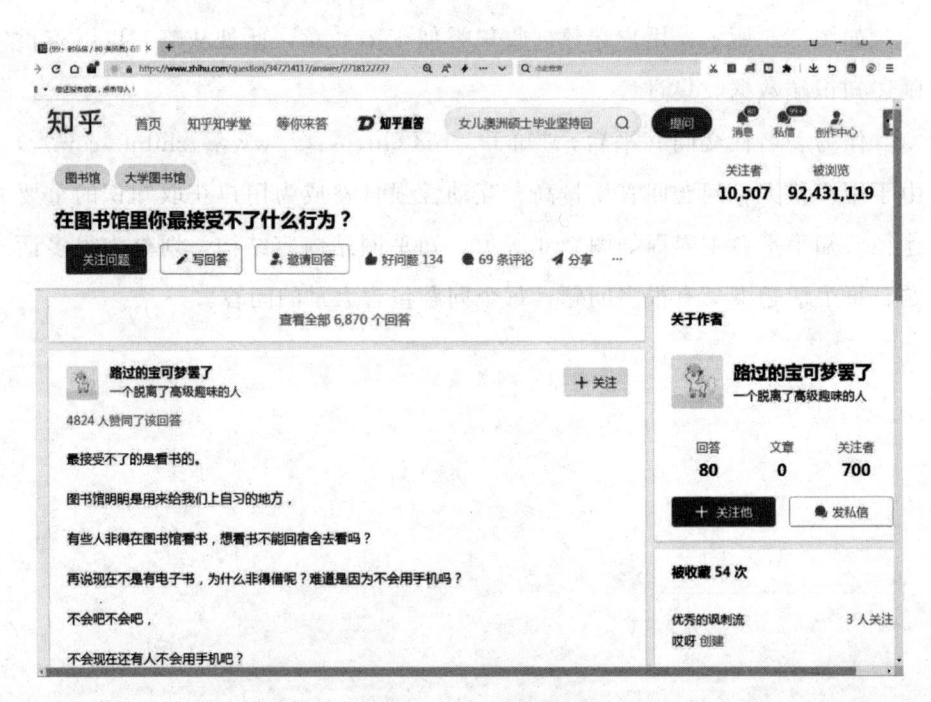

图 7.7 知识话题

第 7 章　面向知识推荐的高校馆用户画像应用

https://www.zhihu.com/question/347214117/answer/2718122727，"question"后面的编号（347214117）为问题 ID，而 answer 后面的编号（2718122727）为本问题的问答 ID。

对于问题：在图书馆里你最接受不了什么行为？有 6870 个问答，即有 6870 个问答编号。

爬取过程：先确定某个话题号（topic）下的问题号（quesiton）存放在文本文件中，再让程序读文本文件，通过爬虫程序自动爬取回答（answer）内容。

对知乎网站分别选取"具体内容""发表时间""点赞数""评论人数""回答链接""作者 id""问题 ID"字段爬取，爬取过程如下：

先爬精华回答下的话题号（question）

如链接 https://www.zhihu.com/topic/19556703/top-answers 其中 19556703 为 topic"图书馆"的话题号，top-answers 为精华回答，有父话题，子话题等，如图 7.8 所示。

图 7.8　精华问答的父话题和子话题

再针对问题号爬取内容：

关键代码如下

```
def getQidlist(self,topic_id):      ＃爬取某个话题下精华回答中的所有问题号
    url='https://www.zhihu.com/topic/'+topic_id+'/top-answers'
    browser.get(url)
    button2 = browser.find_elements_by_xpath("""//button[@aria-label='关闭']""")[0]
    button2.click()  ＃点掉知乎的登陆弹窗
    ……
    dom = etree.HTML(browser.page_source)
    Q_number=dom.xpath("""//div[@class='NumberBoard-itemInner']/strong/text()""")＃获取问题号的代码
    ……
```

再爬每个问题号(question)下的回答内容
关键代码如下

```
def T_getData(self,Qid,path):＃输入问题id链接与exa表格位置
    url1 ='https://www.zhihu.com/question/'+Qid    ＃ Qid 为问题ID
    exe_path=path+'Excel/'    ＃结果存放到 Excel
    ……
    answer_number = dom.xpath("""//div[@class='Question-main']//h4[@class="List- headerText"]/span/text()""") ＃得到本问题的回答数
    ……
    ＃以下针对每个回答 answer,从网页中获取数据
    time_list = dom001.xpath("""//div[@class='List-item']//meta[@itemprop="dateCreated"]/@content""")＃创建时间
    edit_time_list = dom001.xpath("""//div[@class='List-item']//div
```

[@class = "ContentItem-time"]//span/text()""")
　　#点赞数
　　endorse_list = dom001.xpath("""//div[@class = 'List-item']//button[contains(@class,"Button") andcontains(@class,"VoteButton") and contains(@class,"VoteButton--up")]/@aria-label""")
　　　　　#评论人数……
data = pd.DataFrame()#爬结果存放到变量 data 中
data['具体内容'] = comment_list_text
　　　　　data["发表时间"] = time_list　　　　#改为创建时间
　　　　　data["点赞数"] = endorse_list
　　　　　data["评论人数"] = number_of_endorse_list
　　　　　data["回答链接"] = answers_url_list
　　　　　data["作者姓名"] = authorName_list
　　　　　data['作者 id'] = authorid_list
　　　　　data["问题 ID"] = problem_id[0]
data_path = exe_path+Qid+'.xlsx' #写入 Excel 文件的路径
write = pd.ExcelWriter(data_path) #写入 Excel 文件

本书通过自行开发的爬虫软件，选取一级话题"社会科学"中的所有子话题，从"知乎"平台获取精华问答。"社会科学"的话题共包括 32 个子话题：情报学、历史、哲学、法律、金融学、心理学、政治学等。以"知乎"平台"知识语义标签"为基础，通过典型的标签相似度计算方法，挖掘用户行为特征并据此进行个性化推荐。

对获取的精华问答清洗并去重后得到约 522,943 条问答记录，日期覆盖 2021 年 07 月 23 日到 2021 年 08 月 22 日，保存于 Excel 表格，如图 7.9 所示，包括精华问答相关的"具体内容""发表时间""点赞数""评论人数""回答链接""作者 id""问题 ID"等。

1	具体内容	发表时间	点赞数	评论人数	回答链接	作者姓名	作者id	问题ID
522921	专业课压分其实是一种猫腻	2019-12-01	2	1	917518665	淘学喵考研	wu-wang-chu	66598967
522922	因为分考的高的话，都压下	2017-10-13	2	3	243892796	薛北北	xue-bei-bei	66598967
522923	19北京工业工科考研，几个	2019-02-18	2	8	602184782	闫大哥	yan-xiao-pe	66598967
522924	我是二战 天津某985 金融	2020-02-21	3	17	1029105948	咔咔	fang-yi-lin	66598967
522925	中国科学院大学738专业课	2020-02-22	3	0	1031305045	王花间先生	wang-hua-ji	66598967
522926	就是菜你要是写的完全正确	2019-02-20	4	21	603452929	在睡觉	bu-shan-yan	66598967
522927	考研专业课压分0 赞同·	2021-02-26	1	0	1752084276	遗忘	liang-che-x	66598967
522928	作为浙江师范大学2021年文	2021-06-04	0	0	1922582975	圆游惠	yuan-you-hu	66598967
522929	我也是，今年专业课预估2	2021-03-03	0	0	1759944183	华少	hua-shao-xi	66598967
522930	报考浙师大文艺学专业，厂	2021-03-07	0	5	1757057313	「已注销」	jasmine-36-	66598967
522931	考金融学，要看你将来想干	2017-10-16	18	21	245237143	杨毅	career001	66677576
522932	本科学金融，如果不考研，	2020-04-09	8	1	1140605283	王小锅学长	13892770982	66677576
522933	对于大多数同学来说，金融	2019-11-12	18	0	891494340	秒懂考研	bankpan-39	66677576
522934	建议你去看看公司招聘要求	2019-08-16	8	0	790726769	欣儿学姐考	hua-kai-bu-	66677576
522935	我面试某公司时，HR：交	2019-09-14	4	0	823190438	Eric Shawn	delightxiac	66677576
522936	有一定的弥补作用现在因为	2020-04-22	1	0	1172082323	征辰教育黄	pi-shi-dong	66677576
522937	本科就读普通院校的话建议	2019-01-20	0	0	1658310390	jondy	jondy	66677576
522938	对于跨专业的同学来说刚开	2019-01-26	19	4	582467841	爱兰	ai-chi-yu-7	67524133
522939	参考书目推荐：《货币银行	2018-10-08	12	0	506369635	蒙蒙	jing-jing-8	67524133
522940	题主您好，为了方便您更好	2018-01-05	4	0	289489941	彩虹	cai-hong-15	67590533
522941	谢邀第一，金融是考研热门	2017-11-03	32	1	254385777	Carpe Diem	RockandKaoy	67590533
522942	中国人民大学于2021年开	2021-01-11	1	0	1672141697	在职研究生	bamb-34	67590533
522943	香港中文大学（深圳）高等	2018-01-18	8	0	298448920	深圳高等金	shen-zhen-k	68315248

图 7.9 知乎平台"社会科学的话题爬取结果"

7.4.2 画像属性融合及特征标注

本节致力于挖掘用户兴趣偏好，主要通过两种方式，即直接从用户信息数据库中提取用户兴趣（标签提取）、从用户行为日志数据库中通过"行为—标签"方法进行分析（即标签传递），然后对两种方式赋予一定的权重进行融合，产生用户兴趣偏好的定量数据。

1. 用户画像属性融合—用户借阅偏好

本节致力于挖掘用户借阅偏好，主要通过两种方式：

依据学科主题知识图谱，将学科主题词存入数据库中，在用户登录（或注册）的主页面中显示，让用户自行选择。

（1）用户学科兴趣提取——第1类标签

目的是找到用户感兴趣的标签，以应对冷启动问题。提取过程类似于上一章节，此处从略。

{Keyword(1), Keyword(2), … Keyword(i)…}

权重系数设为 $\alpha=0.7$，因为这类由用户直接标注，反映了用户的兴趣，精准度较高，因而权重较高，设为0.7。

（2）社交网络分析——第2类标签

目的是通过社交网络方法分析用户群体，基于用户行为日志数据库，设计"行为—标签"映射规则，将用户浏览、点赞等行为映射为关键词，再构建"用户—关键词"网络，通过图聚类方法，发现用户社团结构，实现标签传递，如图7.10所示。

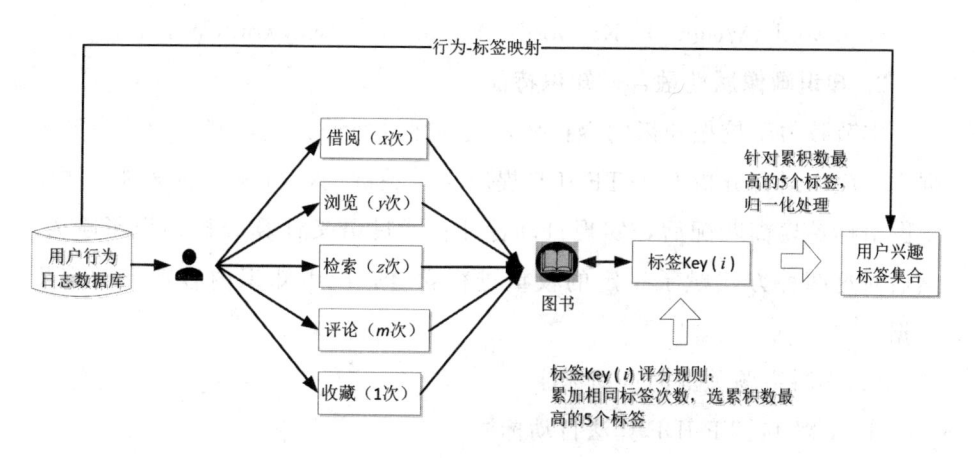

① "行为—标签"映射流程。

图 7.10　行为—标签映射过程

在用户行为记录中，如果用户对某本图书借阅、浏览、检索、评论、收藏的次数分别为的权重为 $x,y,z,m,1$（注意这里收藏的次数设为常量1，一般而言，日志系统只允许收藏1次）。

由于用户在借阅过程中，不同图书可能会被标注为同一标签，所以需要累加相同标签次数，选累积数最高的5个标签，并进行归一化处理后作为用户兴趣标签集合。

② 构建用户—标签社交网络，应用聚类算法进行聚类，见表6.2，此处从略。聚类后进行标签传递。

将这类标签权重系数 $\beta=0.3$，这类传递标签，是基于协同推荐的原理，有助于推荐的多样性。

归纳上述分析过程，标签分类及权重设置如表7.1所示。

表 7.1 标签标注及权重设置

标签分类	权重值	理论依据	说明	标签融合规则（两类标签相互独立）
第一类	$\alpha=0.7$	用户直接标注	较高精准度	直接标注
第二类	$\beta=0.3$	社交网络分析—聚类	标签传递（协同推荐）	仅传递不重复标签

将结果归一化，得到结果：

$\{Keyword_1(Weight_1), Keyword_2(Weight_2), \cdots Keyword_i(Weight_i) \cdots \}$

2. 知识画像属性融合—知识特征

本节致力于挖掘知识内容特征，主要通过两种方式，基于知识资源数据库，应用语言分析方法 TF-IDF 提取文本关键词，与统一的学科主题知识图谱标签模糊匹配后，实现自动标注；通过语义计算分析知识影响力，然后对这两种方式赋予一定的权重进行融合，产生知识内容特征的定量数据。

（1）学科主题关键词自动标注

① 步骤1：TF-IDF 算法自动标注。

以下以二级话题"情报学"为例，按照 6.4.4 节所述的 TF-IDF 算法原理，阐述自动标注实现过程。

二级话题情报学及其话题 topic 如下表所示：

表 7.2 二级话题情报学及其话题 topic

三级话题名称	Topic-id	文件数目（Excel）
竞争情报	20052199	62
情报搜集	19852616	74
信息管理与信息系统专业	19666842	412
信息检索	19580199	344
信息资源管理	19760560	60
信息资源	19648905	71

第7章 面向知识推荐的高校馆用户画像应用

以竞争情报为例，共包括 62 个 Excel 文件，每个文件以其"问题 ID"编号为其文件名，如图 7.11：

图 7.11 "竞争情报"话题下的数据集

合并 Excel 文件，关键代码

关键代码如下

```
def merge_all_excels_into_single_sheet(directory, output_filename):
    #爬取某个话题下精华回答中的所有问题号
    """
```

将指定目录下的所有 Excel 文件的内容合并到一个新的 Excel 文件的单个工作表中。

　　:param directory:包含 Excel 文件的目录路径

　　:param output_filename:输出合并后 Excel 文件的名称（包括路径）

```
    """
    #初始化空的 DataFrame,用于存放所有数据
    combined_df = pd.DataFrame()
    #遍历指定目录下的所有文件
    for filename in os.listdir(directory):
        if filename.endswith(".xlsx") or filename.endswith(".xls"):#确保只处理 Excel 文件
            file_path = os.path.join(directory, filename)
```

```
#读取 Excel 文件
    df = pd.read_excel(file_path)
#将当前文件的数据追加到 combined_df 中
combined_df = pd.concat([combined_df, df], ignore_index=True)
#将合并后的数据写入到新的 Excel 文件中的单个工作表
combined_df.to_excel(output_filename, index=False)
#指定包含 Excel 文件的目录路径
excel_directory = 'input/biaoge'
#指定合并后输出的 Excel 文件名
output_file = 'output1/merged2.xlsx'
#调用函数进行合并
merge_all_excels_into_single_sheet(excel_directory, output_file)
```

合并后共产生 6612 条问答，如图 7.12 所示。

B6600

目前从事直播推荐，我就简单讲讲直播上怎么做的吧。1、规则消重：对于已经推荐的主播，短时间内不再进行推荐；对用户已观看的主播的tag比例，对高频展现tag进行降权2、多样召回：召回一些不同的主播，方法很多，目前比较好的是魔改embedding的方法3、排序模型：可以修改排序模型的训练样本，使推荐结果更加均匀。不过按照经验来说，提高推荐结果的多样性对提升一级指标（点击率、停留时长）没有特别明显的带动作用，除非是为了做系统生态，否则大家还是会直奔短期目标去优化。

	A	B	C	D	E	F	G	H	I
1	文档编号	具体内容	发表时间	点赞数	评论人数	回答链接	作者姓名	作者id	问题ID
6600	6599	目前从事直播推荐，我就简单讲讲	2019-10-14	9	4	https://www.zhihu.	lee dog	lee-dog	68299606
6601	6600	叩首谢邀！不过，这位看官老爷，	2019-08-09	9	2	https://www.zhihu.	haidescs	haidescs	68299606
6602	6601	我这边也同样遇到了类似的问题，	2018-12-26	0	0	https://www.zhihu.	自制	yanqiu-zha	68299606
6603	6602	感觉网易云音乐的推荐还不错，根	2019-08-08	0	0	https://www.zhihu.	boz.zhu	zhu-zhi-bo	68299606
6604	6603	这个东西早就有了 在商学院已经	2021-06-20	0	0	https://www.zhihu.	知乎用户		68299606
6605	6604	在读竞争情报小硕...	2018-11-30	1	0	https://www.zhihu.	irm	irm-48	68386588
6606	6605	我觉得不会有那么多人跑来说，毕	2018-02-11	0	0	https://www.zhihu.	知乎用户		68386588
6607	6606	郑万可，人才竞争情报平台创业者	2017-11-20	0	1	https://www.zhihu.	摇滚无赖	zheng-wan-	68386588
6608	6607	如果是大一的话，建议尽早转，因	2017-11-26	3	0	https://www.zhihu.	LeoFergusor	leo-lee-58	68451822
6609	6608	很荣幸被邀请来回答楼主的问题，	2017-11-22	5	2	https://www.zhihu.	飞马网	yin-yin-64	68451822
6610	6609	不用，因为人工智能是个很宽泛的	2017-11-22	3	0	https://www.zhihu.	虎妞C	li-hui-70-	68451822
6611	6610	是我就转数学，万一人工智能不火	2017-12-02	0	0	https://www.zhihu.	周小小	zhou-xiao-	68451822
6612	6611	有哪一些课程？如果太坑的，就尽	2017-12-01	0	0	https://www.zhihu.	知乎用户		68451822
6613	6612	先打击你一下：如果没有好的实习	2017-12-01	7	2	https://www.zhihu.	知乎用户		68715489
6614									

图 7.12 “竞争情报”话题下的数据集合并结果

对合并后 Excel 文本内容分词(jieba 工具)。

关键代码如下：

第7章 面向知识推荐的高校馆用户画像应用

```python
# 对 Excel 中的具体内容进行分词
import pandas as pd
import jieba
# 使用 pandas 读取 Excel 文件
df = pd.read_excel('output1/merged2.xlsx')
# 提取第一列并打印每一格内容
def stopwordslist(filepath):
    stopwords = [line.strip() for line in open(filepath, 'r', encoding='utf-8').readlines()]
    return stopwords
# 对句子进行分词
def seg_sentence(sentence):
    if not isinstance(sentence, str): # 检查是否为字符串
        sentence = str(sentence)
        # raise ValueError("输入值类型非法")
    sentence_seged = jieba.cut(sentence.strip())
    stopwords = stopwordslist('stopWords/1893(utf8).txt') # 这里加载停用词的路径
    outstr = ''
    for word in sentence_seged:
        if word not in stopwords:
            if word != '\t':
                outstr += word
                outstr += " "
    return outstr
def process_cell_content(cell_content):
    if isinstance(cell_content, str):    # 确保内容是字符串类型
```

```python
#假设 Excel 单元格内的多段内容由换行符分隔
paragraphs = cell_content.split('\n')
processed_paragraphs = []
for paragraph in paragraphs:
    #对每个段落进行分词处理
    paragraph_seg = seg_sentence(paragraph)
    processed_paragraphs.append(paragraph_seg)
#使用换行符重新拼接处理过的段落,保持原文档结构
return ''.join(processed_paragraphs)
    else:
        return ""    #如果不是字符串类型,可以选择忽略或以其他方式处理
inputs = df[df.columns[0]].apply(process_cell_content)
outputs = open('output1/merged_fenci2.txt','w',encoding='utf-8')
for line_seg in inputs:
    outputs.write(line_seg + '\n')    #直接写入处理后的内容,其中已包含原文的段落结构
outputs.close()
```

分词后的结果如图 7.13。

```
6599 直播 推荐 简单 讲讲 直播 做 规则 消重 推荐 主播 短时间 推荐
6600 叩首 谢邀 这位 官老爷 小可 只能 地方 说 一点 看法 先说 学术
6601 类似 资讯 推荐 中 推荐 资讯 好多 一类 解决
6602 感觉 网易 云 音乐 推荐 不错 听过 同类 歌曲 推荐 产品 买过
6603 东西 早就 商学院 field experiment marketing is 简
6604 在读 竞争 情报 小硕
6605 多人 跑 情报 东西 总 感觉 隐秘 做 企业 舆情 程度 竞争 情报
6606 郑万 人才 竞争 情报 平台 创业者 浙江 杭州
6607 建议 转 涉及 升学 第一 国内 专业 做 正宗 老师 计算机相关 学
6608 荣幸 邀请 回答 楼主 想 研究 人工智能 数学 微积分 基础 才行
6609 不用 人工智能 宽泛 概念 包括 计算机 视觉 机器 学习 算法 统
6610 转 数学 人工智能 不火 专业 转 考研 老师 太 在意
6611 课程 太坑 转 转 找 老师 抱 大腿 人工智能
6612 先 打击 实习 经历 大学毕业 待业 一家 盈利 目的 公司 一点 员
6613
```

图 7.13 分词结果

获取所有"回答"TF-IDF 值最高的 100 个关键词。

关键代码如下：

```python
# 获取所有"回答"TF-IDF 值最高的 100 个关键词
from sklearn.feature_extraction.text import TfidfVectorizer
import jieba
import codecs
import numpy as np
# 假设系列文章存储在一个列表中
train = []
fp = codecs.open('output1/merged_fenci2.txt', 'r', encoding='utf8')
for line in fp:
    line = line.split()
    train.append([w for w in line])
documents_str = [' '.join(article) for article in train]
# 定义一个不做额外处理的自定义分析器，因为已经预处理了文本
def dummy_tokenizer(text):
    # 由于已经预处理并以空格分隔好了，这里直接返回即可
    return text.split()

# 初始化 TfidfVectorizer，使用自定义的分析器，并关闭自动小写转换（因为文本已经是处理过的了）
vectorizer = TfidfVectorizer(tokenizer=dummy_tokenizer)

# 计算每篇文章的 TF-IDF 值
tfidf_matrix = vectorizer.fit_transform(documents_str)
```

#获取词典，即所有可能的关键词

feature_names = np.array(vectorizer.get_feature_names_out())

#对于整个文档集，找出出现频率最高的10个关键词

sum_tfidf_arr = tfidf_matrix.sum(axis=0).A1　　#显式转换为一维数组

top_n = 100

#获取TF-IDF值的降序索引

top_words_idx = sum_tfidf_arr.argsort()[-top_n:][::-1]

top_words = feature_names[top_words_idx]

print("出现频率最高的几个关键词：")
outputs = open('output1/gjc100.txt','w',encoding='utf-8')
for word in top_words:
　　outputs.write(word + '\n')
outputs.close()

　　　　　　paragraph_seg = seg_sentence(paragraph)
　　　　　　processed_paragraphs.append(paragraph_seg)
　　　　#使用换行符重新拼接处理过的段落，保持原文档结构
　　　　return ''.join(processed_paragraphs)
　　else:
　　　　return ""　　#如果不是字符串类型，可以选择忽略或以其他方式处理

inputs = df[df.columns[0]].apply(process_cell_content)

第7章 面向知识推荐的高校馆用户画像应用

outputs = open('output1/merged_fenci2.txt','w',encoding='utf-8')

for line_seg in inputs:
　　outputs.write(line_seg + '\n')　＃直接写入处理后的内容，其中已包含原文的段落结构

outputs.close()

部分关键词库如图7.14所示。

```
1  专业
2  信息
3  搜索
4  管理
5  信管
6  百度
7  计算机
8  数据
9  企业
10 产品
11 系统
12 知识
13 技术
14 课程
15 项目
```

图7.14　TF-IDF值最高的关键词

将每个"问答"打上关键词标签。

生成的关键词为每行文章内TF-IDF最高的5个关键词，如不足5个则留空，如图7.15。

关键代码如下：

＃用TF-IDF抽取的高频关键词标注文本
from sklearn.feature_extraction.text import TfidfVectorizer
import jieba

```python
import codecs
import numpy as np
import pandas as pd
from scipy.sparse import csr_matrix, csc_matrix


train = []
fp = codecs.open('output1/merged_fenci2.txt', 'r', encoding='utf8')
for line in fp:
    line = line.split()
    train.append([w for w in line])


with open('output1/gjc-关键词库.txt', 'r', encoding='utf-8') as file:
    #读取文件每一行,将每行的单词添加到words列表中
    keyword_library = [line.strip() for line in file]


original_documents = [' '.join(doc) for doc in train]
#使用TfidfVectorizer计算TF-IDF
vectorizer = TfidfVectorizer(vocabulary=keyword_library)
tfidf_matrix = vectorizer.fit_transform(original_documents)


TOP_N_KEYWORDS = 5  #设定想要提取的关键词数量


keywords_with_scores = []
for i, doc in enumerate(original_documents):
    feature_array = np.array(vectorizer.get_feature_names_out())
    tfidf_sorting = np.argsort(tfidf_matrix[i].toarray()).flatten()[::-1]
```

第 7 章 面向知识推荐的高校馆用户画像应用

```
    #确保不超过实际关键词数量
        top_n_indices = tfidf_sorting[:min(TOP_N_KEYWORDS, len(tfidf_sorting))]

    #根据 tfidf_matrix 的实际类型处理索引
        if isinstance(tfidf_matrix, (csr_matrix, csc_matrix)):
            scores = tfidf_matrix[i, :].toarray()[0][top_n_indices]
    #确保正确提取分数
        else:
            scores = tfidf_matrix[i, top_n_indices]

    #提取关键词
        top_keywords = feature_array[top_n_indices]

    #创建关键词及其 TF-IDF 值的字典并添加到列表
        keywords_with_scores.append(dict(zip(top_keywords, scores)))

data = []
for doc_index, keyword_score_dict in enumerate(keywords_with_scores):
    #过滤掉 TF-IDF 值为 0 的关键词
    filtered_keyword_score_dict = {k: v for k, v in keyword_score_dict.items() if v ! = 0}

    #处理无关键词情况
    if filtered_keyword_score_dict:   #如果还有关键词剩余
        #整合关键词为一个字符串,以逗号分隔
```

```
        keywords_str = ",".join(filtered_keyword_score_dict.keys())
        #整合TF-IDF值为一个字符串,以逗号分隔
        tfidf_values_str = ",".join(map(str, filtered_keyword_score_dict.values()))
    else:  #如果没有关键词剩余(即全部TF-IDF为0)
        keywords_str = ""    #关键词列留空
        tfidf_values_str = ""    # TF-IDF值列留空

    data.append({
        '文档ID': f"文档{doc_index+1}",
        '关键词': keywords_str,
        'TF-IDF值': tfidf_values_str
    })

df = pd.DataFrame(data)

existing_df = pd.read_excel('output1/merged2_result2.xlsx')
try:
    existing_df['关键词'] = df['关键词']
    existing_df['TF-IDF值'] = df['TF-IDF值']
except ValueError as e:
    print("数据对齐错误,请检查文档编号是否与原表格匹配:", e)

#将更新后的内容写回到Excel文件
existing_df.to_excel('output1/merged2_result2.xlsx', index=False)
```

```
print("关键词和 TF-IDF 值已成功添加到 Excel 表格中。")
```

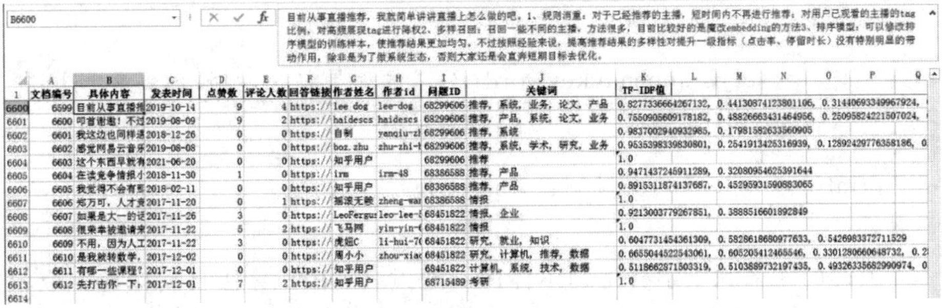

B6600

目前从事直播推荐，我就简单讲讲直播上怎么做的吧。1、规则消重：对于已经推荐的主播，短时间内不再进行推荐；对用户已观看的主播的tag比例，对高频展现tag进行降权2、多样召回：召回一些不同的主播，方法很多，目前比较好的是魔改embedding的方法3、排序模型：可以修改排序模型的训练样本，使推荐结果更加均匀。不过按照经验来说，提高推荐结果的多样性对提升一级指标（点击率、停留时长）没有特别明显的带动作用，除非是为了做系统生态，否则大家还是会直奔短期目标去优化。

1	文档编号	具体内容	发表时间	点赞数	评论人数	回答链接	作者姓名	作者id	问题ID	关键词	TF-IDF值
6600	6599	目前从事直播推	2019-10-14	9	4	https://	lee dog	lee-dog	68299606	推荐，系统，业务，论文，产品	0.8277336664267132, 0.44130874123801106, 0.31440693349967924,
6601	6600	叩首谢谢！不过	2019-06-09	9	2	https://	haidescs	haidescs	68299606	推荐，产品，系统，论文，业务	0.7550905609178182, 0.48826663431464956, 0.25095824221507024,
6602	6601	我这边也同样遇	2018-12-26	0	0	https://	自制	yanqiu-zl	68299606	推荐，系统	0.9837002940932985, 0.17981582633560905
6603	6602	感觉网易云音乐	2019-06-08	0	0	https://	boz.zhu	zhu-zhi-1	68299606	推荐，系统，学术，研究，业务	0.9535398339830801, 0.2541913425316939, 0.12892429776358186, 0
6604	6603	这个东西早就有	2021-06-20	0	0	https://	知乎用户		68299606	推荐	1.0
6605	6604	在读竞争情报小	2018-11-30	1	0	https://	irm	irm-48	68386588	推荐，产品	0.9471437245911289, 0.32080954625391644
6606	6605	我觉得不会有更	2018-02-11	0	0	https://	知乎用户		68386588	推荐，产品	0.8915311874137687, 0.45295931590883065
6607	6606	郑万可，人才竞	2017-11-20	0	1	https://	摇滚无赖	zheng-wan	68386588	情报	1.0
6608	6607	如果是大一的话	2017-11-26	3	0	https://	LeoFergus	leo-lee-5	68451822	情报，企业	0.9213003779267851, 0.3888516601892849
6609	6608	很荣幸被邀请来	2017-11-22	5	2	https://	飞马网	yin-yin-6	68451822	情报	1.0
6610	6609	不用，因为人工	2017-11-22	3	0	https://	虎妞C	li-hui-70	68451822	研究，就业，知识	0.6047731454361309, 0.5828618680977633, 0.5426983372711529
6611	6610	是我就转数学，	2017-12-02	0	0	https://	周小小	zhou-xiao	68451822	研究，计算机，推荐，数据	0.6655044522543061, 0.605205412465546, 0.3301280660648732, 0.2
6612	6611	有哪一些课程？	2017-12-01	0	0	https://	知乎用户		68451822	计算机，系统，技术，数据	0.5118662871503319, 0.5103889732197435, 0.49326335682990974, 0
6613	6612	先打击你一下：	2017-12-01	7	2	https://	知乎用户		68715489	考研	1.0
6614											

图 7.15　每个“问答”打上关键词标签

② 步骤 2：

给定关键词库，使用 python 实现关键词模糊匹配。如：某个关键词 A 为“软件”，假设关键词库集合 B 为：软件工程、软件技术、软件测试等，当集合 B 中的某一关键词完全包含关键词 A，就输出集合 B 中的关键词到新的集合 C 中。

使用 Python 平台库中的字符串方法，模糊匹配关键词并将符合条件的关键词添加到新的集合 C 中。

关键代码如下：

```
#关键词模糊匹配
#定义关键词 A 和关键词库集合 B
keyword_A = "软件"
#定义关键词 A 和关键词库集合 B
keyword_A = "软件"
keyword_set_B = ["软件工程", "软件技术", "软件测试", "计算机科
学", "网络工程"]
#初始化新的集合 C
set_C = []
```

#遍历关键词库集合B,检查每个关键词是否包含关键词A
for keyword_B in keyword_set_B:
    if keyword_A in keyword_B:
        set_C.append(keyword_B)   #如果包含,则添加到集合C中
#输出集合C
print("集合C中的关键词:", set_C)

关键词库来源于学科主题本体库,通过 TF-IDF 算法自动标注,取权重最高的 5 个关键词。

{Keyword$_1$(Weight$_1$), Keyword$_2$(Weight$_2$), … Keyword(Weight$_i$) …}

(2) 知识影响力计算

应用语义计算方法,计算知识影响力,如图 7.16 所示。知乎原始数据中有点赞和评论数,对该项数据的关键词,点赞 * 0.3,评论 * 0.7,转换为学科标签,将二者融合为知识内容特征。

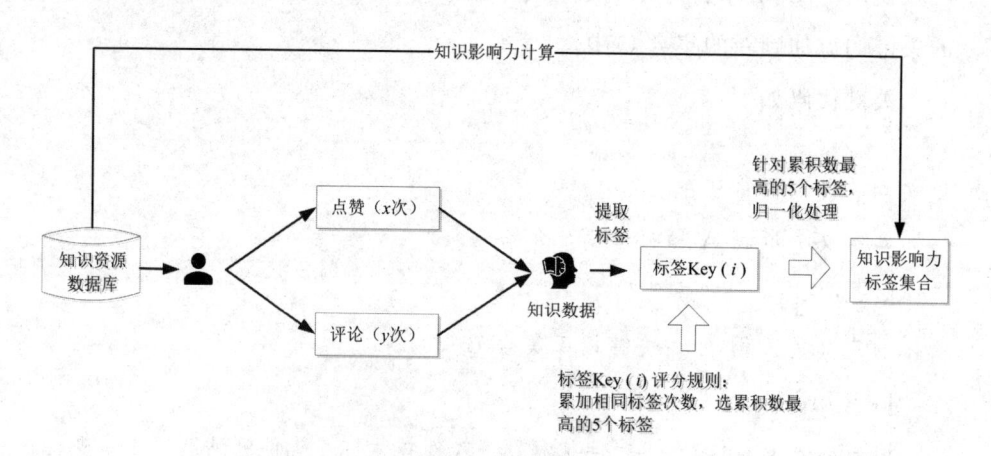

图 7.16 知识影响力计算

7.4.3 基于 Spark 的标签相似度计算

如前所述,所有文本的关键词及权重已经保存在 Excel 表格中,以下

第 7 章 面向知识推荐的高校馆用户画像应用

阐述将其导入到 hadoop 平台，并应用 Spark 方法的计算所有文本两两"余弦相似度"的流程：

1. 上传 Excel 文件到 Hadoop HDFS

使用 Hadoop 的命令行工具将 Excel 文件上传到 HDFS 的指定目录。

2. 使用 Spark 读取 HDFS 上的 Excel 文件

在 Spark 应用程序中，使用 spark-excel 读取 HDFS 上的 Excel 文件。

3. 数据处理

将读取的数据转换为适合计算余弦相似度格式，将关键词和权重转换为向量。

4. 计算余弦相似度

使用 Spark 的 MLlib 库中的函数计算两两文本向量之间的余弦相似度。

5. 输出结果

将计算得到的相似度矩阵或结果输出到控制台或保存到文件中。

Scala 关键代码。

关键代码如下：

```scala
#基于 Spark 的标签相似度计算
import org.apache.spark.sql.SparkSession
import org.apache.spark.ml.feature.VectorAssembler
import org.apache.spark.ml.linalg.Vectors
import org.apache.spark.sql.functions._
object CosineSimilarityCalculation {
  def main(args: Array[String]): Unit = {
    //初始化 Spark
    val spark = SparkSession.builder()
      .appName("Cosine Similarity Calculation")
      .getOrCreate()
```

//读取 HDFS 上的 Excel 文件(需要额外的库来支持 Excel 格式)
//这里假设有一个适用于 Scala 的 Excel 读取库,并且已经正确配置
```scala
val df = spark.read
  .format("com.crealytics.spark.excel")
  .option("location", "hdfs://namenode:8020/user/hadoop/data/text_data.xlsx")
  .option("useHeader", "true")
  .option("treatEmptyValuesAsNulls", "true")
  .option("inferSchema", "true")
  .option("addColorColumns", "false")
  .load()
```
//假设 Excel 文件有两列:'keyword'和'weight',并且每行代表一个文本
//将数据转换为向量格式
```scala
val vecAssembler = new VectorAssembler()
  .setInputCols(df.columns.filter(_ != "text_id"))  //假设第一列是文本 ID
  .setOutputCol("features")
val dfVector = vecAssembler.transform(df)
```
//计算所有文本向量的余弦相似度矩阵
```scala
import org.apache.spark.ml.stat.Correlation
val matrix = Correlation.corr(dfVector, "features").head
val similarityMatrix = matrix.getAs[org.apache.spark.ml.linalg.Matrix](0)
```

//将相似度矩阵转换为 DataFrame 并显示
```scala
val similarityDF = spark.createDataFrame(
```

```
similarityMatrix.toArray.map { row =>
    val text1 = row.toArray.indexOf(1.0).toDouble //假设文本
ID 是行索引
    val text2 = row.toArray.indexOfSlice(Array(1.0)).toDouble
//假设文本 ID 是列索引
    val similarity = row.toArray(row.toArray.indexOfSlice
(Array(1.0)) + 1)
    (text1, text2, similarity)
},
StructType(List(
    StructField("text1", DoubleType, true),
    StructField("text2", DoubleType, true),
    StructField("similarity", DoubleType, true)
))
)
similarityDF.show()
//关闭 Spark 会话
    spark.stop()
  }
}
```

7.4.4 知识推荐系统

图 7.17 为知识推荐结果。根据用户兴趣偏好和知识内容特征的相似度计算后进行匹配,选取相似度值最高的 10 个链接推荐给该用户。

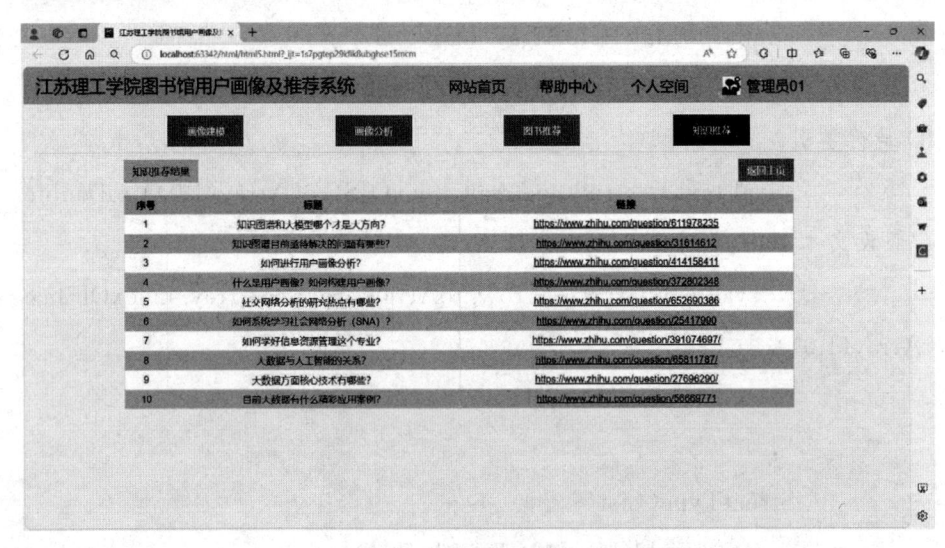

图 7.17　知识推荐结果

7.5　小结

　　针对高校图书馆知识推荐面临的"海量数据收集""实时处理""文本自动标注与知识理解"三大挑战，通过"爬虫技术高效抓取信息""采用Hadoop＋Spark构建大数据处理平台""文本自动标注与知识理解"等技术手段，可以有效应对高校图书馆知识推荐系统面临的挑战，实现数据的有效收集、实时处理及深度知识理解，从而为用户提供更加个性化、精准的知识服务。

　　值得特别指出：在对知识内容进行标注时，一定要注意与所构建的学科主题知识本体库相匹配（本研究采用的是模糊匹配的算法），用户兴趣与知识特征构建在统一的学科知识本体库基础之上，是使得标签相似度计算成为可能的条件。

第8章 研究总结与讨论

在本研究框架中，以信息资源管理理论为支撑，社交网络分析和语义计算为核心方法，密切围绕用户画像构建与应用目标，紧扣社交网络分析力图解决用户画像标签不全问题，语义计算力图应对用户画像标签不准问题的逻辑线索，勾勒本研究所涉及的理论和方法的含义、应用场景及内在逻辑关联性。

信息资源管理理论为高校图书馆用户画像在理论上提供了坚实支撑。通过融合社交网络分析和语义计算方法，可以更加全面、深入地理解用户需求和行为特征，为高校馆提供更加个性化、智能化的服务。同时，信息资源管理理论中的相关概念和方法也为整个过程的顺利实施提供了有力保障。

8.1 研究总结

1. 研究结论

本研究以信息资源管理理论为高校图书馆用户画像构建与应用的支撑理论，结合大数据技术，针对用户画像领域标签不全和标签不准挑战，应用社交网络分析和语义计算方法，力图破解高校图书馆领域用户画像构建和应用问题。

①概述本研究工具和方法，结合信息资源管理理论，剖析其适用用户

画像的原因，回答了为什么（why）选用社交网络分析和语义计算作为研究手段的问题。

②深入分析了用户画像内涵及其一般构建原则，着重探讨用户画像是什么（what）的问题。

③以图情领域为背景，阐述高校馆用户画像构建方法和应用模式，分析如何（how）基于社交网络分析和语义计算方法开展高校馆用户画像应用。

④以高校图书馆用户行为分析、图书推荐和知识推荐为目标，详细阐述用户画像构建及应用过程案例，促进用户画像在图情领域落地。

2. 研究价值

从对图书馆科学创新性研究角度看，本研究提出的以社交网络和图书馆大数据融合为数据应用基础，以社交网络和语义计算为核心方法辅助标注用户属性标签，以图书馆用户知识服务和精准个性化推荐为目标的高校图书馆用户画像的构建模式，推动图书馆智能知识服务在研究模式和研究方法上的创新。

从服务科学研究角度看，将社交网络分析和语义计算方法的优势相结合，并应用于高校图书馆用户画像，以助力智能知识服务，这对于服务科学领域方法论研究有重要价值；从数据科学领域研究方法角度看，通过用户标签建模和用户画像构建分析，提供从大数据收集融合、数据分析挖掘到数据服务应用的一整套方法和技术思路，对于其他领域的大数据应用具有参考价值。

从应用角度看，基于高校图书馆基础数据并融合社交网络大数据，应用分布式、开源、高效的软件框架 Hadoop＋Spark＋GraphX 分析用户需求、开发用户画像应用系统，对于高校图书馆智能知识服务、精准推荐以及提升自身服务水平具有很高的现实意义和重要的应用价值。

8.2 研究探讨

有以下几点问题值得强调和进一步探讨：

1. 互联网社交网络数据的收集

社交网络分析方法是本研究的主要方法之一。而社交网络分析的数据（即社交网络数据）的来源有两种：一种是直接爬取社交平台大数据构建，二是基于其他类型的数据构建社交网络模型，间接形成社交网络数据。

(1) 直接爬取社交平台大数据

高校图书馆用户（大学生、教师等）参与的社交网络主要有微博、微信、豆瓣、贴吧等，最活跃的是微博平台，但是用户之间互动非常少，相关社交网络数据较少，难以构建社交网络。以微博为例，截止到2023年10月16日，清华大学图书馆官方微博（6万粉，关注338）；北京大学图书馆官方微博（4.5万，42关注），南京大学图书馆官方微博（1.7万，342关注），河海大学常州校区图书馆（417粉，75关注），虽然粉丝很多，但关注较少，且官方微博下评论数据非常少（大量的微博没有评论，少数微博的评论为个位数），因此无法有效构建社交网络。

(2) 间接构建社交网络模型

通过与高校图书馆管理方合作，收集系统数据，构建社交网络，本研究采用间接构建社交网络，如通过用户借阅日志构建"用户-书籍"借阅网络，然后通过社交网络算法加以分析，致力于应对标签不全问题。

2. 关于标签不全或标签不准的理解

特别需要注意的是：在现实场景中，这两个问题难以同时完美解决，标签体系无法同时满足"全"和"准"的要求，因此，在真实的业务场景下所构建的标签体系，应以实现用户画像目标为落脚点，在"全"和"准"之间取得平衡。

8.3 研究展望

结合领域发展趋势，在以下几个方面展望本课题未来的发展方向：

1. 技术融合与创新

(1) 融合深度学习与人工智能技术

深度学习技术已较为成熟，未来在用户行为数据的处理中，融入深度学习算法，如卷积神经网络 CNN、循环神经网络 RNN、Transformer 等，更精准捕捉用户兴趣偏好和潜在需求；另外更多结合人工智能领域中新的自然语言处理技术，进一步提升语义计算的精度和效率。

(2) 更多融入多源数据

除传统的社交网络数据和高校图书馆借阅记录外，还可以考虑融合学生信息系统、一卡通消费记录、在线学习平台数据等多源异构数据，构建更加全面、立体化用户画像。

2. 画像精细化与动态化

(1) 构建细粒度画像

结合应用具体场景和要求，适度细化用户画像的维度，如学习风格、科研兴趣、社交影响力等，以支持更为个性化的服务推荐和干预策略。

(2) 动态更新机制

建立用户画像的动态更新模型，实时或定期根据用户行为变化调整画像，确保画像的时效性和准确性。

3. 拓展应用场景

除了本书着重阐述的高校图书馆用户行为分析和高校图书馆个性化资源推荐等场景外，还可拓展以下应用场景：

(1) 规划学习路径

结合用户的学习进度和兴趣，为其规划个性化的学习路径，如课程选择、研究方向建议等，助力学生成长。

(2) 促进社交互动

利用社交网络分析，识别用户间的潜在联系和兴趣交集，促进学术交流、合作研究等社交互动，构建良好的学术社区氛围。

(3) 优化高校图书馆服务

基于用户画像分析，优化图书馆的空间布局、服务时间、资源采购等，提高服务效率和用户满意度。

4. 关注隐私保护与伦理

（1）加强数据隐私保护

在收集、处理用户数据时，严格遵守相关法律法规，采用加密、匿名化等技术手段保护用户隐私。

（2）伦理审查与透明度

建立用户画像构建的伦理审查机制，确保研究过程透明、公正，尊重用户权益，避免数据滥用。

高校图书馆用户画像构建与应用研究具有广阔的研究前景和应用价值，未来应继续深化技术融合、细化画像构建、拓展应用场景、强化隐私保护，以推动高校图书馆服务的智能化、个性化发展。

参考文献

[1] 初景利. 图书馆发展变革与服务转型[M]. 北京：国家图书馆出版社，2012：3-6.

[2] 曾建勋. 精准服务需要用户画像[J]. 数字图书馆论坛，2017(12)：1-1.

[3] 库珀. 交互设计之路[M]. 北京：电子工业出版社，2006：10-11.

[4] 许鹏程，毕强，张晗，等. 数据驱动下数字图书馆用户画像模型构建[J]. 图书情报工作，2019，63(03)：30-37.

[5] 刘禹辰. 基于情感分析的 Android 平台用户画像方法研究[D]. 北京交通大学，2019：1-3.

[6] 王晓光. 社会网络范式下的知识管理研究述评[J]. 图书情报知识，2008(4)：87-91.

[7] 陈添源. 高校移动图书馆用户画像构建实证[J]. 图书情报工作，2018，62(7)：38-45.

[8] 程学旗，王元卓，靳小龙. 网络大数据计算技术与应用综述[J]. 科研信息化技术与应用，2013，4(6)：3-14.

[9] 陈慧香，邵波. 国外图书馆领域用户画像的研究现状及启示[J]. 图书馆学研究，2017(20)：16-20.

[10] 何胜，柳益君，黄永锋，等. 基于网络大数据的高校图书馆科研用户画像模式构建研究. 图书馆研究与工作，2022(11)：76-82.

[11] 马费成. 信息资源管理[M]. 北京：高等教育出版社，2006：29-30.

[12] 袁军. 大数据环境下用户画像在高校图书馆的应用研究[J]. 图书馆研究与工作，2019(6)：22-26.

[13] 尹婷婷，郭永建. 数据驱动背景下智慧图书馆用户画像模型构建与研究[J]. 图书馆理论与实践，2023(04)：81-86.

参考文献

[14] 董欣欣. 基于供需交易主体画像的养老服务推荐系统设计与实现[D]. 哈尔滨工业大学, 2018: 10-11.

[15] 刘智勇. 高校信息资源管理研究[D]. 华中科技大学, 2009: 12-13.

[16] 孙建军. 信息资源管理概论[M]. 南京: 东南大学出版社, 2003: 1-3.

[17] 肖明. 信息资源管理[M]. 北京: 电子工业出版社. 2002: 26-29.

[18] 何胜. 高校图书馆大数据应用模式与实证研究[M]. 兰州: 兰州大学出版社. 2019: 10-11.

[19] 刘璇. 图书馆领域社交网络应用研究述评与展望[J]. 中国图书馆学报, 2016, 42(6): 102-116.

[20] 黄震华, 张佳雯, 张波, 等. 语义推荐算法研究综述[J]. 电子学报, 2016, 44(9): 2262-2275.

[21] 蓝冬梅. 大数据量图书下多数据集的二部图多样化推荐[J]. 情报理论与实践 2016, 39(2): 69-72.

[22] 邱均平, 楼雯, 余凡, 等. 基于资源本体的馆藏资源语义化研究[J]. 图书馆论坛, 2013, 33(6): 1-7.

[23] 维克托·迈恩-舍恩伯格. 大数据时代[M]. 杭州: 浙江人民出版社, 2013: 233-247.

[24] 何胜. 内存计算框架下的图书馆文献服务及案例研究[J]. 图书馆论坛, 2017(12), 87-94.

[25] 何胜, 熊太纯, 周兵, 等. 高校图书馆大数据服务现实困境与应用模式分析[J]. 图书情报工作, 2015, 59(22): 50-54.

[26] 王杰, 谢忠局, 赵建涛, 等. 基于知识图谱和用户画像的金融产品推荐系统[J]. 计算机应用, 2022, 42(S1): 43-47.

[27] 罗婷予, 谢康. 用户画像促进企业与用户互动创新的机制及构建方法[J]. 财经问题研究, 2023(03): 106-116.

[28] 夏立新, 胡畔, 刘坤华, 等. 融入信息推荐场景要素的在线健康社区用户画像研究[J]. 图书情报知识, 2023, 40(03): 116-128.

[29] 郭宇, 孙振兴, 刘文晴, 等. 基于数据驱动的移动图书馆UGC用户画像研究[J]. 情报理论与实践, 2022, 45(1): 31-35.

[30] 武慧娟, 赵天慧, 孙鸿飞, 等. 基于支付意愿的数字阅读用户画像聚类研究[J]. 情报科学, 2022, 40(5): 118-125.

[31]吴文翰.搜索引擎全量数据的用户画像模型研究[J].图书情报工作,2022,66(4):129-139.

[32]任中杰,张鹏,兰月新,等.面向突发事件的网络用户画像情感分析——以天津"8·12"事故为例[J].情报杂志,2019,38(11):126-133.

[33]刘一鸣,徐春霞.基于用户画像的公共图书馆健康信息精准服务路径研究[J].图书馆,2023(09):53-59.

[34]陈添源,吴锦辉,杨思洛.数据驱动的高校图书馆用户画像构建研究[J].国家图书馆学刊,2023,32(03):64-75.

[35]薛欢雪.高校图书馆学科服务用户画像创建过程[J].图书馆学研究,2018(13):67-71+82.

[36]朱会华.基于用户画像的高校图书馆学科采访模式研究[J].图书馆学研究,2020(19):36-40+49.

[37]马管,李娜,马建霞.用户画像建模技术在学科服务中的应用探讨[J].数字图书馆论坛,2019(09):30-36.

[38]杨传斌,楼应凡.基于用户画像的讲座信息精准推送服务研究[J].数字图书馆论坛,2021(10):60-65.

[39]程秀峰,周玮珏,张小龙,等.基于用户画像的图书馆智慧参考咨询服务模式研究[J].图书馆学研究,2021(02):86-93+101.

[40]闫舟舟,詹庆东.媒介融合视角下高校图书馆参考咨询服务流程再造研究[J].图书情报工作,2021,65(03):61-66.

[41]朱会华,肖海清,梁红烂.基于用户画像的智能荐购模式研究[J].图书馆学研究,2020(07):34-38.

[42]李业根.基于大数据的图书馆信息营销策略[J].图书馆学刊,2014,36(10):7-9.

[43]胡婧,陈添源,詹庆东,等.数据驱动的高校图书馆用户留存研究[J].图书馆论坛,2022,42(11):69-77.

[44]储节旺,吴若航.短视频时代图书馆知识营销模式构建研究[J].大学图书馆学报,2021,39(05):63-71.

[45]陆长玮.品牌赋能:高校图书馆品牌资源的开发策略与应用场景研究——以复旦大学图书馆为例[J].大学图书馆学报,2023,41(05):26-32.

[46]龚晓婷,肖铮,周绍彬,等.图书馆营销品牌升级实施策略——以厦门大学图书馆

"Library Go"为例[J]. 大学图书馆学报，2019，37(02)：29-33.

[47]刘霞. 从年度数据报告看我国"一流大学"图书馆的服务现状与趋势[J]. 大学图书馆学报，2020，38(03)：89-96.

[48]王仁武，张文慧. 学术用户画像的行为与兴趣标签构建与应用[J]. 现代情报，2019，39(09)：54-63.

[49]王美月，王萍，贾琼，等. 基于动态用户画像的学术虚拟社区粘性驱动机制研究[J]. 现代情报，2019，39(07)：9-17.

[50]杨晓雯. 人工智能视域下的医护科研人员知识服务[J/OL]. 图书馆论坛：1-11[2023-10-13].

[51]林艺山，詹庆东. 面向科研过程的高校图书馆联盟学科服务平台的设计与实现——以FULink学科服务平台为例[J]. 国家图书馆学刊，2022，31(02)：33-41.

[52]李雪，马祥涛，钟建法. 面向基层图书馆分众服务的用户阅读画像[J]. 图书馆论坛，2022，42(12)：86-95.

[53]王毅，吴睿青. 公共图书馆数字文化资源服务用户画像研究[J]. 图书情报工作，2021，65(16)：42-55.

[54]李艳，吕鹏，李珑. 基于大数据挖掘与决策分析体系的高校图书馆个性化服务研究[J]. 图书情报知识，2016(2)：60-68.

[55]雷东升，郭振英，王晓宇. 基于Splunk的图书馆数据库资源用户访问行为研究——以北京工业大学图书馆为例[J]. 情报探索，2017(07)：31-37.

[56]赵刚，姚兴仁. 基于用户画像的异常行为检测模型[J]. 信息网络安全，2017(07)：18-24.

[57]刁羽，贺意林. 用户访问电子资源行为数据的获取研究——基于创文图书馆电子资源综合管理与利用系统[J]. 图书馆学研究，2020(03)：40-47.

[58]杨海燕. 大数据时代的图书馆服务浅析[J]. 图书与情报，2012(4)：120-122.

[59]何胜，冯新翎，武群辉，等. 基于用户行为建模和大数据挖掘的图书馆个性化服务研究[J]. 图书情报工作，2017，61(1)：40-46.

[60]韩佳. 基于用户使用行为分析的数字资源管理评估系统[J]. 图书馆学研究，2016，(3)：19-23.

[61]普通高等学校本科专业目录，百度百科[EB/OL]. [2023-10-20]. https://baike.baidu.com/item/普通高等学校本科专业目录/2849128? fr＝ge_ala.

[62]何胜，熊太纯，吴智勤.基于标签计算的高校图书馆学者画像及知识推荐研究.图书馆研究，2022，52(08)：89-97.

[63]何胜，李萍，史航，等."破四唯"背景下科研人才画像标签模型的构建.江苏理工学院学报，2021，27(06)：115-120.

[64] Ayse C. User Profiling-A Short Review [J]. International Journal of Computer Applications，2014，108(3)：1-9.

[65] Zeki A B, Onur D. The ABCD typology Profile and motivations of Turkish social network sites users[J]. Computers in Human Behavior，2017，67(10)：73-83.

[66] Mohammad Yha-S. User profiling approaches for demographic recommender systems [J]. Knowledge- Based Systems，2016，100(3)：175-187.

[67] Andres M，Joaquin L，Ana C，et al. OntoSakai：On the optimization of a Learning Management System using semantics and user profiling [J]. Expert Systems with Applications，2015，42(4)：5995-6007.

[68] Vladimir, L., et al. An ontology−based approach for representing the interaction process between user profile and its context for collaborative learning environments[J]. Computers in Human Behavior，2015，51(10)：1387-1394.

[69] Michele，A.，et al. UTravel：Smart Mobility with a Novel User Profiling and Recommendation Approach [J]. Pervasive and Mobile Computing. 2017，38（7）：474-489.

[70] Haoran，X.，et al. Community-aware user profile enrichment in folksonomy[J]. Neural Networks，2014，58(5)：111-121.

[71] Spark[EB/OL]. [2024-08-15]. http：//spark. apache. org/.

[72] Wong E Y, Vital S M, Eden B L. PlumX：A tool to Showcase academic profile and distinction[J]. OCLC Systems & Services：International digital library perspectives，2017，33(4)：305-313.

[73] Kim E-G, Chun S-H. Analyzing online car reviews using text mining [J]. Sustainability，2019，11(6)：1611-1633.

[74] Iglesias J A，Angelov P，Ledezma A，etal . Creating evolving user behavior profiles automatically[J]. IEEE Transactions on Knowledge and Data Engineering，2012，24(5)：854-867.

[75] Chikhaoui B, Wang SR, Xiong TK, et al. Pattern-based causal relationships discovery from event sequences for modeling behavioral user profile in ubiquitousenvironments[J]. Information Science, 2014, 285(20): 204-222.

[76] Mezzanzanica M, Mercorio F, Cesarini M, et al. GraphDBLP: a system for analysing networks of computer scientists through graph databases[J]. Multimedia Tools and Applications, 2018, 77(14): 18657-18688.

[77] Costas R, Leeuwen T N V, María Bordons. A bibliometric classificatory approach for the study and assessment of research performance at the individual level: The effects of age on productivity and impact[J]. Journal of the Association for Information Science & Technology, 2010, 61(8): 1564 - 1581.

[78] Uddin, M. N., Duong, T. H., Oh, K. J., et al. Experts search and rank with social network: an ontology-based approach[J]. International Journal of Software Engineering and Knowledge Engineering, 2013, 23(01): 31-50.

[79] Amini B, Ibrahim R, Othman M S, et al. Capturing scholar's knowledge from heterogeneous resources for profiling in recommender systems[J]. Expert Systems with Applications, 2014, 41(17): 7945-7957.

[80] Amini B, Ibrahim R, Othman M S, et al. A reference ontology for profiling scholar's background knowledge in recommender systems[J]. Expert Systems with Applications, 2015, 42(2): 913-928.

[81] Teixeira F, Araujo G D, Baptista R, et al. Applying the semantic web to represent an individual's academic and professional background[J]. Journal of Information Science, 2016, 42(5): 630-638.

[82] Wang, R., Yan, Y., Wang, J., Jia, Y., et al. AceKG: A Large-scale Knowledge Graph for Academic Data Mining[C]//Proceedings of the 27th ACM international conference on Information and knowledge management, CIKM'18. New York, NY, US: ACM, 2018, 1487-1490.

[83] Tang, J.. AMiner: Mining Deep Knowledge from Big Scholar Data[C]//Proceedings of the 25th International Conference Companion on World Wide Web, WWW '16 Companion. Republic and Canton of Geneva, Switzerland: International World Wide Web Conferences Steering Committee, 2016, 373-373.

后　记

2019年3月，笔者申请了教育部人文社科规划基金项目"基于社交网络分析和语义计算的高校图书馆用户画像构建与应用研究（项目编号：19YJA870005）"，项目获批后，随即全部身心地投入这项意义深远的研究工作之中。在跨越数年的研究过程中，课题组的每一位成员都是不可或缺的科研伙伴，大家力图紧扣申报书中既定的研究目标、内容框架与研究方法，无数次地讨论、修改、再讨论，每一个重要内容研究都经过了集体的智慧碰撞与深入思考。

尤其值得一提的是，这段研究历程横跨了自2020年起席卷全球的三年新冠疫情时光。在这段特殊时期，课题组始终如一地坚持研究：在线课题讨论、申请入校查阅资料、线上收集数据等，每一份报告的完成，每一页稿纸的积累，都饱含了课题组成员辛勤的汗水、见证了大家艰难跋涉的足迹。在此过程中，柳益君、吴智勤等老师作为课题组的核心成员，发挥了重要的作用：她们参与了研究提纲的规划与设计、对研究资料进行收集与精心整理，并为部分内容的撰写贡献了独到的见解。课题组的其他成员，也多次参与调研和讨论，他们的贡献为项目的推进增添了不竭的动力。

此外，本书参考了大量中外学者的论著，在此，课题组向图书情报领域内所有默默耕耘、无私奉献的专家学者致敬，是你们的光芒照亮了我们

后 记

的研究之路，激励着我们不断前行。

最终，经过无数次的打磨与推敲，本书得以成稿付印，这不仅是课题组全体成员共同努力的结晶，也凝聚了出版社编辑老师们的智慧与心血，感谢他们对内容的精心编校、对版式的精心设计。愿本书能够为图书情报领域的相关研究添砖加瓦，为后来的学者提供有益的参考与启示。

作者

2024 年 9 月